견딜 수 없는
고통을 넘어서다

견딜 수 없는 고통을 넘어서다

쉴라 월쉬 | 박혜경 옮김

BM 황금부엉이

'군중 속의 고독'이란 말이 있습니다. 수많은 사람이 있어도 나의 고독함을 알아주는 사람은 많지 않습니다. 이 세상에는 하루에도 10억 이상의 사람들이 배고픈 채로 잠이 듭니다. 그러나 이보다 더 많은 사람들이 외로움의 눈물을 흘리며 잠자리에 듭니다. 외로움은 이 시대의 가장 큰 질병입니다.

우리 그리스도인들에게도 이것은 마찬가지입니다. 가장 위대한 하나님의 사랑을 알면서도, 그리고 그 사랑을 날마다 말하면서도, 그분에게 기도하고 찬양하면서도 왜 그런 것일까요? 기독교 상담 전문가인 데이비드 시맨즈는 40년이 넘게 상담을 해오면서, 그리스도인들이 고통받고 있는 근본적인 문제는 두 가지라고 요약했습니다. 하나는 하나님이 나를 완전하게 용서하신다는 사실을 믿지 못한다는 것이고, 또 하나는 내가 누군가를 용서하지 못한다는 것입니다.

왜 우리는 하나님의 용서를 믿지 못하고, 또 다른 사람을 용서하지 못할까요? 은혜를 정확히 모르기 때문이라고 생각합니다. '하나님은 내 모습 이대로 받으신다'라는 것을 믿지 못하고, 무엇인가 내가 더 아름다운 모습으로 서야 하며, 내가 좋은 일을 더 많이 해야만 하나님의 사랑을 받는 것같이 생각하기 때문입니다. 그러므로 영혼의 구원을 받고 살아가지만 하나님 안에서 더 큰 풍성한 은혜를 모르는 경우가 많습니다. 이것은 근본적으로 하나님의 사랑에 대한 오해에서 비롯됩니다. 인간의 이기적인 사랑의 관점으로 하나님의 사랑을 해석하기 때문입니다. 그러므로 하나님이 '내 모습 이대로' 받으셨다는 믿음이 있어야 합니다. 그리고 내가 그 은혜를 받았기 때문에 또 그렇게 다른 사람을 '있는 모습 그대로' 받아주어야 합니다. 이것이 바른 복음이고 신앙인의 온전한 모습입니다. 이렇게 될 때 신앙생활을 하면서 평안함이 있고, 여유도 있고, 쉼이 있게 될 것입니다.

마음의 상처를 치료하기 위한 책들이 수없이 많이 있습니다. 읽기만 하면 모든 문제가 해결될 것같이 과장하는 내용들도 많습니다. 하나님과의 관계를 강조한다면서 인간과의 관계를 소홀히 하거나, 그 반대의 경우도 많습니다. 그러나 이 책은 하나님과의 관계, 나 자신과의 관계, 다른 사람과의 관계를 균형 있게 볼 수 있도록 도와줍니다.

특별히 이 책은 여성들에게 더욱 유리할 것입니다. 한 여인의 깊숙한 내면에 대해 쉽고도 솔직한 고백과 설명이 '바로 내 문제를 말하고 있다'라는 사실을 보여줄 것이기 때문입니다. 남성들에게는 여성을 이해하는 데 소중한 도움을 받을 수 있는 책이 될 것입니다. 내가 사랑하되, 잘 알지 못하는 여인의 이야기이며, 우리의 이야기이기 때문입니다. 많은 사역자들에게는 웃고 있는 성도들의 삶의 내면이 어떠한 상태에 있는지를 알 수 있는 교재이기도 합니다.

쉴라 월쉬는 위대한 사역자입니다. 그러나 자기의 내면을 진실하게 바라보는 정직한 눈과 그것을 고백할 수 있는 겸손한 마음, 또 주님을 바라볼 수 있는 건강한 믿음, 그리고 다른 사람을 있는 그대로 바라볼 수 있는 따뜻한 마음을 지니고 있습니다. 하나님 안에서 위로받은 사람만이 다른 사람을 위로할 수 있습니다. 이런 의미에서 저자는 위로자의 자격이 있습니다. 그러나 그녀는 자신이 위로하려고 들지 않습니다. 진정한 위로자이신 예수님의 손을 잡고 우리에게 다가옵니다. 자기 삶의 은밀한 커튼을 걷고 우리를 초대합니다. 그리고 우리의 상처받은 자아의 모습을 그림을 보듯이 보여줍니다. 그 속에 있는 우리의 연약함과 영적인 전쟁과 삶의 진실을 보여줍니다. 막연하지도 않고 허황되지도 않습니다. 소박하고 분명하게, 바른 영성으로 우리의 문제를 진실하게 헤쳐갈 것을 권고합니다.

저는 이 책을 받아들고 오늘날 교회가 해야 할 위대한 사역의 한 부분을 발견한 느낌이었습니다. 지금까지 교회는 교리를 선포하고 가르치는 일에 전념해왔습니다. 이제는 우리들 속에서 이런 사역들이 일어나고 우리의 삶이 치유되고 더 풍성하게 되기를 소망합니다. 이제 이러한 문제를 쉬쉬하지 말고, 인정하고 나누면서 나가야 합니다. 천천히 음미하면서 이 책과 함께 자신을 주님께 내어놓고, 점검하고 고백하며 걸어갈 때 내 마음의 깊은 상처가 회복되는 역사가 있게 될 것입니다. 함께 읽으면서, 함께 대화하면서, 함께 기도하면서……. 그 과정을 걸어갈 수 있다면 서로에게 많은 도움이 될 것이라고 확신합니다.

수서교회 황명환 목사

할렐루야!

우리 하나님께 찬양함이 선함이여,

찬송함이 아름답고 마땅하도다.

여호와께서 예루살렘을 세우시며

이스라엘의 흩어진 자를 모으시며

상심한 자를 고치시며

저희 상처를 싸매시는도다.

시편 147: 1-3

이것이 바로 우리를 향한 그리스도의 약속이다!

우울증이라는 긴 터널을 빠져나오며

1987년부터 1992년까지 나는 기독교 방송계의 유명인사였다. 팻 로벗슨Pat Robertson 목사님과 함께 〈700 클럽The 700 Club〉을 공동 진행했으며, 기독교 방송국인 CBN에서 매일 방영되던 〈쉴라 월쉬와의 대화Heart to Heart with Sheila Walsh〉의 진행자였던 것이다.

그러던 어느 날, 갑자기 나의 존재는 마치 홀연히 지구를 떠난 듯 연기처럼 사라졌다. 여느 때와 다름없이 아침 방송을 진행했는데 그 다음 날 아침에는 나타나지 않았던 것이다. 내가 갑작스레 사라진 이유에 대해 별다른 설명도 없었다. 단 한 차례에 걸쳐 내가 잠시 휴가 차 떠났다는 언급이 있었을 뿐, 만일 그날 방송을 못 본 시청자라면 내가 어디로, 왜 갔는지 전혀 알 길이 없었던 것이다. 가족이 있는 스코틀랜드로 갔는지, 아니면 해고를 당했는지 모를 일이었다.

한 달쯤 지났을 때 나는 쇼핑센터에서 우연히 한 여성을 만났다.

"저, 혹시 쉴라 월쉬 씨 아니세요?" 그녀가 물어왔다.

아마도 그녀는 정장차림의 내 모습에 익숙해 있어서 청바지에 모자를 눌러쓴 나를 금방 알아보기가 어려웠을지도 모른다.

"네, 제가 쉴라 월쉬 맞아요."

내가 대답했다.

"그동안 어디에 가 계셨어요? 우리 가족은 그 프로를 매일 본답니다. 그런데 요즘 당신을 보지 못해 많이 섭섭했어요. 무슨 일이라도 있으셨어요?"

나는 잠시 그녀의 눈을 들여다보았다. 낯선 사람이었지만 그 당시 너무도 외로웠던 나는 그녀와 잠시 이야기를 나누고 싶어졌다. 내가 이렇게 물었다.

"잠시 저와 커피 한 잔 하실 시간 있으세요?"

"물론이죠."

우리는 커피를 들고는 쇼핑센터의 음식코너에 자리를 잡았다.

긴 한숨과 함께 내가 입을 열었다.

"저는 오늘 아침에 막 정신병원에서 퇴원을 했답니다."

그녀의 다음 반응이 궁금했다. 그녀는 테이블 너머로 손을 뻗어 내 손을 잡았다.

"무슨 일이 있으셨나요? 사라지시기 전날의 방송도 봤는데 아무렇지도 않으셨어요."

"심각한 우울증을 앓고 있다는 진단을 받았어요."

"하지만 그런 줄 몰랐어요."

그녀가 말했다.

"전혀 눈치채지도 못했는걸요."

한참 동안 이야기를 나누고 그녀가 떠나간 후에도 나는 그 자리에 앉아 있었다. 식어버린 커피 위로 눈물이 떨어졌다. 그녀의 마지막

말이 귓전에 계속 맴돌았다. '전혀 눈치채지도 못했는걸요.'

바로 그것이 내 문제의 대부분을 차지했다. 내 속에서 일어나고 있는 문제들을 남들이 눈치채지 못하게 숨기는 것에 너무나 능숙해져 있었던 것이다.

공통의 문제

우울증에 관한 내 경험은 다른 책 『진솔하게 *Honestly*』에서 자세히 밝혔다. 그러나 세월이 흘러가면서 깨닫게 된 것은, 내가 씨름하고 있던 문제는 우울증을 가진 사람들만의 문제가 아니라는 사실이었다. 자기 마음의 병을 아무도 알아차리지 못하게 감추고 다니는 것은 여성들 사이에서는 이미 널리 퍼진 증세였다.

내 아픔을 공개한 이후에 나는 하루에도 여러 명의 여성들과 이야기를 나누게 되었다. 그러면서 나는 그들이 고통을 공유한 내게 이야기를 털어놓는 것을 안전하게 여긴다는 사실을 알게 되었다. 이는 거룩한 특권이며 바로 내가 이 책을 쓰게 된 이유이다. 나는 그리스도께서 우리의 상한 심령을 치유하시고 꺾인 영을 회복시켜서 우리가 그를 사랑하고 경배하기를 원하신다고 믿는다.

만일 당신도 나와 같은 고통을 겪고 있다면 이러한 치유의 과정을 받아들이기까지는 시간이 필요할 것이다. 우리 중 어떤 이들은 상처를 너무 오랫동안 가지고 있어서 더 이상 상처를 상처로 인식하지 못할 수도 있다. 상처가 이미 자신의 일부가 되어버린 것이다. 때로는 상처를 치유하는 방법을 찾다가 받는 오해로 인해 고통을 감추어버렸는지도 모른다.

고통을 감추게 된 이유를 발견하는 데 도움이 되는 몇 가지 질문을 던져보겠다.

좋은 의도에서 나온 충고이긴 하지만 그냥 극복하라고 말하는 친구들로 인해 오히려 더 큰 상처를 받은 적은 없는가?

때로는 아무리 가까운 친구라고 해도 우리의 고통의 깊이를 알지 못한다. 그들이 아는 한 당신의 인생은 순항을 하고 있는 것처럼 보일 수도 있다. 그래서 당신이 이미 지나버린 과거사를 또다시 반복하고 있다고 여길 수도 있다. 이해받지 못한다는 슬픔이 커짐에 따라 당신은 그 문제를 해결하기보다는 그냥 덮어버렸는지도 모른다.

혹은 응급처방으로 상처를 덮어버리거나 스스로 상처를 치료하려고 애쓴 적은 없는가? 어떤 여성들은 자신이 문제를 잘 통제하고 있다고 느끼기 위해 단식을 하기도 한다. 반면에 어떤 이들은 자기를 에워싼 보호막이 잔인한 세상으로부터 자신을 보호할 수 있다는 확신을 갖기까지 먹고 또 먹기도 한다. 어떤 이들은 술이나 관계 혹은 연속극에 몰두함으로써 고통을 덜 느끼려고 애쓰기도 한다. 또 어떤 이들은 마치 미친 듯이 일에 전념함으로써 자신을 잃어버리기도 한다. 바로 내가 그랬다.

당신은 지금 수치심과 싸우고 있는가? 당신은 결코 변하지 않을 사람이며, 하나님의 사랑을 받을 가치도 없고, 언제나 지금의 주제에서 벗어날 수 없을 것이라는 음성이 당신 속에서 속삭이지는 않는가? 예수의 이름으로 당신에게 다가와 상한 영혼을 치유해주겠다는 약속에 빠졌던 적은 없는가? 어쩌면 텔레비전 앞에 앉아서 누군가의 기도를 통해 하나님께서 당신의 삶을 바꾸셨다는 느낌을 경험했을지도 모른다. 텔레비전의 화면이 꺼짐과 동시에 마음의 희망도 함께 사라졌던 그런 경험 말이다. 그랬다면 당신은 온전해지기 위해 문제를 직면하는 고통의 과정 대신 즉각적인 기적을 기대했는지도 모른다. 일시적인 처방을 찾았는지는 모르지만 영원한 치유는 일어나지 않았다.

당신이 어떠한 환상을 경험했는지는 모르지만 남아 있는 고통의 양은 똑같다. 고통을 없애려고 노력했지만 성공하지는 못한 것이다. 그리고 이제 당신 앞에는 대답 없는 질문만 더 쌓이게 되었다.

나도 다른 사람들처럼 내 자신을 추슬러보려고 몇 년이나 애를 써보았다. 완벽한 그리스도인이 되려고 열심히 사역에도 매달려보았지만 소용이 없었다. 겉으로 보이는 모습의 이면에 있는 고통이 너무나 크고 엄청나서 속으로 곪아가고 있었던 것이다. 어떤 상처는 너무 깊고 오래된 것이어서 절대로 치유할 수 없는 것처럼 보이기도 했다.

변화를 향한 길

내가 하나님과 인격적인 관계를 갖기 시작한 것은, 스코틀랜드 서부 해안에 있는 작은 동네에서 자라던 열한 살 무렵이었다. 그 이후로 오직 하나님을 기쁘게 해드리며 그 사랑에 보답하겠다는 열망으로 성경학교에 진학을 했고, 청소년 목회자와 복음성가 가수로 활동하다 나중에는 기독교 방송의 진행자가 되었다.

하지만 팻 로벗슨 목사님 팀과 더불어 〈700 클럽〉을 5년간 진행한 후에 나는 심각한 우울증세를 가진 환자가 되어 워싱턴에 있는 한 정신병원에 입원하게 되었다. 나 자신이 마치 물에 빠져 허우적대고 있는데 절망, 슬픔, 가망 없음이라는 이름의 바위가 점점 더 깊이 나를 물 속으로 끌어들이고 있는 것같이 느껴졌다. 나는 하나님을 원망하지 않았다. 나는 그때나 지금이나 변함없이, 하나님은 선하시며 사랑이시고 온유하신 분이라는 사실을 믿는다.

내가 견딜 수 없었던 것은 바로 나 자신이었다. 나는 쉴라 월쉬가 하는 모든 노력에 절망했던 것이다. 하나님을 얼마나 사랑하고 있는지를 증명해 보이기라도 하듯, 한꺼번에 여러 개의 접시를 돌리는 곡예를 오랫동안 해오던 나는 진력이 날 대로 난 상태였다. 아무리 노력해도 계속 부족하다는 느낌만 들 뿐이었다.

당신도 그런 경험을 한 적이 있는가? 아니면 지금 바로 그런 상태에 있는가?

오랫동안 내가 위안으로 삼았던 것은 그나마 큰 죄는 짓지 않았다는 사실이었다. 내가 착한 아이가 되면 하나님께서 나를 좀더 사랑하시리라고 생각했던 것이다. 나는 성적 순결을 지켰고 하나님을 기쁘게 할 수만 있다면 무엇이든 금욕의 대상으로 삼았다. 하지만 서른 살이 되면서부터 나의 안전망은 무너져갔다. 차츰 내 속에서 각종 위험신호를 발견하게 되었다. 내 속에는 위선과 두려움이 있었고, 분노와 혐오감이 가득했다. 하나님과 사람들로부터 인정을 받기 위해 너무나도 열심히 노력했지만 결국 나는 모든 것에 지쳐 있었다.

돌리던 접시들이 하나씩 떨어지며 박살이 나기 시작했다. 마치 길고 암울한 겨울처럼 우울증 증세는 내 육체에도 스며들었다. 1992년 가을 무렵, 나는 매일 오한에 시달렸다. 내게 익숙한 모든 것을 시도해보고, 내가 할 줄 아는 모든 것을 다 해보았다. 그러나 그 어떤 것도 도움이 되지 않는다는 것을 깨닫고 나서 마침내 정신병원에 입원하기로 결심했다.

더 잘 먹고 운동도 더 열심히 해보았다. 21일 금식기도도 해보았다. 이전보다 일도 더 열심히, 더 많이 해보았다. 그럼에도 나아질 가망이 없다는 냉혹한 현실은 가차없이 나를 파고들었다. 정신병원은 내가 절대 택하고 싶지 않았던 최후의 방법이었다. 우리 아버지가 한창 나이인 삼십 대에 정신병원에서 돌아가셨기 때문이었다. 내가 아버지의 갈색 눈을 물려받았듯이 같은 운명을 물려받은 것은 아닐까 두려웠다.

내 친구 중 몇몇은 그리스도인인 내가 정신병원의 도움을 받는다는 생각만으로도 경악했다. 그들이 내게 내민 것은 보편적인 치료법이었다. 아마 당신도 비슷한 처방을 들어본 적이 있었을 것이다.

기도를 더 많이 하고, 고백하지 않은 죄를 모조리 회개하고, 찬양을 더 자주 듣고, 나보다 더 힘든 처지에 놓인 사람들을 돕고, 차의 계기판 위에 성경구절을 써서 붙이는 것 같은 처방들이었다. 사람들의 조언은 끝이 없었다. 그들이 몰랐던 것은 내가 그 모든 것을 이미 다 해보았다는 사실이었다. 그것도 아주 많이. 그들의 조언은 내 가슴을 더 아프게 했다. 그 조언에 담겨 있는 메시지가 너무도 분명했기 때문이다. 그것은 내 영적인 삶에 문제가 있다는 말이었다. 그 메시지는 나를 고통스럽게 하는 기존의 죄책감 위에 새로운 죄책감만 더할 뿐이었다.

가족들의 격려는 매우 고무적이었다. 어머니는 암울한 시기를 지날 때에는 용기를 가져야 한다고 격려했다. 하나님이 늘 나와 함께하시며 내 발자국마다 나와 함께 동행하신다는 확신도 주었다. 하지만 어머니의 말씀도 듣는 순간뿐, 곧 내 무너진 가슴의 틈 사이로 빠져나가버렸다.

내가 워싱턴에 있는 정신병원에 입원하기 직전이었다. 퇴근 후 차를 몰아 집으로 가던 길에 갑자기 소나기를 만났다. 하늘은 어두워지고 번개가 하늘을 두 쪽으로 갈랐다. 그리고 마치 하늘의 수도관이 열리기라도 한 것처럼 엄청난 비가 폭포수처럼 쏟아져내리기 시작했다. 순간, 그 모든 것이 내 잘못 때문인 것만 같았다. 나를 향한 하나님의 진노라는 생각이 들었던 것이다. 이 글을 쓰고 있는 지금은 내가 그때 그런 생각을 했었다는 것조차 상상하기 어렵다. 그러나 죄책감과 수치심으로 가득했던 당시에는 세상에 일어나는 모든 나쁜 일들이 다 내 탓이라고만 느껴졌다.

몇몇 친구들은 내 선택이 영적으로나 직업적으로나 자살행위와 다름없다고 말했다. 정신병원 신세를 졌다는 사실을 사람들이 아는 순간에 방송인으로서, 그리스도인으로서 나의 신뢰는 회복 불가능한 상태가 된다는 것이었다. 그 말이 옳다는 것에 동의하면서도 당시에는 공적 지위 따위를 염려할 여유가 없었다. 내게 절실했던 것은 하나님의 보좌 앞에서 얼굴을 파묻은 채 그분의 말씀에 귀를 기울일 장소였던 것이다.

정신병원에서 내가 무엇을 기대했었는지는 나도 모른다. 그러나 나 스스로는 아무것도 할 수 없었던 바로 그곳에서, 하나님이 행하신 일들은 내 상상을 초월한 것들이었다. 자신에 대한 자비가 바닥났을 때 하나님의 자비가 나를 압도했으며, 하나님의 사랑이 매순간 나의 삶 전체를 하나씩 변화시키기 시작했다. 친구들의 해결책이 내게 주었던 희미한 소망은 그리스도가 내게 주신 절대적인 소망과는 견줄 수조차 없었다. 나는 당신이 내 삶을 변화시킨 존재가 바로 그리스도임을 알았으면 한다. 하지만 그러한 변화가 하룻밤에 일어난 것이 아니라는 사실 또한 알기 바란다.

나는 응급처치나 상상 속의 치유를 좋아하지 않는다. 예수님이 나를 향해 베푸신 것은 내 삶의 모든 것을 바꾸어놓았다. 예수님은 내게 사는 방법을 가르쳐주셨기 때문이다. 우리가 이 책을 통해 함께 길을 가는 동안 예수님이 당신에게도 같은 은혜를 주시기를 기도한다. 내면의 깊은 곳에서 행하신 성령님의 개인적인 사역을 다른 사람에게 설명하기란 쉬운 일이 아니다. 다만 내가 할 수 있는 말은 내 안에 칭찬할 만한 것이 하나도 없을지라도 나를 향한 하나님의 사랑은 변함이 없음을 확신하게 되었다는 것이다. 그 확신은 오로지 하나님이 어떠한 분이라는 사실과 그 하나님이 나를 확증하셨다는 사실에 근거한 것이었다.

내 삶이 변했다. 그것이 치유의 시작이었다. 이전의 나는 누군가를 위로하기 위해 성경구절을 찾았지만, 이번에는 성경을 진짜 읽기 시작했고 하나님이 내게 하시는 말씀을 들었다. 나는 하나님이 내 아버지가 되심을 알려주는 성경구절들을 읽으면서 위안을 받았다. 그것은 엄청난 위로였다. 오랫동안 더 열심히 일을 함으로써 하나님이 나를 좋아하시도록 노력해오던 내가, 마침내 하나님은 나를 좋아하실 뿐만 아니라 열정적으로 사랑하고 계신다는 사실을 깨닫게 되었던 것이다. 그 이후로 나는 다른 사람들도 나와 같은 문제로 씨름하고 있다는 사실을 알게 되었다.

치유받고자 하는 갈망

1994년에 배리와 나는 남편의 고향인 사우스캐롤라이나 주 찰스톤에서 결혼했다. 결혼 후에 우리는 내가 다니고 있던 풀러 신학대학원이 있는 캘리포니아 주에서 신방을 차렸다. 2년이 지나 마흔이 되던 해에 나는 엄마가 되었다! 모든 것이 순조롭게 여겨졌다.

그러던 어느 날, 나는 한 번도 만난 적이 없는 여성에게서 전화를 받았다. 그녀는 내게 혹시 '믿음의 여성Women of Faith'이라는 기치 아래 미국 전역을 순회하며 집회를 여는 그룹에 참여할 의향이 있는지 물었다. 처음에 나는 아기 핑계를 대며 거절했다. 학위를 마무리하기 위해 버둥거리느라 식료품 가게에 갈 힘조차 없는 내가 공항을 드나든다는 것은 있을 수도 없는 일이었다. 하지만 그녀는 끈질기게 제안을 해왔다. 자신은 단지 연사단을 구성하는 일을 맡고 있을 뿐, 믿음의 여성 설립자이며 내 친구인 스티브 아터번이 내게 전화해보라고 지시했다는 것이었다. 그러면서 이 일을 놓고 기도해보라고 했다. 당시의 상황으로는 내가 여행을 다닌다는 것이 불가능하게만 보였다. 그런데도 왠지 나는 하나님이 문을 활짝 열어 나를 초청하신다는 느낌을 강하게 받았다.

엄마이며 동시에 연사가 된다는 것은 내게는 금상첨화와도 같았다. 맨 처음 아들을 안고 그 눈을 들여다보던 순간은 마치 하나님이 내게 입 맞추시는 느낌이었다. 나는 아들 크리스에게 이야기를 들려주었고, 노래를 불러주었으며, 하나님은 언제나 그를 사랑하신다고 말해주었다. 나는 전국을 돌며 집회장소에서 이틀 동안 함께 울고 웃던 여성들에게 같은 노래를 불러주며 격려했고, 그들이 그리스도 안에서 진정한 자아를 처음으로 일깨우거나 다시금 깨달을 수 있도록 도움을 주었다.

하지만 내가 결코 무시할 수 없는 것이 있었다. 그것은 바로 거울에 비친 나 자신이었다. 새로운 삶을 시작한 지 한참이나 지났는데도 나는 때때로 남편의 별 생각 없는 한 마디에 과민반응을 보이기 일쑤였고, 내 글이나 연설에 대한 호의적이지 않은 비평에 자존심이 상하기도 했다. 그러한 평가는 내 마음을 찔렀고 나를 넘어지게 만들었다.

로스앤젤레스에서 뉴욕까지 순회 집회를 갖는 동안 나는 수없이 많은 여성들로부터 똑같은 증세에 관한 이야기를 들었다.

우리는 살아가면서 서로로 인해, 자신이나 다른 사람의 잘못된 선택으로 인해 상처를 받는다. 그리고 그 상처들로부터 치유를 받아 자유롭고 온전하게 되기를 갈망한다. 때때로 하나님의 치유의 흔적을 경험하기도 하지만 순식간에 또 다른 무심한 말, 자신에 대한 혹은 다른 사람에 대한 실망으로 인해 상처받는 것이다. 그렇다면 어떻게 해야 하는가? 이 책에서 던지는 핵심 질문은 바로 이것이다.

이 땅에서 과연 지속되는 치유란 있는 것일까? 아니면 이 땅에 사는 동안, 천국의 우리 아버지 품으로 돌아갈 때까지는 그저 최선을 다해 찢긴 마음을 누덕누덕 기운 채로 지내는 것이 우리의 운명이란 말인가?

나는 지금, 상처가 아무리 깊고 고통스러울지라도 하나님의 엄청난 사랑은 우리로 하여금 상처를 직시하게 하여, 마침내 어둠으로부터 하나님의 빛 가운데로 그 상처를 끌어내올 수 있는 용기와 은혜를 주신다는 사실을 배우고 있는 중이다. 어쩌면 당신은 자신의 상처에만 집착한 나머지 하나님의 사랑을 느끼지 못할지도 모른다. 그렇다면 당신은 이렇게 물을 것이다.

"내게 이런 일이 일어났을 때 하나님은 어디에 계셨나요?"

“인생의 가장 깊은 상처가 나를 덮칠 때 하나님, 당신은 어디에 계셨나요?”

“보고 계시기는 한가요?”

“제 삶에 관심이 있으시기는 한가요?”

이러한 질문들은 중요한 질문들이고, 우리는 함께 그 답들을 생각해볼 것이다. 그러나 지금 이 시점에서 내가 하고 싶은 말은 온 우주를 주관하시는 하나님이 당신을 사랑하신다는 것이다. 어쩌면 당신은 하나님이 어디에 계셨는가가 아니라, 당신의 상처에도 불구하고 하나님은 여전히 당신을 사랑하실 수 있는지를 묻고 있는 건지도 모르기 때문이다. 나는 외적으로든 내적으로든 하나님은 당신의 지금 모습 그대로를 사랑하신다고 믿는다. 이는 내 삶을 통해 얻은 메시지이며 우리가 아무리 많이 들어도 지나침이 없는 메시지인 것이다. 이 메시지야말로 우리의 머릿속에 울려 퍼지는 부정적인 메시지를 덮어 버리기 때문이다.

우리 속의 음성은 이렇게 말하고 있다. ‘하나님은 결코 우리를 우리가 알고 있는 그대로, 우리가 경험한 그대로 사랑하시지 못한다’. 우리가 하나님의 기준에 도달하지 못했다는 것을 알며, 이웃과의 관계에서 실패했다는 것을 알고 있을진대, 어떻게 거룩하시고 순결하신 하나님이 아무 주저없이 우리를 사랑할 수 있단 말인가?

내가 하나님의 사랑을 받아들이고 내가 나쁜 데에 처하건 좋은 데에 처하건 하나님의 사랑은 조금도 변함이 없다는 것을 믿기까지는 오랜 세월이 걸렸다. 이제 나는 그 사실을 전심으로 믿는다. 하지만 어쩌면 당신은 지금 그 사실을 받아들이지 못할지도 모른다.

나는 엄청난 상처와 고통과 두려움으로 가득한 세상에서 어떻게 살아야 하는지와 어떻게 하면 계속해서 깊은 치유를 경험할 수 있는지를 깨닫게 해달라고 하나님께 간구하기 시작했다. 그러면서 나는 어떤 이들은 치유를 받아들여 새 삶을 살 수 있는 반면에, 어떤 이들은 한 번 받은 치유를 금세 잃어버리거나 아예 치유를 받아들이지 못하는 데는 이유가 있다는 것을 깨닫게 되었다. 그래서 하나님의 말씀이 무엇인지를 공부하는 것이 절실한 소망이 되었다. 그로 인해 우리가 하나님의 모든 약속의 자유 안에서 함께 살아갈 수 있도록 말이다.

이미 복잡할 대로 복잡한 삶에 있어서는 이런 방법이 지나친 생각처럼 보일 수도 있다. 하지만 앞서 말했듯이 나는 임시방편을 믿지 않는다. 내가 믿는 것은 오직 그리스도가 우리를 위해 길을 만드셨다는 것이다. 우리는 우리에게 일어난 일들의 희생양이라고 말하는 세상의 목소리에 귀를 기울일 수도 있고, 다음 구절과 같이 하나님의 말씀에 귀를 기울일 수도 있다.

> 모든 은혜의 하나님, 곧 그리스도 안에서 너희를 부르사, 자기의 영원한 영광에 들어가게 하신 이가 잠깐 고난을 받은 너희를 친히 온전케 하시며, 굳게 하시며, 강하게 하시며, 터를 견고케 하시리라. 권력이 세세 무궁토록 그에게 있을지어다. 아멘. 베드로전서 5: 10-11

각 장의 마지막에 '내 삶을 위한 적용' 코너가 있다. 이 질문들을 통해 당신의 삶 속에 전하고자 하는 메시지를 발견할 수 있기를 기도한다. 우리가 함께 이 문제들을 풀어나갈 때 진도를 빨리 나가야 한다는 부담감을 버리고 천천히 곱씹기를 바란다. 읽으면서 떠오르는 생각이나 질문들을 기록해두는 것이 도움이 될 수도 있다.

상처받은 영혼을 회복시키고 우리의 어두운 심령 가운데 기쁨과 빛을 주시기 위해 하나님의 어린양 되시는 예수님은 우리에게 주실 수 있는 모든 것을 다 주셨다. 이제 우리는 어둠에서 나와 가면을 벗고 숨바꼭질을 멈출 때이다. 예수님은 자신과 함께 동행하며, 함께 춤추며, 함께 나란히 서서 싸우며, 함께 사랑하자고 우리를 초대하신다. 그리고 나는 당신의 여행의 동반자가 됨에 감사드린다.

예수님의 다음 초대 말씀에 귀를 기울여보라.

수고하고 무거운 짐 진 자들아, 다 내게로 오라. 내가 너희를 쉬게 하리라. 나는 마음이 온유하고 겸손하니, 나의 멍에를 메고 내게 배우라. 그러면 너희 마음이 쉼을 얻으리니, 이는 내 멍에는 쉽고 내 짐은 가벼움이라 하시니라. 마태복음 11: 28-30

The Heartache No one sees

마음의 상처

무너진 마음과 산산조각 난 꿈

이 장에서 우리는 실제로 우리의 마음이 무너지게 하는 많은 이유와 경우들에 관해 이야기를 나눌 것이다. 우리는 고통과 함께 사는 것에 익숙해져 있기 때문에 고통이 존재한다는 것을 알지 못할 때도 있다. 그러나 마음의 고통이 학창시절의 낡은 앨범처럼 어딘가 구석에서 가만히 있어주기만 한다면 괜찮을지도 모르지만 그것은 결코 잠잠히 있거나 온전히 과거에 머무르지만은 않는다.

우리가 어렸을 때 경험했거나 혹은 자라면서 사람들과의 관계에서 받았던 고통은 현재의 삶 위로 긴 그림자를 드리우고 있다. 바로 그 고통의 기억이 우리가 내리는 현재의 선택과, 삶과 하나님과 다른 사람들에게 보이는 반응에 여전히 영향을 미치는 것이다.

불행한 영혼들

「크리스처니티 투데이*Christianity Today*」의 한 사설에서 팀 스태포드 Tim Stafford는 교회 공동체 안의 수많은 사람들이 깊은 고통 속에서 살아가고 있다는 문제를 다룬 적이 있다. 그는 그들을 '불행한 영혼들 unhappy ghosts' 이라고 불렀다.

상상해보면 재미있는 그림이 떠오른다. 그 그림은 가까스로 교회에 당도해서 방관자처럼 떠도는 우리들의 모습과 흡사하다. 우리는 교회를 떠나지 못한다. 어쩌면 다 끝내지 못한 일 때문에, 어쩌면 슬픔으로 인해 움직이지 못해서, 아니 어쩌면 갈 곳이 없기 때문일지도 모른다. 그렇다고 진정으로 그곳에 있는 것도 아니다. 교회생활에 기여하는 바도 없고 예배에도 참여하지 않는다. 그저 이도저도 못하는 사람이 되어 어둠과 절망 속에서 옴짝달싹하지 못하게 된 것이다.

어쩌면 지금 당신이 바로 그런 곳에 서 있을지 모른다. 그래서 이 책을 집어들었을 수도 있다. 마음은 상처로 가득하고 속으로는 이미 죽어 있지만 어느 누구도 당신의 고통을 눈치채지 못했을 수도 있다.

나는 수백 명의 여성들로부터 교회나 선교단체에 실망했다는 편지를 받았다. 그들이 그곳에서 발견한 것은 그들이 알고 있던 것과는 너무나 달랐다. 우리들은 예수님께로 가면 우리의 짐을 대신 져주실 것이라는 말을 듣는다. 하지만 막상 그곳에 가면 누구도 어떻게 해야 할지를 가르쳐주지 않는 것이다. 만일 당신이 이번 주일에 부러진 팔을 하고 교회에 가게 되면 "무슨 일이 있었어요?"라는 질문을 수도 없이 듣게 될 것이다. 그러나 지난 십 년간 당신이 산산조각이 난 마음을 가지고 주일마다 교회에 걸어 들어갔는데도 단 한 사람도 눈치채지 못했다면?

　누군가가 일어나서 찬양을 하고 간증을 나누며 자신이 상처 입고 고통받고 있을 때 하나님께서 어떻게 자신을 만나주셨는지를 들려주면서 이제는 온전하고 행복하다고 말한다면 어떻겠는가. 가만히 앉아서 그 간증을 들으며 물론 그 사람의 변화된 삶에 함께 기뻐하겠지만 당신의 삶은? 그 사람의 응답 받은 기도는 어쩌면 당신을 더욱 외롭게 만들지도 모른다.

무엇이 문제인가?

팻 로벗슨 목사님과 함께 〈700 클럽〉을 진행할 때 내가 바로 그런 상태였다. 날마다 결혼생활의 고통이 치유되고 건강이 회복되며 자녀들이 변화되었다는 이야기들을 전해주었다. 나는 삶의 벼랑 끝에서 하나님의 손길로 회복된 사람들을 인터뷰했다. 그들에게는 응답되지 않은 질문, 실망, 상처받은 마음이 없었다. 방송에서 나간 이야기들은 모두 진실이었지만 모든 청중들의 삶이 그와 같지는 못했다. 사실, 그 간증은 극히 일부 사람들만이 경험했던 것이다.

　망가진 결혼생활이 늘 회복되는 것은 아니다. 그리스도인의 이혼율도 비신자의 이혼율과 별반 다르지 않은 것이 현실이다. 하나님을 사랑하고 신뢰하는 사람들도 매일 암으로 죽어가기는 마찬가지이다. 비행 청소년 자녀가 회개하고 돌아오는 은혜를 경험하는 부모도 그리 많지 않다.

　모든 사람들이 마음의 상처를 나누며 사랑과 이해와 돌봄을 받을 수 있는 안전한 곳을 발견할 수 있는 것은 아니다. 오히려 대부분의 사람들은 찾지 못하고 있다. 하나님께 응답을 구하고 받는 사람들의 기쁨을 바라보는 것은 많은 이들에게 격려가 된다. 그러나 한편으로는 벌어진 상처에 소금을 뿌리는 것과 같을 수도 있다. 그러한 고통은 다른 사람들이 자신의 상처를 이해하지 못하고 그저 "이겨내세요!"라고 말하는 것을 들을 때마다 더욱 생생해진다.

속으로 고통받고 있는 사람에게 이겨내라고 말하는 것은 다리가 부러진 아이에게 일회용 반창고를 내미는 것처럼 어처구니없는 일이다. 그 충고가 즉각적인 처방이 될지는 모르겠지만 결코 진정한 치유는 되지 못한다.

현실로 돌아가기

나는 2003년도 믿음의 여성 집회에 참석했던 한 여성에게서 다음과 같은 전자우편을 받았다.

집회에 참석한 여성들이 과거의 일들로 인해, 또 현재 일어나고 있는 일들로 인해서 받는 마음의 상처와 통곡 소리가 집행부에게까지 들립니까? 집회 중에 전달된 쪽지에 적힌 질문들에 대답을 해주고 있습니까? 어쩌면 연사인 당신이 집회에 참석한 한 여성의 삶과 죽음 사이를 잇는 다리일지도 모른다는 사실을 알고 있습니까?

나는 그녀가 던지는 질문들을 이해한다. 보통 우리 집회에는 많은 수의 여성들이 24시간 동안 함께한다. 우리는 함께 찬양한다. 1만8천 명이나 되는 여성들이 '주 하나님 지으신 모든 세계'를 함께 부를 때 감동받지 않기란 어렵다. 연사들의 모든 메시지는 그곳에 모인 여성들에게 하나님의 사랑과 은혜를 전달하는 데에 맞춰져 있다. 그러나 토요일 오후 다섯 시 삼십 분이면 집회는 막을 내린다. 여성들은 집회장 밖에서 기다리고 있는 차와 버스에 올라타고 각자의 집으로 향한다. 일상의 삶 속으로 돌아가서 현실의 문제와 싸워야 하는 것이다. 믿음의 공동체가 주는 분위기에 붕 떠 있지만 집회가 끝나면 현실은 계속된다. 한 가지 분명한 사실은 이것이다. 마음의 상처는 몸의 상처보다 치유하기가 더 어렵다.

교회는 많은 시간을 들여서 육신의 치유에 관해 이야기한다. '하나님은 오늘날에도 기적적인 능력을 행하심으로 인간을 치유하시는가'라는 질문에 대해서는 교파에 따라 의견이 나뉘기도 한다. 하지만 이 책에서는 육신의 치유가 아니라 상한 마음과 산산조각이 난 영혼의 치유에 관해서만 이야기를 하도록 하겠다.

하나님은 오래 전에 부서진 것을 지금 고칠 수 있을까?

하나님은 너무 오래되어서 언제 상처를 받았는지 자신도 잊어버린 고통을 고칠 수 있을까?

하나님은 상상조차 할 수 없는 상처로 인한 고통도 고칠 수 있는 것일까?

하나님은 자신도 더 이상 기도하지 않는 상처를 정말 고칠 수 있을까?

한 어머니의 통곡

남편 배리의 고등학교 동창 하나가 어린 두 자녀를 남기고 2002년에 세상을 떠났다. 딸의 죽음으로 인해 그 친정 어머니의 마음은 산산조각이 났다. 사랑하는 가족과 함께 발렌타인데이를 준비하던 멀쩡했던 딸이 며칠 만에 바이러스성 병으로 갑작스레 죽어버렸다면 어머니의 마음이 어떨지를 한번 상상해보라. 이 상심한 친정 어머니와 외할머니가 믿음의 여성 집회에 내 강의를 들으러 왔다. 딸이 죽은 지 꼭 1년이 지난 때였다.

"하나님이 어떻게 이런 일을 허락하실 수 있나요?"

이렇게 씁쓸히 질문하는 그녀의 눈에서 눈물이 흘러내렸다.

"어떤 엄마도 자식을 앞세워서는 안 된답니다. 손주들은 밤마다 엄마를 찾으며 울고 있어요. 신발을 신고는 천국에 있는 엄마에게 가겠다고 떼를 쓰기도 해요. 그런 손주를 보는 제 심정이 어떨지 상상하실 수 있나요?"

나이를 초월해서 공유한 슬픔

집회 기간 동안 이 상심한 어머니가 마음을 터놓을 수 있었던 유일한 대상은 여섯 살짜리 내 아들 크리스였다. 집회가 있던 주 토요일에 크리스는 그 여성의 집에서 시간을 보냈다. 크리스는 사진을 가리키며 누구인지를 물었다.

"내 딸, 수잔이란다. 네 아빠의 친구였지."

"그럼, 지금은 친구가 아닌가요?"

"그렇긴 하지만 수잔은 천국에 있단다. 작년에 죽었거든."

"우리 할아버지도 돌아가셨어요."

"안단다, 얘야. 나도 네 할아버지를 알아. 참 훌륭한 분이었지."

"어떤 일이 있었는지 말해드릴까요?"

"해보렴. 듣고 싶구나."

"제가 이층으로 올라갔을 때 할아버지는 화장실 바닥에 누워 계셨고 엄마가 곁에 계셨어요. 마치 주무시는 것 같았어요. 저는 할아버지 곁에 앉았어요. 아마 할아버지께 힘이 되었을 거예요. 엄마와 제가 병원으로 뒤따라갔는데 우리가 도착했을 때 이미 할아버지는 천국으로 가신 뒤였어요. 기다리실 수가 없었던가봐요. 우리 아빠는 할아버지께 작별인사도 못했어요. 그래서 아마 슬펐을 거예요. 그래도 저는 '할아버지, 안녕' 하고 작별인사를 할 수 있었어요."

잠시 동안 꼬마와 할머니는 같이 눈물을 흘렸다. 두 세대나 차이가 나는 그들이었지만 상처받은 마음과 "하나님, 왜?"라는 공통의 질문이 있었기에 서로 연결될 수 있었던 것이다.

나를 비롯한 연사들이 집회에 참석한 여성들의 삶에서 일어나고 있는 일들에 진정으로 관심이 있는지 캐물었던 그 여성의 질문으로 다시 되돌아가보자. 연사들은 자신의 책을 팔거나 다음 집회의 참석을 유도하기 위해 그 자리에 섰는가? 소망과 치유를 담은 메시지를 던지고 나서는 호텔방으로 돌아와 집회장에서 쏟아져나왔던 상처와 고통에 대해서는 잊어버리는 것일까?

그렇지 않다. 연사들은 내가 말로 설명할 수 없을 정도로 지속적인 관심을 갖고 있다. 집회 연사들은 모두 각자의 가슴앓이와 황폐한 상처의 시기를 지나온 사람들이다. 그렇기 때문에 희망을 잃어버린 자들에게 희망을 심어주는 일에 헌신한 것이다. 우리는 모두 여성들이 서 있는 황폐한 자리를 잘 알고 있다. 우리도 그곳에 서본 적이 있기 때문이다.

나는 왜 그 여성이 그런 질문을 던지게 되었는지를 생각해보았다. 어쩌면 이전에 도움을 요청했다가 거절을 당했거나 까다로운 사람으로 낙인찍혔던 것은 아닐까? 어쩌면 자신이 믿을 수 있다고 여겼던 모든 것들이 하루 사이에 사라지는 악몽과 같은 경험을 했을 수도 있다. 마치 욥처럼 인생의 쓴 물을 맛보아야 했던 것은 아닐까? 욥의 이야기는 구약에 씌어 있지만 많은 의미에서 마치 어제 씌어진 이야기처럼 생생하다. 그는 자신의 고통으로 말미암아 차라리 태어나지 않는 편이 좋았을 것이라고 말하기까지 했다.

한 경건한 남자의 고통

인생에서 가장 처참한 상황에 선 욥이 너무나 비참한 생각에 빠진 나머지, 하나님께 왜 자신을 태어나게 했느냐고 따지는 장면이 있다.

> 이러한 자는 죽기를 바라도 오지 아니하니
> 그것을 구하기를 땅을 파고 숨긴 보배를 찾음보다 더하다가
> 무덤을 찾아 얻으면
> 심히 기뻐하고 즐거워하나니
> 하나님에게 둘러싸여 길이 아득한 사람에게
> 어찌하여 빛을 주셨는고.
> 나는 먹기 전에 탄식이 나며
> 나의 앓는 소리는 물이 쏟아지는 것 같구나.
> 나의 두려워하는 그것이 내게 임하고
> 나의 무서워하는 그것이 내 몸에 미쳤구나.

평강도 없고 안온도 없고

안식도 없고 고난만 임하였구나. 욥기 3: 20-26

우리는 욥기의 저자가 누구인지 모른다. 그러나 누가 썼든 욥이란 남자의 평탄하지 않은 삶을 세세하게 잘 기록한 것은 틀림없다. 욥은 아들 일곱, 딸 셋의 열 자녀를 두었다. 엄청난 부자였으며 동방에서 으뜸가는 사람이라고 성경에 기록되어 있다.

"욥은 순전하고 정직하여 하나님을 경외하며 악에서 떠난 자"(욥기 1: 1)라고 성경은 말한다. 심지어 우리는 흔치 않은 인간에 대한 칭찬까지 하나님의 입을 통해 직접 듣게 된다.

"그와 같이 순전하고 정직하여 하나님을 경외하며 악에서 떠난 자가 세상에 없느니라."(욥기 1: 8)

그런데 어떤 일이 일어났는가? 하늘의 칭찬을 한몸에 받던 그가 무엇 때문에 그토록 끔찍한 비통함에 가득 차서 "평강도 없고 안온도 없고 안식도 없고 고난만 임하였구나"라고 절규해야만 했을까?

수십 세기 전에 살았던 한 남자와 컴퓨터 앞에 앉은 현대의 한 여자와의 사이에는 엄청난 시간의 간격이 존재하지만, 고통이라는 인간 공통의 경험과 두 사람이 던졌던 질문에 있어서는 다를 바가 없다.

하나님, 저는 알지 못합니다.

이 절망의 캄캄한 구덩이 속에서 누가 나를 건져주실 수 있나요?

왜 내게 이런 일이 생기나요?

하나님으로부터 받은 상처

욥이 살았던 과거로 날아가서 자세히 들여다보자. 비극은 늘 그렇듯 예고 없이 찾아왔다. 모든 것이 평온한 하루였다. 욥의 자녀들은 장남의 집에 모여 저녁을 먹고 있었다. 자녀들이 우애 좋게 지낸다는 것을 아는 욥의 마음은 기쁨으로 가득했으리라. 그러나 이 평화의 순간을 깨며 하인 셋이 들고 온 소식은 모든 상황을 뒤집어놓는다.

각각의 소식들은 모두 끔찍했다. 첫째로 욥은 자신의 사업이 풍비박산이 났다는 것과 둘째로는 모든 가축과 종들이 죽임을 당했다는 사실이었다. 정신을 막 수습하기도 전에 날아온 마지막 소식은 예상치 못했던 돌풍이 몰아닥쳐 자녀들이 있던 집을 덮쳤다는 것이었다. 마치 무슨 원수라도 갚는 듯이 돌풍은 집의 네 기둥을 무너뜨리며 천장부터 폭삭 주저앉게 만들어서 욥의 자녀들 모두가 밑에 깔려 죽고 말았다.

이런 끔찍한 상황을 상상조차 할 수 있겠는가? 십 분이라는 짧은 시간 안에 인생에서 소중한 모든 것들이 사라져버린 것이다. 가축을 몽땅 다 잃어버린 슬픔을 채 삼키기도 전에 들려온 다음 소식은 가축의 몰살을 아무것도 아니게 만들어버렸다. 당신의 가족, 모든 자녀가 죽었다는 것이다. 욥에게 이런 일이 일어나는 동안 과연 하나님은 어디에 계셨는가?

만일 욥이 이 재난에 앞서서 사단과 하나님이 나눈 대화를 엿들었더라면, 사단에게 자신의 신실한 종에게 이렇게 해도 좋다는 허락을 하신 이가 바로 하나님이었다는 사실을 알았더라면 욥은 그 충격을 견뎌낼 수 있었을까?

여호와께서 사단에게 이르시되, 네가 내 종 욥을 유의하여 보았느냐? 그와 같이 순전하고 정직하여 하나님을 경외하며 악에서 떠난 자가 세상에 없느니라. 사단이 여호와께 대답하여 가로되, 욥이 어찌 까닭 없이 하나님을 경외하리이까? 주께서 그와 그 집과 그 모든 소유물을 산울로 두르심이 아니니이까? 주께서 그 손으로 하는 바를 복되게 하사 그 소유물로 땅에 널리게 하셨음이니이다. 이제 주의 손을 펴서 그의 모든 소유물을 치소서. 그리하시면 정녕 대면하여 주를 욕하리이다. 여호와께서 사단에게 이르시되, 내가 그의 소유물을 다 네 손에 붙이노라. 오직 그의 몸에는 네 손을 대지 말지니라. 사단이 곧 여호와 앞에서 물러가니라. 욥기 1: 8–12

"내가 그의 소유물을 다 네 손에 붙이노라. 오직 그의 몸에는 네 손을 대지 말지니라." 이 구절은 우리로서는 이해하기가 어렵다. 선하시고 사랑이시며, 강대하시고 공평하신 하나님께서 자신의 종을 사단의 손에 내맡기시다니. 욥의 고통은 이루 말할 수 없었다. 이 세상의 모든 부모에게 가장 견디기 힘든 고통은 바로 자식의 죽음에 직면하는 것이다. 우리 집회에 참석했던 수잔 어머니의 고통을 들을 때 나는 욥의 음성이 겹쳐지는 것을 느꼈다.

내게는 안식이 없구나.
차라리 태어나지 않았더라면 좋았을 것을!
다시는 이전으로 돌아가지 못하리라.

한 가지 분명한 사실은, 인간은 깊은 고통 가운데에 있으며 오랫동안 그래왔다는 점이다. 아마도 그것은 선하시고 사랑하시는 하나님을 믿는 마음과 하나님을 사랑하는 사람들의 삶 속에 침투하는 상심과 고통 사이에 거대한 동굴이 존재하고 있는 것처럼 보이기 때문인지도 모른다. 자기 스스로 상처를 치유할 수 있다고 기대하는 사람들이 주는 헛된 희망은 오히려 더 깊은 고통을 주게 된다. 욥은 하나님이 선하시며 공평하심을 믿었다. 그러나 선하시고 공평하신 하나님이 어떻게 욥의 자녀들이 몰살을 당하도록, 욥의 전 재산이 한순간에 사라지도록, 또 엎친 데 덮친 격으로 몸에는 욕창이 떠나지 않도록 허락하실 수 있단 말인가?

내게 전자우편을 보냈던 그 여성은 마치 집회장 문에 보초병처럼 지키고 서서 이렇게 외치고 있는 셈이었다. "무슨 일이 일어나고 있는지 아시나요? 고통을 함께 느끼시나요? 관심이나 있으신가요? 우리는 지금 죽어가고 있답니다."

믿었던 사람들로부터 받은 상처

우리들 대부분은 감사하게도 욥과 같은 악몽을 경험하지는 않을 것이다. 아마 대부분은 자녀들이 장성하고 결혼하는 것을 보게 될 것이다. 욥처럼 모든 것을 하룻밤 사이에 잃어버리는 경험을 하는 이는 소수에 불과하다. 하지만 우리들 대부분은 처절한 외로움 속에서 다른 이들과의 연합과 관계를 갈망하는 가슴앓이를 경험한다. 그런 외로움을 느끼는 곳이 하나님의 집인 교회라면 그 고통은 더욱 강렬해진다.

나는 차 안에서 녹음테이프를 즐겨 듣는다. 우리 어머니와 언니는 정기적으로 영국 방송의 코미디나 드라마를 보내준다. 내가 제일 좋아하는 현대 작가는 앨런 베넷Alan Bennett이다. 그는 인간의 본성에 관심이 많은 사람으로 인간성 위로 드리워진 휘장을 잠시 감아올려 다른 사람의 영혼을 들여다볼 수 있게 하는 재주가 있다. 특히 그가 쓴 독백은 우리로 하여금 완전히 낯선 사람과도 잠시 앉아서 그의 내면의 대화에 귀를 기울이게 한다.

그의 작품 중 가장 탁월한 것은 한 목사 부인이 남편과 하나님과 신자들에게 환멸을 느낀다는 줄거리였다. 그 부인은 이렇게 되뇐다. "만일 하나님이 진정 사랑의 하나님이시라면 어째서 교회에 다니는 모든 사람들이 그토록 비참하게 보이는 것일까? 그리고 하나님이 모든 것을 다 아신다면 어째서 하나님의 자녀라는 사람들이 그토록 서로에게 자신의 고통을 감추기 위해 급급해하는 것일까?"

목사인 그녀의 남편은 마치 자신이 판 차가 새 주인의 집까지 갈 수 있을지조차 확신하지 못하는 중고차 영업사원처럼 가면 뒤에서 전전긍긍하는 것처럼 보인다. 그리고 그녀가 하는 일이라면 다 못마땅해하는 여자성도들이 있음도 잘 알고 있다. 강대상의 꽃꽂이를 할라치면 어떻게 해도 마음에 들지 않아 하고, 그녀가 심방을 하면 무슨 말을 해도 반기지 않는 그들 말이다. 그렇게 그녀의 마음과 영혼 속에 쌓인 작은 상처들은 결국 그녀가 마음의 문을 닫도록 만들고 만다. 하나님을 사랑한다고 주장하는 사람들의 잔인함에 짓이겨진 그녀는 마침내 믿음을 버리고 남편이 아닌 다른 남자에게서 사랑을 느끼게 된다.

연극에 불과하지만 맨 처음 그 극본을 접했을 때 나는 흐느껴 울었다. 내가 운 까닭은 그 극본 속의 허구가 하나님을 믿는 사람들로부터 상처를 받아온 수많은 사람들에게는 현실이기 때문이었다. 같은 믿음의 형제자매로부터 당하는 고립과 배신이야말로 우리가 삶에서 겪을 수 있는 가장 고통스러운 경험인 것이다.

침묵 속의 고통

라디오 인터뷰 시간에 한 여성이 전화를 걸어와 이렇게 물었다.

"어떻게 하나님은 나를 헐뜯고 깊은 상처를 주는 사람들을 사랑하라고 하실 수 있나요? 그들이 신자가 아니라 해도 상처가 될 텐데, 하물며 하나님을 사랑한다고 하는 사람들이 어떻게 그럴 수 있나요? 제가 견딜 수 없는 것은 바로 그 점이에요."

욥도 그런 경우를 당했다. 욥기의 둘째 장에는 이런 구절이 나온다. "때에 욥의 친구 세 사람이 그에게 이 모든 재앙이 임하였다 함을 듣고 각각 자기 처소에서부터 이르렀으니, 곧 데만 사람 엘리바스와 수아 사람 빌닷과 나아마 사람 소발이라. 그들이 욥을 조문하고 위로하려 하여 상약하고 오더니……."(11절)

원래는 욥을 위로하려고 왔을지는 모르지만 결국 그 반대 상황이 벌어지고 말았다. 흔히 설교나 책에서 욥의 세 친구들을 형편없는 인간들로 폄하하는 것을 보게 되는데, 그것은 그 친구들이 욥에게 보인 태도와 그런 재앙이 생긴 데에는 욥의 평소 삶에 문제가 있었을 것이라는 추정 때문이다.

하지만 우리가 주목해야 할 점이 있다. 그 친구들은 욥을 보자 통곡하며 아무 말도 하지 않은 채 그 곁에 7일 동안이나 앉아 있었다는 사실이다. 그들이 보기에도 욥이 당한 고난은 말로 표현할 수 없을 만큼 끔찍한 것이었다. 오늘날에는 고난당한 사람 곁에서 7일은 고사하고 일곱 시간이나마 함께 앉아 있어줄 친구도 찾기 어려울 것이다. 그러나 욥이 침묵을 깨자 문제가 시작되었다. 욥이 침묵하는 동안은 욥과 함께 앉아 있어주었지만, 욥이 입을 열어 자기가 태어난 날을 저주하기 시작하자 계속 듣고 있을 수가 없었던 것이다.

당신도 그런 경험을 한 적이 있는가? 당신이 고통에 관해 침묵하는 한, 사람들은 당신을 동정한다. 그러나 당신이 상처에서 독을 흘려보내기 시작하면 당신에게서 멀어지며 당신의 입을 닫게 하려고 시도한다. 하지만 교회란 그리스도의 보혈로 다 씻어낼 때까지 사람들이 분노와 실망을 다 쏟아낼 수 있는 장소가 되어야 한다.

욥기를 읽으며 내가 가장 가슴 아팠던 점은 욥이 그토록 몸부림치며 도움을 구하는데도 어느 누구 하나 귀 기울이는 자가 없었다는 사실이다. 욥은 다른 사람들이 곤경에 처했을 때 달려가 함께했던 사람이었지만 막상 그를 위해 달려오는 사람은 아무도 없었던 것이다.

고생의 날 보내는 자를 위하여 내가 울지 아니하였는가.
빈궁한 자를 위하여 내 마음에 근심하지 아니하였는가.
내가 복을 바랐더니 화가 왔고
광명을 기다렸더니 흑암이 왔구나.
내 마음이 어지러워서 쉬지 못하는구나.
환난 날이 내게 임하였구나.
나는 햇볕에 쬐지 않고 검어진 살을 가지고 걸으며
공회 중에 서서 도움을 부르짖고 있느니라.
나는 이리의 형제요 타조의 벗이로구나. 욥기 30: 25-29

나는 이 구절을 읽을 때마다 눈물을 참기가 어렵다. 욥의 절망의 일부를 나도 맛보았기 때문이다. 정신병원에 있을 때 받은 친구의 편지 한 통에 내 가슴이 무너져내렸다. 그 친구는 내가 사단에게 이용을 당해 하나님의 사역에 누를 끼쳤다고 정죄했다. 그리고 나를 위선자요, 거짓말쟁이라고 했다. "매일 텔레비전에 나와 하나님이 역사하실 수 있는 기적에 관해 이야기를 하더니 이제는 자신이 믿는다던 모든 것으로부터 도망했구료. 나는 당신을 안다고 생각했는데 사실은 전혀 몰랐던 것 같소."

그 편지를 읽으면서 나는 비통한 눈물을 흘렸다. 마룻바닥에 누운 채로 차라리 땅이라도 꺼져서 나를 삼켜버리기를 바랐던 것을 기억한다. 마치 욥처럼 황무지에서 이리에 둘러싸여 있는 것 같은 느낌이 들었다. 마음의 상처를 받으면 누군가에게 안겨서 위로를 받고 싶어진다. 모든 것이 잘될 것이라는 위로의 말을 듣고 싶은 것이다. 그러나 도움을 청한 사람에게서 오히려 더 큰 상처를 받게 될 경우에는 절망하지 않는 게 도리어 이상하리라.

우리 자신을 위해서가 아니라 우리가 사랑하는 사람들을 위해서 그들의 고통과 상처를 조금 더 나누어 지라. 사랑하는 사람들이 누군가로 인해 고통받는 것을 지켜보면서도 아무것도 해줄 수 없을 때처럼 힘든 경우도 없는 법이다.

어떻게 그런 일을

나는 교인들이 자신과 남편, 그리고 아이들에게 행한 일들로 인해 상처를 받아 믿음에서 떠난 목사 부인들과 만나고 있다. 한 사모는 이렇게 적었다. "내가 사람들을 이처럼 증오하게 될 줄은 몰랐습니다. 나는 교인들이 천천히, 하지만 조직적으로 내 남편의 영혼을 망가뜨리는 것을 지켜보아야 했습니다. 우리가 이 교회에 부임했을 때 우리 마음은 사랑과 믿음으로 가득했었습니다. 하지만 이 글을 쓰는 이 순간 남편은 신경안정제를 먹고 있고, 나는 매일 납덩이처럼 가슴을 짓누르는 미움과 용서하지 못하는 고통에 괴로워하고 있답니다.”

그녀의 편지를 읽는 내 귀에 욥의 음성이 다시 겹쳐졌다.

“어찌하여 곤고한 자에게 빛을 주셨으며 마음이 번뇌한 자에게 생명을 주셨는고.”

자신의 무력함에서 오는 상처

크리스가 태어나고 첫 몇 해 동안 우리 부부는 아들이 접하는 사람들을 정할 수 있었다. 날마다 거의 온종일 크리스와 함께 있었기에 가능한 일이었다. 그러나 크리스가 학교에 다니게 되자 아이가 만나는 사람들의 범위는 점차 넓어졌다.

나는 아들이 등교하는 첫날 교실까지 데려다주었다. 크리스가 자기 이름이 써 있는 책상에 가서 앉는 것을 지켜보는 순간 나는 우리 가족의 삶이 이전으로는 돌아갈 수 없음을 직감했다. 그 순간 이후로 나는 우리 아들이 무슨 말을 들으며 무슨 경험을 하는지 알 수 없었으며 내가 더 이상 아들의 피난처가 되지 못함을 깨닫게 되었다.

어느 날 크리스를 데리러 학교에 가서 기다리고 있다가 운동장 저편 한 구석에서 닭똥 같은 눈물을 흘리고 있는 아들을 발견했다. 그 학교에서는 자녀를 데리러 간 부모는 차 안에 가만히 앉아 담임선생님이 아이들을 데리고 오는 것을 기다리고 있어야 했다. 하지만 나는 그 규칙을 무시하고 뛰쳐나갔다. 나를 발견한 크리스가 달려와서는 내 옷에 얼굴을 파묻었다.

우리 모자를 발견한 담임선생님이 다가와서 말했다. "오늘 크리스에게 좀 힘든 일이 있었답니다." 그러고는 상급생이 크리스에게 상처를 주었다고 했다.

내 즉각적인 반응은 그 아이를 찾아내어 혼을 내주는 것이었다. 하나님의 은혜로 간신히 마음을 진정시킨 후에 집으로 향했다. 차에 탄 크리스는 아주 조용했다. 나는 아들이 스스로 문제를 정리한 후에 나와 이야기를 나눌 수 있도록 하는 것이 최선임을 알았다. 크리스가 제일 좋아하는 아이스크림 가게 앞에서 차를 멈췄다. 아주 달콤하고 다채로운 색깔의 아이스크림을 사들고는 잔디밭에 가 앉았다.

"어떤 형이 내 귀가 크다고 놀렸어요, 엄마."

마침내 아들이 속삭였다.

"네 귀는 완벽해."

"하지만 그 형은 내 귀가 날개처럼 옆으로 튀어나왔다고 했단 말이에요!"

"나는 세상에서 네 귀가 제일 좋아."

"고마워요, 엄마."

하지만 그로부터 2년이 지난 요즘도 가끔 나는 거울에 자기 귀를 비춰보는 크리스를 발견하곤 한다. 그날 아들의 영혼에 새겨진 그 무엇은 쉽게 지워지지 않는 모양이었다.

프레드릭 뷰크너Frederick Buechner는 자신의 책 『진실을 말하기 *Telling the Truth*』에서 이렇게 적고 있다. "당신이 세상에 살고 있을 뿐만 아니라 세상이 당신 속에 살고 있다." 당신이 세상에서 처음 눈을 뜨는 그 순간, 이 지구의 눈부신 빛이 당신의 마음과 영혼에 파고드는 그 순간부터 당신은 모든 것을 녹음하고 있는 것이다. 그 중 일부는 정확하며 사실묘사적이다. "나는 갈색 눈을 가졌다." 그 중 어떤 것은 해롭기도 하다. "내가 더 날씬하고 더 키가 크고 더 재미있다면 사람들은 나를 더 사랑할 거야."

부모인 나는 그날 내 아들로 인해 아팠다. 세상이 가져다주는 피할 수 없는 상처로부터 아들을 보호할 수 없다는 무기력감에 아팠던 것이다. 부모가 된다는 것은 인생의 힘든 순간에 자녀와 함께 있어주는 것이기도 하다. 우리는 자녀를 위해 모든 것을 더 좋게 만들어줄 수 있을 것처럼 느끼지만 우리의 능력 밖의 일도 많다.

어느 날 아침에 남편이 면도하는 것을 지켜보던 크리스가 말했다.

"그게 아니에요, 아빠. 아빠가 하는 방법은 틀렸어요."

남편은 계속해서 면도를 했다.

"엄마, 아빠가 면도를 잘못하고 있어요."

"그렇다면 아빠가 어떻게 면도를 해야 하지? 천재 씨?"

내가 물었다.

"한 번에 한 번씩 쓱 밀어야죠. 보세요! 늘 베이잖아요."

바로 그게 문제인 것이다. 우리는 언제나 다른 사람이나 우리 자신을 베고 있다. 인간인 우리는 늘 실수를 한다. 우리는 잘못을 저지르고 잘못은 우리를 괴롭힌다. 참으로 우리 모두 속에는 세상이 들어와 있는 것이다. 때때로 세상의 것들은 우리 영혼 속에 각인되어 들어와 앉는다. 잔인한 말들, 상처, 거부감, 학대, 고통, 그리고 외로움. 마음에서 지워지지 않는 사진을 바라보는 순간에 당신의 마음에는 무엇이 들어오는가? 슬픔과 고통의 순간들을 기억하는 당신은 움츠러들지 않는가?

그늘진 기억들

나는 열 살 무렵의 어느 날을 기억하고 있다. 여름 캠프에 가 있었던 그날은 어버이날이었다. 같은 기숙사의 한 여자아이가 창 밖을 내다 보더니 이렇게 말했다. "쉴라, 네 아빠가 오셨어!" 그 아이는 우리 아빠가 돌아가셨다는 사실을 알고 있었지만 일순간 나는 깜빡 속아서 창문을 내다보았다. 내가 속았다는 것을 깨닫고는 그 아이를 쳐다보자 걔는 까르르 웃고 있었다. 나는 너무도 외로운 바보처럼 느껴져서 화장실 문을 잠근 채 아무런 위로도 되지 못하는 캠프의 싸구려 수건에 얼굴을 묻고 한참을 울어야 했다.

나는 대학시절의 어느 날도 생생히 기억하고 있다. 열아홉 살이 었던 나는 정말 멋진 남학생과 데이트를 하고 있었다. 빌린 책을 돌려주러 그의 방을 찾아갔다. 햇빛이 내 얼굴을 내리비치는 창문가에 서 있던 내게 그가 이렇게 말했다. "너는 그렇게 창문 가까이 서지 않는게 좋겠어. 피부 나쁜 게 다 드러나거든." 나도 내 피부가 나쁜 줄은 알았지만 그 정도로 나쁘지 않기를 바랐다. 하지만 그날 아침에 나는 내 피부가 생각보다 훨씬 더 나쁘다는 것과 그가 나를 쳐다볼 때마다 내 피부를 봤다는 것을 알았다. 그날의 기억은 오랫동안 나를 떠나지 않았다. 그날 이후 나는 음식점의 야외 테이블에는 절대 앉지 않았다. 어두운 자리를 찾았고 사진 기피 증세를 갖게 되었다. 사진을 찍지 않 겠다고 고집을 피울 때마다 사람들의 눈에는 내가 까다로운 사람으로 보였을 것이다. 필름에 내 모습을 남기는 것은 나의 불완전함을 영원히 기록으로 남기는 것이라는 생각에 고통을 받는다는 사실을 아무도 알지 못했다.

당신은 어떤 기억을 갖고 있는가? 당신의 영혼과 마음 깊은 곳에 각인이 되어서 현재까지 긴 그림자를 드리우는 순간은 어떤 것인가?

현재 자신의 삶을 볼 때 어디를 가든 당신이 끌고 다니는 수치심의 무게로 인해 스스로를 짓눌린 유령 같다고 느끼는가? 아마도 살아 있다는 느낌을 가져본 지가 너무 오래된 당신이라면 변화를 상상조차 할 수도 없을 것이다.

아직도 계속되는 상처

서른 살이 된 나는 언제나 가슴속에 깊은 슬픔을 가진 채 살게 되리라고 믿었다. 나는 그런 생각에 익숙해 있었다. 그게 바로 나였다. 그때 나는 헨리 클라우드Henry Cloud 박사의 책 『변화와 치유 *Changes that heal*』(가정선교교육원 역간)를 읽게 되었는데 무언가 '희망' 같은 것이 내 속에서 꿈틀거리고 있음을 느꼈다. 처음에는 매우 희미했지만 그 희망은 갈수록 커져만 갔다. 그 책을 읽고 맨 처음 놀랐던 것은 나 아닌 다른 사람이 내 속에서 일어나고 있는 것을 그토록 생생하게 설명할 수 있다는 사실이었다. 그때까지는 나만 그렇게 느끼고 있다고 생각했던 것이다.

그 다음에 깨달은 것은 내가 구덩이로부터 빠져나갈 방법을 알게 되었다는 사실이었다. 나는 당신도 그 방법을 발견하기를 기도한다. 당신은 혼자가 아니며, 당신도 그리스도 안에서 소망과 치유를 발견할 수 있음을 깨닫기 바란다. 당신에게도 구덩이로부터 벗어날 수 있

는 길이 있다. 하지만 그 길은 즉각적인 응급처치가 아니라 일련의 과
정이다. 당신이 그 과정을 택하기만 하면 되는 것이다.

그 과정의 시작은 치유에 마음을 활짝 여는 것이다. 하나님의 은
혜와 자비에 의지해서 당신은 과거의 고통스러운 기억들을 하나씩 그
리스도의 빛으로 가져올 수 있음을 나는 믿는다. 그 기억들을 탁자 위
에 올려놓고 예수님과 나란히 앉아서 바라볼 수 있을 것이다. 그것이
치유의 시작이다. 성령께서 지우개를 들어 당신 마음의 모든 고통을
다 지우지 않는 대신에 은혜를 베풀어 당신이 구세주와 함께 모든 기
억들을 직면할 수 있게 하심을 나는 믿는다.

그리스도께서 죽음에서 부활하실 때 십자가의 상처를 함께 가지
고 가셨지만 그 상처는 이미 치유되어 있었다. 예수님의 상처는 어둠
에서 곪아터지지 않았다. 하지만 치유받지 못한 상처는 결코 저절로
아물지 않는다.

내 오른손 엄지손가락은 세 번이나 부러졌다. 영국에서 하계 선교
사역을 하고 있었을 때 처음 부러졌는데 별다른 치료를 하지 않았다.
뼈는 붙었지만 손가락이 구부러져서 이후에도 누군가가 실수로 손가
락을 건드리면 다시 상처가 생기거나 고통을 감내해야 했다.

그리스도의 손과 옆구리의 상처는 아물었지만 그리스도는 자신을
의심하는 도마에게 자신이 진정 예수, 다시 사신 그리스도라는 사실의
증거로 그 흉터를 이용하였다. 그분은 흉터를 숨기거나 사라지게 하지
않았다. 왜냐하면 그 흉터도 자신의 정체성의 일부였기 때문이다.

아버지를 일찍 잃은 것은 내 삶에서 항상 상처로 남게 될 것이다.
하지만 그것은 더 이상 통곡할 상처가 되지 않는다. 그리스도가 상처
의 독을 없앴기에 남은 것은 흉터뿐이기 때문이다. 예수님은 당신이

곪아터진 상처를 스스로 그분의 빛 가운데로 가져와서 다른 사람들이 만져볼 수 있도록 치유하기를 원하신다.

지워야 할 나쁜 기억이 너무 많을지도 모르지만 이제부터 시작이다. 첫 단계로서 당신이 그 상처를 치유하시는 빛 가운데로 기꺼이 가져오도록 도와주실 것을 하나님께 간구할 수 있다.

나는 두렵거나 확신이 없을 때 하나님의 말씀에 의지한다.

주 여호와여,

주의 이름을 인하여 나를 선대하시며

주의 인자하심이 선함을 인하여 나를 건지소서.

나는 가난하고 궁핍하여

중심이 상함이니이다. 시편 109: 21-22

주의 구원의 즐거움을 내게 회복시키시고

자원하는 심령을 주사 나를 붙드소서. 시편 51: 12

하나님 아버지,

당신의 아들 예수님을 제게 선물로 주심에 감사합니다. 그가 상함을 입음으로 제가 치유를 받을 수 있음에 감사를 드립니다. 제게 은혜와 용기를 주셔서 제 상처를 당신의 치유하시는 빛 가운데로 가져갈 수 있도록 하옵소서.

예수님의 이름으로 기도합니다. 아멘.

- 자신이 마치 걸어다니는 유령 같다고 느껴본 적이 있는가? 있다면 왜 그런 느낌을 갖게 되었는가?

- 믿음의 형제나 자매가 깊은 고통을 준 적이 있는가?

  혹은, 그리스도 안에서 형제나 자매가 당신이 고통에 관해서 정직하게 이야기하지 않기를 원했던 적은 언제인가?

- 내 삶의 그늘진 몇 가지 기억을 나누었다. 당신의 영혼과 마음 깊숙이 각인이 되어서 현재에도 긴 그림자를 드리우는 기억들에는 어떤 것들이 있는가?

- 희망과 치유는 그리스도 안에서 찾을 수 있다. 하지만 그것은 즉각 일어나는 것이 아니라 하나의 과정이다. 우리가 치유에 마음의 문을 여는 것이 그 첫 단계이다.

  당신이 치유의 과정을 시작하는 것을 주저하도록 만드는 것이 있다면 무엇인가?

- 당신 자신의 삶 속에서 기억들을 찾아내는 것이 치유를 향한 한 단계이다.

  그 기억 모두를 예수님과 함께 나누라. 그리고는 그리스도의 치유하시는 빛 가운데로 가지고 나오라.

하나님, 제 **고통**이 보이시나요?

여호와여, 어느 때까지니이까? 나를 영영히 잊으시나이까?
주의 얼굴을 나에게서 언제까지 숨기시겠나이까? 내가 나의 영혼에
경영하고 종일토록 마음에 근심하기를 어느 때까지 하오며
내 원수가 나를 쳐서 자긍하기를 어느 때까지 하리이까.

여호와여, 내가 부르짖어도 주께서 듣지 아니하시니 어느 때까지리이까?
내가 강포를 인하여 외쳐도 주께서 구원치 아니하시나이다.
어찌하여 나로 간악을 보게 하시며 패역을 목도하게 하시나이까?
대저 겁탈과 강포가 내 앞에 있고 변론과 분쟁이 일어났나이다.

만일 내 삶에서 가장 고통스러운 부분을 하나님 앞에 기꺼이 열어 보일 수 있으려면 나는 다음의 두 가지 점에 있어서 확답을 가져야만 할 것이다.

첫째, 하나님은 내 삶에서 어떤 일이 일어나고 있는지 알고 계시는가? 하나님은 내가 가진 고통이 삶의 모든 부분에 영향을 미치고 있다는 사실을 보고 계시는가?

둘째, 과연 하나님은 내 삶에 관심이 있으신가? 내 삶의 모든 부분에 대해 모르거나 관심이 없다면 어떻게 내가 모든 것을 열어 보일

수 있겠는가? 이 질문들은 다음과 같이 요약될 수 있다.

하나님, 저를 보고 계신가요?

제가 상처를 받았을 때 하나님도 그곳에 계셨나요?

제 삶에 관심이 있으신가요?

저를 진정 사랑하신다면 어찌하여 이런 일이 일어나도록 가만히 계셨나요?

텅 빈 무덤

부활절 주일 전날 밤, 크리스와 나는 부활 과자를 구웠다. 몇 년 전에 누군가 내게 부활 과자를 만드는 법을 알려준 이후로 부활 과자 굽기는 우리 가족의 부활절 전통이 되었다.

재료는 간단하다. 십자가에 달리신 그리스도의 갈증 해소에 도움이 되었던 물을 상징하는 식초 두 티스푼, 그리스도의 정결함을 상징하는 계란 흰자 세 개, 우리의 괴로운 삶에 그리스도께서 가져다주시는 달콤함을 상징하는 설탕 한 컵에 우리를 위해 상하고 부서진 그리스도의 몸을 상징하는 호두 조각 한 컵이 전부이다.

오븐을 300도로 맞추고 기름종이 위에 재료반죽을 떠서 놓으면 된다. 오븐 안에 과자를 넣은 후에 오븐의 불을 끄면 크리스가 테이프를 가지고 오븐의 문을 발라서 무덤처럼 만드는 것이다. 다음 날 아침에 무덤의 문을 열면 부풀어올랐다가 갈라지며 한가운데가 움푹 파인 부활 과자를 보게 된다.

2003년 부활절 주일에 크리스는 세 개째의 부활 과자를 삼키며 내게 이렇게 물었다. "마리아가 무덤에 갔을 때 예수님이 아직 그곳에 누워 있었다면 어떻게 되는 건가요? 그래도 제가 부활절 바구니를 받을 수 있어요?"

아이다운 생각에 미소를 지으며 내가 물었다.

"작년 부활절에 염색한 계란을 가지고 마당의 비탈진 곳에서 굴렸던 것 기억하지?"

"그럼요! 진짜 재미있었어요!" 아들이 대답했다.

"계란을 굴리는 것은 첫 번째 부활절에 예수님의 친구들이 무덤 앞의 돌을 굴려내어 텅 빈 무덤을 발견했을 때를 생각하는 거란다. 만일 무덤이 비어 있지 않았다면 가득 찬 부활절 바구니를 받는다 해도 아무런 소용이 없는 거야. 우리 모두는 죽을 수밖에 없는 운명이 될 테니까 말이야. 우리가 살 수 있는 이유는 예수님께서 십자가에서 돌아가셨기 때문이 아니라 부활하셨기 때문이란다."

그것이 바로 그리스도인으로서 우리가 믿는 부활에 관한 전부이다. 만일 예수님이 무덤에 계셨더라면 우리는 모두 죽을 수밖에 없는 것이다. 그러나 우리는 하나님께서 죽은 자 가운데서 예수님을 일으켜 세우셨다는 것을 믿는다. 또한 언젠가 예수님이 재림하셔서 영원히 함께 거할 곳으로 우리를 데려가실 것을 믿는다. 물론 이것은 마지막 순간의 큰 그림이다.

그렇다면 지금 현재는 어떤가? 천국이 우리의 유업이며 종점임을 알지만 그리스도의 부활이 우리가 매일 겪어야 하는 고통과는 무슨 상관이 있는가? 부활하신 그리스도는 우리의 무너진 마음을 보고 무어라고 말씀하시는가? 우리가 하나님 아버지와 영원히 함께 거할 것임을 알지만 그분이 바로 지금의 우리의 삶에도 관심을 갖고 계신지가 궁금한 것이다. 나는 자신들이 고통 중에 있을 때 과연 하나님은 어디에 계셨는지 알고 싶어하는 여성들로부터 수백 통의 편지를 받았다.

- 아버지가 어머니를 때릴 때 하나님은 보고 계셨나요? 아니면 중동사태를 해결하느라 바쁘셨나요?
- 남편이 나와 아이들을 버리고 집을 나갈 때 하나님은 보셨나요? 아니면 저 아래 교회에서 찬양 모임을 즐기고 계셨나요?
- 내 유방암 진단을 통보하는 전화벨이 울릴 때 하나님은 듣고 계셨나요? 아니면 나보다 더 믿음이 좋은 누군가의 침대 곁에 가 계셨나요?
- 나를 구원하실 때까지는 좀 관심을 가지셨다가 이제 나는 버려두시고 다른 사람을 구원하러 다니시나요?

이 질문들을 한마디로 정리하면 이렇다. 우리는 하나님께서 세상 만사와 온 우주와 빌리 그래함 목사님의 일정을 주관하심을 믿는다.

하지만 오늘 내 인생에서 벌어지고 있는 일에도 관심이 있으신가? 하나님은 내 아픈 자녀를 보고 계시는가? 하나님은 내 은행 잔고를 아시며 언제까지 공과금을 납부해야 하는지 기억하시는가? "함께 하고 있다"는 미소 뒤에 숨어 있는 절망의 절규를 과연 하나님은 들으실 수 있는가?

많은 여성들은 가슴의 통곡으로 내게 말한다. 어쩌면 당신도 그런 여성 중의 하나인지 모른다. 하나님의 선하심을 믿지만 현실의 삶은 엉망으로 망가지고 있다. 상처와 상함을 하나님께 내어놓고 싶지만 하나님은 너무 바쁘셔서 나를 보실 시간조차 없는 것은 아닌가? 설령 보신다고 하더라도 너무 많은 다른 요청을 들어주시느라 나를 도와주실 수 없는 것이 아닌가? 어쩌면 당신의 고통은 신실함을 시험하기 위해 하나님이 허락하신 것이 아닐까 하고 생각하는가? 나는 크리스에게 하나님이 좋은 분이라고 생각하는지 물어보았다가 이런 대답을 들었다. "하나님은 내 고양이 릴리를 만드셨으니까 좋은 분 같아요. 그런데 하나님은 말벌도 만드셨잖아요. 왜 그러셨을까요?"

하나님은 당신에게 잔인하시거나 무관심한 분이라고 느끼는가?

주께서 여기 계셨더라면

예수님의 절친했던 친구 두 사람도 고통 중에 그와 같은 질문을 했다. 마리아와 마르다, 그리고 나사로의 이야기를 기억할 것이다. 성경을 보면 그들 남매가 예수님과 가까웠다는 것을 알 수 있다. 누가복음에 보면 마리아, 마르다 자매와 예수님의 관계를 잘 묘사하는 구절이 나온다.

> 저희가 길 갈 때에 예수께서 한 촌에 들어가시매, 마르다라 이름 하는 한 여자가 자기 집으로 영접하더라. 그에게 마리아라 하는 동생이 있어 주의 발 아래 앉아 그의 말씀을 듣더니, 마르다는 준비하는 일이 많아 마음이 분주한지라 예수께 나아가 가로되, 주여 내 동생이 나 혼자 일하게 두는 것을 생각지 아니하시나이까. 저를 명하사 나를 도와주라 하소서. 주께서 대답하여 가라사대, 마르다야, 마르다야, 네가 많은 일로 염려하고 근심하나 그러나 몇 가지만 하든지 혹 한 가지만이라도 족하니

라. 마리아는 이 좋은 편을 택하였으니 빼앗기지 아니하리라 하시니라.

누가복음 10: 38-42

마르다가 여동생을 두고 예수님께 불평한 것을 보면 그만큼 편한 사이였음을 짐작할 수 있다. 마리아와 마르다는 누가복음에도 등장하지만 나사로는 요한복음에만 나온다. 나는 누가복음에 나사로의 이야기가 빠진 것이 이상하다고 생각한다. 그리스도가 죽은 나사로를 살려 사망을 무찌르신 능력을 보이신 것은 가장 위대한 기적임이 분명하기 때문이다. 어쨌건 요한복음에 보면 그날 일어난 일에 대한 자세한 설명이 나온다. 그날의 일은 도움 요청과 함께 시작되었다.

어떤 병든 자가 있으니, 이는 마리아와 그 형제 마르다의 촌 베다니에 사는 나사로라. 이 마리아는 향유를 주께 붓고 머리털로 주의 발을 씻기던 자요, 병든 나사로는 그의 오라비러라. 이에 그 누이들이 예수께 사람을 보내어 가로되, 주여, 보시옵소서. 사랑하시는 자가 병들었나이다 하니. 요한복음 11: 1-3

요한이 여기서 마리아를 설명한 것을 읽고 어떤 이들은 예수님이 바리새인 시몬의 집에서 식사를 하실 때 예수님의 발을 향유로 씻었던 여인과 혼동한다. 시몬의 집에 나타났던 여인은 동네에서 타락한 삶을 살던 여인으로 여기 나오는 마리아와 동일인물이 아니다. 따라서 우리가 아는 한 예수님의 발을 씻은 여인은 두 사람인 셈이다. 여기에 나오는 베다니의 마리아는 자기 오빠 나사로가 죽었다가 다시 살아난 후에 향유로 예수님의 발을 씻겼다.

유월절 엿새 전에, 예수께서 베다니에 이르시니, 이곳은 예수께서 죽은
자 가운데서 살리신 나사로의 있는 곳이라, 거기서 예수를 위하여 잔치
할새, 마르다는 일을 보고 나사로는 예수와 함께 앉은 자 중에 있더라.
마리아는 지극히 비싼 향유, 곧 순전한 나드 한 근을 가져다가 예수의
발에 붓고 자기 머리털로 그의 발을 씻으니 향유 냄새가 집에 가득하더
라. 요한복음 12: 1-3

앞서 요한이 예수님께서 나사로를 다시 살리시는 기적에 대해 기
록했을 때에, 비록 일어난 시점이 이후이기는 했지만 마리아가 한 일
을 다시 한번 더 언급했던 것이다. 이 이야기는 오빠의 병세가 중함을
걱정하는 여동생들의 이야기로 시작된다.

마리아와 마르다는 예수님을 부르러 사람을 보낼 정도로 나사로
의 상태를 심히 염려했다. 그들은 예수님을 찾는 사람이 많다는 것을
알고 있었다. 그러나 나사로가 죽어가자 그들은 곧 예수님께 전갈을
했던 것이다. 자신들의 전갈을 받은 예수님이 오셔서 나사로를 살려
주실 것이라고 믿었기 때문이었다. "주여, 보시옵소서, 사랑하시는
자가 병들었나이다."

실망

그들이 기다리고 또 기다렸지만 예수님은 오지 않았다. 전갈을 받은
후에 예수님은 그곳에 이틀이나 더 머무셨다. 그러는 사이에 나사로
는 죽어버렸다. 예수님은 나사로가 죽은 지 나흘이 지난 후에야 남매
의 집에 도착하셨다.

예수님이 마을로 오고 있다는 이야기를 들은 마르다는 언제나 행동이 앞섰던 그녀답게 예수님을 만나러 달려나갔다. 예수님을 대면한 마르다는 예수님께 따지듯이 말했다. "주께서 여기 계셨더면 내 오라비가 죽지 아니하였겠나이다."(요한복음 11: 21) 마리아의 말에는 혼란과 상처가 담겨 있었다.

한편, 마리아는 예수님이 자기를 찾으신다는 이야기를 들을 때까지 집에 앉아 있었다. 그러다가 나가서 예수님을 만나고 그 발 앞에 얼굴을 묻고는 말했다. "마리아가 예수 계신 곳에 와서 보이고 그 발 앞에 엎드리어 가로되, 주께서 여기 계셨더면 내 오라비가 죽지 아니하였겠나이다 하더라."(요한복음 11: 32) 마리아의 말에도 역시 상처와 절망이 담겨 있다. 마치 이렇게 말하는 것처럼 들리지 않는가? "제 고통이 보이시나요?"

마르다는 왜 예수님이 서두르지 않았는지 알고 싶었고 마리아는 왜 예수님이 오지 않았는지 알기를 원했다. 그들은 예수님이 거기 계셨더라면 상황은 달랐을 것이라고 믿었다. 자신들이 불렀을 때에 예수님이 즉시 달려오시지 않았다는 점이 그들을 더욱 아프게 했던 것이다.

당신 자신의 말로 바꾸어 물어보자. "주님, 당신이 저를 사랑하신다면, 왜 제가 불렀을 때 오시지 않았나요? 제 고통이 보이시나요?"

하나님, 어디에 계셨나요?

내 친구 하나는 돌도 안 된 아기를 잃어버렸다. 함께 고통과 상심을 나누고 있을 때 그녀의 정직한 질문들은 내게 도전이 되었다.

"처음에는 하나님의 위로를 받아들이기가 힘들었어." 친구가 말했다. "사람들의 위로는 받아들일 수가 있었어. 그들에게는 내 아기의 죽음을 막을 수 있는 힘이 없었으니까. 하지만 하나님은 그렇게 하실 수 있었는데도 아무것도 하지 않으셨잖아."

아마도 이 점이 우리가 모든 고통을 하나님께로 가져가는 것을 주저하게 만드는 가장 큰 장애물일 것이다. 우리의 고통을 미리 막을 수 있었던 하나님께로 그 고통을 가져가야 한다는 사실 말이다.

2003년 봄에 나는 한 번도 만난 적이 없는 여성의 장례식에서 특송을 해달라는 부탁을 받은 적이 있다. 나는 그저 우리 아들과 동갑으로 같은 학교에 다니고 있던 그녀의 딸을 알 따름이었다. 딸이 유치원에 들어갔을 무렵에 사라는 악성종양으로 방사성 치료를 받기 시작했다. 나는 그녀의 이름을 익히 들어 알고 있었는데 그것은 한 달에 한 번 모이는 학부모 기도회에서 그녀와 남편, 세 자녀를 위해 기도해왔기 때문이었다. 신실한 친구들이 그녀를 위해 기도했고 함께 웃고 울었다. 심지어는 커다란 종이에 성경구절들을 써서 그녀의 병실을 도배하다시피 했다.

그러던 어느 날 집회 인도차 막 집을 나서던 나는 사라가 죽었다는 소식을 들었다. 사라의 친구 한 명이 전화를 해서 다음 날 있을 장례식에서 특송을 할 수 있겠는지 물어온 것이다. 처음에는 좀 주저했다. 그녀의 가족에게 너무나 아프도록 소중한 시간을 낯선 내가 방해하는 것이 아닐까 염려스러워서였다.

"나는 사라를 직접 만난 적이 한 번도 없어요." 내가 말했다. "아들을 학교에 데려다주며 사라의 딸과는 이야기를 나눈 적이 있었지만 사라나 그녀의 남편을 전혀 모른답니다. 내가 특송을 하는 것에 남편이 동의했나요?"

친구의 말에 따르면 남편도 좋아했다고 했다. 사라는 병실에서 내 찬양 CD를 갖다놓고 고통이 심하거나 두려움이 몰려오면 헤드폰을 끼고 손을 들며 찬양을 했다고 했다.

다음 날 내가 사라의 관 곁에 서자 사랑하는 아내, 헌신적인 엄마, 신실한 친구에게 작별인사를 하러 모인 사람들이 눈에 들어왔다. 나는 인간의 경험 안에서는 도무지 양립할 수 없는 두 가지의 진실을 담아 찬양을 해야 하는 순간에 직면하게 되었다. 젊은 엄마가 죽었고, 하나님은 여전히 선하시다는 두 가지 사실 말이다.

그날 나는 몇 년 전 친한 친구가 죽었을 때 작곡한 노래를 불렀다.

내 영혼에 한 고통이 있네
강물이 흘러가듯 깊은 갈망이 흐르네
옛적의 노래, 찬양의 노래
주의 음성 듣고 주의 얼굴 보기 원하네.

믿는 바 모든 이는
제자리를 찾기까지 안식이 없네
십자가 밑에 자리를 잡고
주의 음성 듣고 주의 얼굴 보기 원하네.

내 인생의 끝이 올 때까지
이 땅에서 길을 가려네
그런 후에 놀라우신 은혜 곁에 서서

주의 음성 듣고 주의 얼굴 보기 원하네.

장례 예배가 시작되기 전에 사라의 친구와 가족들과 시간을 보내면서 나는 같은 이야기를 반복해서 들었다.

"사라는 정말 좋은 엄마였어요."
"사라는 끝까지 믿음을 지켰어요."
"사라는 고통 중에서도 예배자임을 보여줬어요."

나는 엄마의 닫힌 관 아래서 기어다니는 막내를 보았다. 엄마가 죽어서 그 관 속에 누워 있다는 것도 모른 채 즐거워하고 있었다. 사라는 하나님과 가족, 친구들을 사랑했던 여성이었다. 아직 젊었으며 이 잔인한 질병이 육신을 갉아먹기 전까지는 생명력에 충만한 사람이었다. 교회는 모여서 기적을 위해 기도했다. 하나님의 딸에게서 저주를 거두어달라고 하나님께 간구했다.

사라가 죽던 날에 그녀 몸의 암도 다른 모든 것들과 더불어 온전히 사라졌다. 사라는 마침내 이 생의 고통과 실망으로부터 자유를 얻었다. 그녀가 죽기 전에 벌써 하나님은 사라의 마음을 치유하시고 마침내 본향을 향해 가는 그녀를 위한 성대한 잔치를 마련해주셨다.

남겨진 사람들

뒤에 남겨진 사람들은 고통 없는 천국의 나팔 소리도, 하나님의 임재 안의 기쁨도 경험할 수가 없다. 그들 앞에 놓인 것은 식탁의 빈 의자와 가슴의 빈 구멍이다.

어느 날 크리스가 불쑥 이렇게 말했다. "엄마, 우리 같은 날 죽기로 해요." 하지만 인생의 법칙은 그렇지가 않은 법이다. 언제나 가는 사람이 있으면 뒤에 남아서 고통과 질문들과 싸워야 하는 사람들이 있는 법이다.

나는 사라의 아이들이 커가면서 자신들의 고통과 질문을 하나님께 정직하게 가져갈 수 있게 해달라고 기도했다. 그들이 화를 내고 슬퍼하고 혼란스러워하더라도 하나님은 그들을 버리시지 않을 것이다.

사라의 장례식에서 사라의 세 아이들은 사람들과 함께 '전능하신 하나님은 여기에서도 위대하시네'라는 찬송을 불렀다. 그 찬양을 이전에도 여러 번 부른 적이 있었지만 그날 그 자리에서 부를 때보다 더 만감이 교차한 적은 없었다. 그곳이 기쁨으로 가득한 결혼식장이었다면 그 찬양을 부르는 것이 쉬웠을 것이다. 하지만 젊은 엄마의 관 곁에서 그 찬양을 부를 때는 우리 영혼의 가장 깊은 곳에서 터져 나오는 노래인 것이다. 도저히 인간으로는 양립시킬 수 없는 두 사실을 믿음으로 결합시키는 찬양 말이다.

1. 하나님은 위대하시다.
2. 그런 하나님은 우리의 삶 속에 끔찍한 고통을 허락하신다.

예수님은 삶에 지치고 말도 안 되는 일들에 짓눌려 있는 우리들을 그 모습 그대로 초대하신다. 화가 나고 혼란에 빠진 우리를 오라고 부르신다. 부모가 자신을 환영할지 염려하지 않고 부모에게 달려가는 아이처럼 자신의 품으로 달려오라고 부르신다.

그 모습 그대로 오라

우리 부모님이 데이트를 하던 때에 일어났던 이야기를 들은 적이 있다. 부모님은 어떤 교회를 방문 중이었는데 예배 중에 한 여성이 일어나서 간증을 했다.

"다들 제가 임신했다는 것을 아셨을 거예요. 하지만 지난 주에 저는 사산을 하고 말았답니다. 그렇지만 우리 부부는 모든 것의 주인이신 하나님을 믿기에 눈물도 슬픔도 없이 오직 기뻐하고 있음을 아셨으면 해요."

어머니는 그런 경험을 하고도 잘 견디고 있는 것이 오히려 이상하게 여겨졌다고 했다. 예배 후에 여자 화장실에 들른 어머니는 한쪽 구석에 앉아서 통곡을 하고 있던 그 여성을 보았다. 교회에서 그 여성이 받았던 메시지는 분명했다. 만일 좋은 소식이 있다면 우리는 당신과 함께 기뻐할 것입니다. 그렇지 않다면 혼자 가서 우십시오!

바로 내가 그런 메시지에 따라 살았던 것이다. 나는 텔레비전을 통해 나를 보는 사람들은 오직 좋은 소식만 듣기를 원한다고 생각했다. 그래서 나 홀로 울었던 것이다. 쇼핑센터에서 만났던 그 여인이 내가 막 정신병원에서 퇴원했다는 사실에 놀란 것은 당연했다. 그녀는 텔레비전에서 고통 중에 신음하는 여성이 아닌 인생의 모든 문제의 해답을 들고 방실방실 웃고 있는 여성만을 보았던 것이다.

하나님도 그런 당신을 원하신다고 생각하는가?

그렇다면 어느 누가 하나님께로 오고 싶겠는가?

우리 마음의 진실을 감출 것을 요구하는 하나님이라면 어느 누가 그런 하나님과 교제하기를 원하겠는가?

하나님은 우리에게서 거짓이 아니라 진실을 원하신다고 시편 145편 18절은 말하고 있다.

여호와께서는 자기에게 간구하는 모든 자, 곧 진실하게 간구하는 모든 자에게 가까이 하시는도다.

하나님은 우리의 진실을 원하시는데 우리는 그렇지 않을 거라고 믿고 있는 것이 흥미롭지 않은가? 우리는 좋은 그리스도인이란 마음의 고통은 무시한 채, 언제나 승리하는 것처럼 보여야 한다고 생각한다. 하지만 예수님도 나사로의 무덤 밖에서 흐느껴 우셨다는 것을 기억할 필요가 있다. 나는 예수님이 두 자매의 고통과 이 땅의 타락함으로 인해 우셨다고 믿는다. 원래 이 땅은 형제를 잃어버리고 통곡을 해야 하는 그런 곳이 아니었던 것이다. 관계는 깨어지지 않는 것이 정상이었고, 자식들은 죽지 않는 것이 정상이었으며, 엄마와 아들 딸들이 강제로 헤어지지 않는 것이 정상인 그런 곳이어야만 했다. 여기서 중요한 질문은 이것이다. 하나님이 계셨더라면 모든 것이 달라졌을 것이라고 믿으면서도 당신은 하나님께로 나올 것인가?

아들에게서 내가 받는 가장 값진 선물 중의 하나는 고통 중에도 신뢰를 잃어버리지 않는다는 점이다. 크리스는 다른 사람이 주는 상처는 쉽게 극복을 하곤 했지만 엄마로부터 상처를 받았다고 여기는 날에는 극복하기 힘들어했다.

한번은 내가 크리스에게 하지 말라는 일을 계속해서 하면 제일 좋아하는 로봇 두 개를 압수할 것이라고 경고했다. 그럼에도 아들은 엄마가 과연 그렇게 하는지를 시험이라도 하듯이 계속해서 그 일을 했다. 나는 크리스를 앉혀놓고 네가 잘못을 했으니 하룻동안 로봇을 압수하겠다고 설명했다. 크리스는 매우 화가 나서 거칠게 행동했다. 그래서 나는 압수 기간을 이틀로 늘렸다.

크리스는 자기 방으로 가서 침대로 들어가더니 이불을 머리 끝까지 뒤집어썼다. 잠시 후에 나타난 아들은 애교가 가득한 표정으로 말했다.

"엄마, 만일 내가 진짜, 진짜 잘못했다고 말하면 로봇을 돌려주실 거예요?"

"잘못을 안다면 엄마는 기쁠 거야. 하지만 로봇을 지금 돌려줄 수는 없단다."

내가 대답했다.

"진짜, 진짜, 진짜 미안하다고 해도 안 돼요?"

"안 돼요, 아들."

"그렇다면 하나도 안 미안해!"

크리스는 이렇게 내뱉고 다시 자기 방으로 쿵쾅거리며 돌아갔다.

그날 밤 크리스는 태어나서 처음으로 내게 인사도 없이 잠자리에 들었다. 방에 가보니 크리스는 등을 내 쪽으로 돌리고 누워 있었다. 내가 말했다.

"크리스, 엄마한테 화났다는 거 알아. 하지만 엄마는 너를 사랑해. 엄마가 네 로봇을 빼앗은 건 너를 슬프게 하려는 게 아니라, 순종이 중요하다는 것을 깨닫게 하려는 거야. 다른 사람에게 예의바른 행동을 하는 것은 중요하단다, 아들아."

크리스는 아무런 대꾸도 하지 않았다. 잠시 후에 크리스가 아빠를 부르는 소리가 들렸다. 아들의 방으로 갔던 남편이 잠시 후에 돌아와서는 크리스가 나를 보고 싶어한다고 전해주었다. 가보니 크리스는 눈물이 가득한 채 침대에 걸터앉아 있다가 나를 보고 팔을 내밀었다. 나는 품 안 가득히 아이를 안아 올렸다. 크리스는 울고 또 울었다.

"미안해요, 엄마. 그러고 싶지 않았는데 자꾸 그렇게 돼요."

"알아, 크리스. 엄마도 그런 적이 있단다." 내가 위로했다.

크리스는 내게 화가 났지만 또한 내게서 위로를 받고 싶어했다.

우리도 하나님 아버지께 이같이 하고 있는 것이다. 하나님께 도전하면서도 하나님의 위로를 갈망하는 것이다. 하나님께 가기 전에 당신의 감정상태를 점검할 필요는 없다. 예수님은 우리가 있는 모습 그대로 오기를 원하시기 때문이다. 상처 입고 멍들고 눈물자국에 찌든 얼굴 그대로 말이다. 우리의 진실된 모습으로 하나님의 진실한 모습과 만나는 것이다. 그날 사라의 가족은 사라에게 작별인사를 하면서 통곡했지만 친구들에게 둘러싸여 '전능하신 하나님은 여기에서도 위대하시네'라고 찬송했다.

바로 지금 이 순간에 있는 모습 그대로, 너덜너덜한 채로, 흙탕물이 튄 그대로, 우리는 천국의 심장부로 초대된 것이며 은혜의 보좌로 더 가까이 나오라고 부르심을 받은 것이다. 자신을 단정히 하고, 쓰레기를 치우고, 거룩하다고 느낄 때까지 기다릴 필요가 없다. 바로 지금 하나님의 임재하심 안으로 들어오라. 예수님은 당신의 고통을 보시고 위로하기를 원하신다. 내 친구인 바바라 존슨의 말처럼 하나님의 사랑의 담요 안에 감싸이라.

오라, 우리가 여호와께 노래하며

우리 구원의 반석을 향하여 즐거이 부르자!

우리가 감사함으로 그 앞에 나아가며

시로 그를 향하여 즐거이 부르자.

대저 여호와는 크신 하나님이시요,

모든 신 위에 크신 왕이시로다.

땅의 깊은 곳이 그 위에 있으며

산들의 높은 것도 그의 것이로다.

바다가 그의 것이라 그가 만드셨고

육지도 그의 손이 지으셨도다.

오라, 우리가 굽혀 경배하며

우리를 지으신 여호와 앞에 무릎을 꿇자.

대저 저는 우리 하나님이시요,

우리는 그의 기르시는 백성이며 그 손의 양이라,

너희가 오늘날 그 음성 듣기를 원하노라. 시편 95: 1–7

아버지,

주께서 신령과 진정으로 예배하는 저를 받아주심에 감사를 드립니다.

어째서 제 삶에 고통을 허락하셨는지 알 수 없지만 주님을 의지하도록

저를 인도해주실 것을 간구합니다. 저를 사랑해주심에 감사드립니다.

예수님의 이름으로 기도합니다. 아멘.

- 과거나 현재의 어떠한 경험 때문에 하나님께서 당신의 삶을 주관하고 계시는지 궁금해한 적이 있는가? 하나님이 당신을 보고 계시고 당신을 돌보고 계시는지 궁금해한 적이 있는가?

- 젊은 엄마는 죽었고 하나님은 선하시다. 이와 같이 하나님의 선하심에 이율배반적인 힘들고 고통스럽고 비극적인 사건이 당신의 삶 속에서 일어난 적이 있는가?

- 하나님은 위대하시지만 우리의 삶 속에 끔찍한 고통을 허락하신다. 하나님의 위대하심을 보여주는 증거가 당신의 삶 주위에 있는가? 당신의 눈을 열어달라고 하나님께 기도해보라.

- 예수님은 우리가 있는 모습 그대로 오기를 원하신다. 우리의 진실된 모습으로 하나님의 진실한 모습과 만나는 것이다. 당신의 진실함과 하나님의 진실함을 열거해보라. 하나님의 진실은 당신의 어떠한 진실에 관해 말하고 있는가?

수치심에 관한 우리의 진실

*주께서 우리를 시랑의 처소에서 심히 상해하시고
우리를 사망의 그늘로 덮으셨나이다.*

• 시편 44: 19 •

*그 설교가는 줄을 당겨서 강대상의 작은 불을 켰고 유람선의 도박사처럼
선교를 적은 작은 노트를 꺼냈다. 그처럼 큰 도박은 없었다.*

• 프레드릭 뷰크너 •

예수님은 우리의 고통을 보시고 있는 모습 그대로 오라고 부르신다. 그런데 우리는 왜 주저하는가? 왜 주님이 계신 곳으로 뛰어가 그의 사랑을 받으려 하지 않는가? 아마도 우리가 주저하는 이유는 수치심 때문일지도 모른다.

수치심은 죄책감과는 다르다. 죄책감은 우리가 무언가를 '잘못했을 때' 갖는 느낌이지만, 수치심은 어딘가 '잘못되었을 때' 갖는 느낌이다. 만일 당신이 마음속 깊이 아무도 당신을 받아주거나 사랑하지 않는다고 느낀다면 숨어 있는 곳에서 나오기란 매우 어려울 것이다. 하나님께로 가는 문은 활짝 열려 있지만 우리는 내 아들이 그랬던 것처럼 이불을 끌어당겨 머리 위까지 덮어버린다. 이불 속에 숨거나, 전국으로 방송되는 텔레비전 속에 숨거나, 교회나 당신의 집 안으

로 숨어버릴 수도 있다. 이불이나 미소로 자신을 가릴 수도 있다. 왜 이렇게 숨는 것일까? 아마도 자신에 대한 수치심 때문일 것이다. 우리의 수치심의 무게를 한번 재어보자.

수치심이라는 외투

내가 오랫동안 마음의 문을 활짝 열고 하나님께로 나오지 못했던 이유는 내 속에 깊이 새겨진 자아상 때문이었다.

내 머릿속의 녹음기가 계속해서 작동하면서 내게 말했다.

너는 절대로 날씬하지도 않고,

너는 절대로 예쁘지도 않고,

너는 절대로 착하지도 않아.

너는 아무리 해도 모자라는 사람이야!

나는 이 말들을 너무 많이 들어서 이제는 둔감해져버렸다. 어린 시절부터 늘 이 말들이 내 머릿속을 맴돌았다. 내 자신이 어떤 사람인지를 각인시켜준 순간의 기억들은 그처럼 너무도 강력했고 확신에 찬 것이었다.

내 어린 시절의 이야기

나는 스코틀랜드 서부 연안의 컴녹이라는 작은 도시에서 세 자녀 중 가운데 딸로 태어났다. 언니 프란시스는 나보다 두 살 위였고 남동생

스티븐은 세 살 아래였다. 석탄광업이 주 산업이었던 그곳에서는 많은 남자들이 광업에 종사하다가 폐질환으로 목숨을 잃었다. 킬록이라는 광구 속에서 그들은 온통 석탄가루에 찌들어서 집으로 돌아오곤 했다. 집 뒷문에 무거운 검정 장화를 벗어놓고 화로 곁 의자에 몸을 파묻고는 자신들이 목숨을 걸고 캐낸 석탄불로 데워진 저녁을 기다리는 것이 하루의 일과였다.

말괄량이였던 나는 광부들의 세계에 매료되었다. 그 당시 우리 동네에는 중앙난방을 하는 집이 없었다. 사람들은 석탄난로 하나로 차가운 아침과 밤 공기를 이겨내야 했다. 겨울이면 매섭게 추운 아침에 목까지 담요를 덮어쓰고는 내 입김이 공중에서 구름처럼 흩어지며 춤을 추는 것을 지켜봤던 기억이 난다. 그럴 때면 엄마가 위층을 향해 부르셨다. "쉴라야, 아직 안 일어났니?" 나는 한쪽 다리를 침대 밖으로 내어 바닥에 닿게 뻗어서 내가 하는 대답이 거짓말이 되지 않도록 애썼다. "네, 일어났어요." 결국 엄마가 계단을 올라오는 소리가 들려야 용기를 내어 침대에서 벌떡 일어나 난로의 온기가 있는 아래층으로 달려가곤 했다.

일주일에 한 번씩 석탄 배달부가 무거운 등짐을 지고 와서는 우리 집 뒤뜰에 있는 석탄창고에 석탄을 부리곤 했는데 나는 그 배달부를 호기심어린 눈으로 지켜보곤 했다. 눈의 흰자조차도 석탄가루로 물든 그는 미소를 지을 때에야 비로소 흰 피부의 흔적이 드러났는데, 마치 백인 배우가 엉터리 흑인 분장을 한 것처럼 보였다. 당시 어린 내 눈에는 땅속 좁은 공간으로 기어들어가 무릎은 지하수에 젖은 채로 쥐꼬리만한 봉급을 위해 인생을 보내야 하는 광부보다 더 끔찍한 일은 없어 보였다. 우리 동네의 젊은이들 대부분은 좀더 나은 삶의 방

편을 찾기 위해 필사적으로 헤맸다. 하지만 다 같이 어려운 시절이었
고 다른 일자리는 드물었기에 차례로 신참 광부가 되어서 칠흑 같은
어둠 속으로 들어가야 했다.

우리 아버지는 광부가 아니라 영업사원이었다. 우리 집은 넉넉한
편은 아니었지만 하나님에 대한 믿음과 소망과 꿈, 사랑이 넘치는 가
정이었다. 프란시스 언니는 내성적인 편이어서 몇 시간이고 한 가지
일에 몰두한 채로 있었지만 나는 정반대였다. 어머니에 따르면 나는
다섯 살이 되도록 도무지 가만히 앉아 있지 못하는 아이였다고 한다.
아마 나는 엄마보다는 아빠에게 가까운 딸이었던 모양이다. 엄마가
안 된다고 하는 일도 아빠는 괜찮다고 하는 경우가 많아 아빠를 더 따
랐던 것이다.

우리 부모님은 신실한 그리스도인이었다. 당시 우리 동네에서 교
회에 출석하는 사람들은 5퍼센트도 안 되었고, 하나님과 인격적인 교
제를 하는 사람의 수는 그보다 더 적었다. 하나님의 선하심을 굳게 믿
고 있었던 우리 부모님에게 신앙을 시험하는 도전이 닥쳐왔다. 욥의
경우처럼 우리 부모님들은 자신들에게 닥쳐올 재난에 대한 아무런 예
고장도 받지 못했다. 저녁까지 멀쩡했던 아버지가 바로 다음 날 아침
에는 깨어나지 못하는 불상사가 생긴 것이다. 자는 동안 뇌의 혈전이
터지는 바람에 아버지는 말을 할 수 없게 되었고 오른쪽 몸도 마비되
었다.

얼마간 아버지는 중환자실에서 사활을 건 투쟁을 했다. 그런 후
에 일반병실로 옮겨져 걷고 말하는 재활치료를 받아야 했다. 아버지
가 퇴원했을 때 우리 가족은 예전의 아버지가 아닌 다른 아버지를 맞
이해야만 했다. 하지만 아버지의 눈만큼은 변함없이 예전의 눈이었

다. 그러나 욥과 마찬가지로 아버지에게도 다음 시련이 기다리고 있었다. 아버지의 성품이 변한 것이었다. 믿음직하고 유머감각까지 풍부하던 아버지가 어느새 무섭고 낯선 사람으로 변해버렸다. 이번에는 아버지의 눈빛마저도 달라졌다. 내가 기억하는 아버지의 마지막 눈빛은 증오로만 가득했다.

더 이상 아버지를 집에 두는 것이 안전하지 못하다는 것을 깨달은 어머니는 집에서 가까운 정신병원에 아버지를 입원시켰다. 아버지는 그날 이후로 다시는 집으로 돌아오지 못했다. 아버지로 인해 내 마음과 영혼에 새겨진 상처는 칼로 얼굴에 자기 이름을 새길 때 느낄 수 있는 상처보다 더 깊었다.

이어지는 삶의 고통

내가 스코틀랜드를 떠나 미국으로 온 지 20년이란 세월이 흘러 이제 내 나이 마흔일곱 살이 되었고, 지금은 남편 배리와 일곱 살 난 아들 크리스와 함께 테네시 주 내시빌에 살고 있다. 비록 석탄 먼지와 춥고 어두운 광산터널로부터는 멀리 왔지만, 그 어두움과 차가움에 대한 공포는 사라지지 않고 늘 내 곁에서 날 위협하고 있다는 것을 알게 되었다. 어린 시절의 충격과 고통은 어른이 되어서도 어두운 그림자를 드리운다. 그 이유는 몸은 성장했지만 우리의 영혼은 아직 과거에 거하고 있기 때문이다.

주위 사람들에게는 마치 하나님의 은혜와 사랑 안에서 살고 있는 것처럼 보일지라도 아무도 보지 못할 뿐만 아니라 엑스레이까지도 투사하지 못하는 우리의 깊은 곳에는 다른 이야기, 다른 삶이 존재하고 있는 것이다. 죽음에 이르기까지 고통에서 벗어나지 못하는 사람들, 즉 불행한 영혼들의 이야기인 것이다.

내가 정신병원의 입구로 향하던 길을 거슬러 올라가면 스코틀랜드 컴녹의 작은 집까지 이어질 것이다. 병원에 있는 동안 나는 일기를 썼다. 아버지의 병과 죽음이 내 삶의 전반에 영향을 미쳤다는 것을 처음으로 깨닫게 된 순간이었다. 나는 이미 어렸을 때 사랑이 나의 모든 것을 앗아갈 수 있다는 것을 배웠다. 밝은 희망으로 가득했던 마음이 한순간에 갈기갈기 찢어질 수 있다는 것을 말이다. 경고의 종소리도, 네온사인도, 사랑과 상실의 고통으로부터 나를 준비시켜줄 수 없었다. 내가 다시 사랑할 수 있을까?

결국 아버지는 언어능력을 회복하지 못한 채 돌아가셨다. 나는 저세상으로 떠나기까지 아버지의 마음과 머릿속에 무엇이 있었는지 모른다. 한편 그 비극으로 인해 어머니의 영혼은 더욱 피폐해질 수도 있었지만 하나님의 은혜로 어머니는 오히려 더 강한 믿음의 소유자가 되었다. 어머니는 폭군 같은 이방인이 되어버린 아버지가 더 이상 사랑했던 남편이 아니라는 사실을 순순히 받아들였다. 병이 어떻게 진행되어갈지도 잘 알고 있었다. 우리 가정의 상처를 치유하기 위해 어머니가 온갖 노력을 다 했는데도 어린 내게는 그저 혼란과 답을 알 수 없는 질문들만 남겨졌을 뿐이다.

어린 시절에 만난 이런 황폐한 고통은 사람의 모든 것을 바꾸어버린다. 그것은 마치 누군가 캔버스에 그려진 어린 생명이라는 그림 위에 석탄가루가 가득한 주머니를 터뜨리는 것과 마찬가지이다. 비록 말은 하지 못했지만 아버지는 성이 나면 짐승처럼 포효했다. 분노에 사로잡히면 아버지는 어른 남자 세 명의 힘을 가진 듯했다. 어머니와는 달리 나는 우리 집안에서 일어나고 있는 일들을 이해하기 어려웠다. 겨우 내가 진실이라고 생각했던 끈 몇 개를 가지고 나는 그 이후 25년의 인생을 짜야 했던 것이다. 그래서 나는 늘 피해망상에 사로잡혀 있었으며, 방어적이었다.

'조심해. 아버지조차 내게서 등을 돌릴 수가 있는 거야. 인생은 예측불가능하니까 절대 방심해서는 안 돼. 화를 내는 것은 위험하니까 화를 내서는 안 돼. 영원한 것이란 없어. 내 마음은 내가 지키고 방어해야 해. 다른 사람의 도움을 덜 받을수록 좋은 거야. 하나님과 하나님의 백성들을 위해 필요한 사람이 되어야만 해.'

두려움의 뿌리

1992년에 정신병원에서 한 달을 보내고 나자 나는 내 자신의 삶에 대해, 그리고 왜 내가 하나님과 다른 사람들과 심지어 내 자신에게까지 그런 식으로 반응했는지를 조금씩 이해하기 시작했다. 나는 사람들이 비정상적으로 분노하는 것을 두려워하고 있었던 것이다. 화가 난 사람과 맞닥뜨렸을 때 내 삶이 위험에 노출되었다고 느꼈다. 머리로는 그런 생각이 터무니없다는 것을 알았지만 분노와 폭력을 함께 경험한 어린아이의 공포가 내 안에 있었던 것이다.

내가 십대였을 때 남동생과 함께 스코틀랜드의 글래스고우에서 하루를 보낸 적이 있다. 우리가 길을 따라 걸어가고 있는데 어떤 남자가 동생에게 볼펜을 하나 주었다. 동생은 그 펜을 받고 고맙다고 인사를 했다. 그러자 그 남자는 볼펜 값을 내놓으라고 했다. 속임수였다는 것을 깨달은 동생은 거절했다. 다시 남자는 펜을 도로 내놓으라고 했고 동생은 선물인 줄 알고 받았다며 이를 거절했다. 화가 난 그 남자가 동생의 팔을 잡아채자 나는 소리를 질렀다. 내가 소리를 지른 것은 도움을 청하기 위한 것이라기보다는 위험에 처한 아이의 공포의 외침이었다. 마침내 동생은 펜을 돌려주었고 나는 길가에 앉아 한참을 울었다. 동생이 하나님께 감사를 드리는 동안 나는 그 경험으로 인해 상처를 받았다. 내 가슴에 새겨진 아버지의 증오의 눈빛과 생명을 위협하는 상황이 다시 한번 떠올랐던 것이다. 나는 결코 내 안의 공포로부터 벗어나지 못하리라고 생각했다.

열아홉 살 때 런던의 한 다리 위에 서 있었던 적이 있다. 런던에 있는 신학교를 다닐 때였는데 철길 위의 다리에 서서 아래를 내려다보며 뛰어내리고 싶은 충동을 느꼈다. 언제나 두려움에 사로잡혀 사는 삶에 지친 것이었다. 이 땅에 사는 동안은 치유받을 수 없을 것이 분명했기에 그만 종지부를 찍고 싶었다. 나는 내 속의 두려움을 누구에게도 말할 수 없었다. 하나님께조차도 말이다. 주위 사람들은 나를 상당히 잘 정돈된 사람으로 여겼겠지만 내 영혼의 지하실에서는 정반대의 상황이 진행되고 있었다. 그 지하실에서 울려 퍼지는 질문들은 늘 나를 괴롭혔다.

내가 자유로워질 수 있을까?
무엇이 문제일까?
내가 미쳐가고 있는 걸까?

수치심으로 멍든 마음

1992년 그 한 달 동안에 처음으로 나는 이겨내지 못할 것 같은 마음속 고민을 소리 내어 말할 수 있게 되었다. 일단 울기 시작하면 멈추지 못할 것만 같아서 나는 내 감정을 벽 안에 가둬놓았다. 내가 가진 모든 의문을 다 해결해야 한다는 생각이 나를 짓눌렀던 것이다.

어느 날 아침에 내 담당 의사가 물었다.

"무엇이 그렇게 두려우세요?"

"지금 내가 여기 있다는 것을 알게 되면 사람들이 나를 어떻게 생각할지 두려워요. 또 앞으로 어떤 일이 일어날지도요."

"어떤 일이 일어날 수 있다고 생각하세요?"

"모르겠어요. 하지만 무언가 좋지 않은 일이 일어날 것 같아요."

"일어날 수 있는 최악의 상황은 어떤 것일까요?"

그 질문에 나는 충격을 받았다. 최악의 경우를 상상하고 싶은 생각은 전혀 없었다. 내 삶의 거의 대부분을 그 최악의 상황으로부터 멀어지려고 노력해왔는데 대답을 하라니. 나는 그 질문에 대답하지 않았다.

그가 다시 물었다.

"그 질문에 대답하는 것조차 두려우신가요?"

대답을 하기 전에 잠시 나는 내 손을 내려다보았다.

"평생 동안 내가 무언가 잘못을 저질렀다는 끔찍한 느낌으로부터 자유로울 수가 없었어요. 전화벨이 울리면 내가 저지른 잘못 때문에 나를 찾는 전화라는 생각이 들어요. 누군가 만나자고 하면 무엇을 원할까를 떠올리며 나가기 싫은 감정과 싸우기 시작한답니다. 정상이 아니지요. 아무리 생각해도 도대체 내가 무슨 일을 저질렀기에 이런 느낌을 가지는지 모르겠어요. 마치 아무도 모르는 비밀을 가지고 들키게 될까봐 노심초사하는 기분이에요.”

목구멍으로부터 흐느낌이 치솟아 올랐다. 팔로 내 몸을 감싸안았다. 마치 수수께끼를 풀고 있는 듯한 느낌이었다.

잠시 후 그가 물었다.

“하나님이 당신을 사랑한다는 것을 믿으세요?”

“물론, 믿어요.”

“하나님께서 당신의 모든 것을 아신다는 것도 믿으세요?”

“네.”

“그렇다면 당신이 일어날 수 있는 최악의 상황에 직면할 수 있도록 도와주시기를 하나님께 간구해볼까요?”

“모르겠어요.” 내가 나지막이 대답했다.

“설명해드릴 것이 있어요. 어린 시절에 경험한 비극은 삶에 엄청난 여파를 남기게 됩니다. 어렸을 때 경험한 아버지의 죽음이 당신의 마음과 생각에 엄청난 충격이 되었을 뿐만 아니라 당신의 영혼을 짓누르고 있는 것 같아요.”

“무슨 말씀을 하시는지 모르겠군요.”

“당신을 이루고 있는 것이 몸과 마음과 영혼이라고 생각해보세요. 당신 아버지의 죽음이라는 비극 이후로 당신의 몸은 계속해서 성장했어요. 서른여섯 살이 된 당신의 몸은 완전히 성인입니다. 네 살짜리 아이의 몸을 더 이상 가지고 있지 않잖아요. 당신의 마음과 인격도 계속해서 자라고 계발이 되었어요. 어렸을 때 좋아하던 것들을 더 이상 좋아하지 않게 되었고 당신 자신만의 스타일도 가지게 되었어요.

당신이 좋아하는 영화, 좋아하는 책들도 정해졌어요. 그러나 사랑하고 신뢰하는 데 민감한 부분인 당신의 영, 하나님을 경배하고 인생의 모든 기쁨과 슬픔을 포용하도록 만들어진 당신의 영은 짓눌려온 거예요. 마치 그 위에 무거운 바위를 올려놓았던 것처럼 말이에요."

"도무지 이해가 가지 않아요. 만일 그 말이 맞는다면 나는 생각보다 더 심각한 상태에 있는 거잖아요. 그리고 내 영혼도 계속 성장했어요. 열한 살 때 나는 그리스도께 헌신했고 열아홉 살 때 신학교로 부르심을 받았어요. 그렇다면 하나님은 나를 누르고 있던 바위 밑으로 기어오셔서 나를 부르셨나요?"

예의 자기방어적인 냉소적인 내 말에 의사는 미소를 지었다.

내친김에 나는 계속했다.

"딱 예상했던 대로군요. 이곳에 오면 심리분석이다 뭐다 그럴 줄 알았어요. 그냥 신경안정제만 주면 모든 게 정상으로 되돌아가지 않겠어요? 어차피 내가 다른 사람들을 괴롭힐 것도 아니니까. 내 삶이 종말을 고하고 천국에 갈 때까지 계속해서 입가에 미소를 띠우며 지금처럼 살 수도 있다고요!"

나는 손으로 얼굴을 가린 채 흐느꼈다.

"'내가 온 것은 생명을 주려 함이라' 라는 성경말씀을 기억하세요?" 그가 물었다.

"네. 제가 좋아하는 구절이에요." 내가 속삭이듯 말했다.

"지금 그 구절대로 살고 있다고 생각하세요?"

"모르겠어요. 지금보다 더 열심히 주님을 위해 일할 수는 없을 거예요. 아침 일곱 시면 벌써 방송국으로 출근했다가 대개 저녁 여덟 시나 아홉 시가 되어서야 퇴근을 했답니다."

"예수님은 생명을 주신다고 하셨지 스케줄을 주신다고 하지는 않으셨어요. 제가 보기에 당신은 하나님의 부르심에는 순종했지만 두려움이나 의무감에서였지, 진정한 사랑에서 비롯된 건 아니었던 것 같은데요."

"지금 제가 하나님을 사랑하지 않는다고 하시는 건가요?"

"그게 아니고요. 당신 마음속에 고통이란 방이 있는데 오래 전에 방문을 잠그고 방문 열쇠를 버린 것 같다는 말이에요. 당신은 하나님의 사랑을 받아들이지 않고 있는 것 같아요. 당신 스스로도 자신을 사랑하지 않고 다른 사람이 가까이 오지도 못하게 하고 있어요."

"그러니 이제 어떻게 해야 하지요?"

"아무도 알지 못하는 마음의 고통을 하나님의 빛 가운데로 가져갈 수 있도록 하나님께 은혜와 용기를 베풀어주실 것을 간구하는 것이 그 해결의 시작이지요. 그렇게 시작하는 거예요."

11년 전에 있었던 그 대화를 적고 있는 지금도 나에 관한 모든 것을 공개해야 한다는 생각으로 두려움에 떨었던 그 당시를 생생하게 기억하고 있다. 그렇다고 내가 엄청난 비밀을 가지고 있었던 것도 아니다. 어렸을 적에 성폭행을 당했다든가 완전히 묻어버린 특별한 사건이 있었던 것도 아니지만, 그때 깨달은 것은 오랫동안 내가 나 자신을 감추고 있었다는 사실이다. 비록 남들이 보기에는 공인이었지만 말이다. 내 가슴속을 묘사하는 말들을 굳이 적자면 두려움, 수치심, 분노, 불안 같은 것들이었다.

당신에게도 그 말들이 익숙하게 들리는가? 당신 과거의 상처를 똑바로 바라보기가 두려운가?

당신의 삶에 관한 진실이 당신을 부끄럽게 할까봐 두려운가?

당신이 믿고 있었던 사람에게 성폭행을 당한 적이 있는가? 그 배신감으로 인한 상처가 당신의 삶을 완전히 바꾸어버렸는가?

결혼 전에 받았던 상처로 현재의 결혼생활이 영향을 받고 있는가?

나는 과거의 고통이 세월이 흘러서 현재의 관계를 좌지우지할 수 있다는 것을 안다. 병원에서 퇴원하고 1년 후에 배리를 만났다. 몇 달 동안 데이트를 한 후에 나는 절교를 선언했다. 그가 출장을 간 사이였다. 여러 번 통화를 하는 동안 배리는 내 절교의 이유들을 도저히 이해할 수 없다며 혼란스러워했다. 그리고 출장에서 돌아온 다음에 만나서 이야기를 하자고 제안했다.

배리가 돌아오던 날 저녁에 나는 그와 마주쳐야 한다는 사실에 갑자기 경악했다. 그래서 아파트의 불을 다 끄고는 침실에 숨어 있었다. 출장에서 돌아온 그가 몇 번인가 현관 초인종을 누르는 소리를 들었지만 나는 그가 갈 때까지 화장실 구석에 웅크리고 앉아 있었다. 배리는 결코 거친 사람이 아니었다. 그는 친절하고 부드러운 사람이었지만, 가까운 사람이 내게 화가 났다는 생각에 나는 갑자기 아버지의 분노를 두려워하던 어린 소녀의 심정으로 되돌아갔던 것이다. 어린 시절의 상처는 단지 기억에 머무르는 것이 아니라 우리의 혼에 찍힌 도장과도 같다.

병원에서 나는 내 과거가 나를 삼킬지도 모른다는 두려움에 사로잡혔지만 사망의 골짜기에서라도 우리와 함께하신다는 그리스도의 약속은 잊고 있었음을 깨달았다. 시편 23편을 읽고 또 읽으며 나는 어둠 속에서도 우리의 길동무가 되시리라는 주님의 약속에 머리를 한 대 맞은 듯한 느낌이 들었다. "내가 사망의 음침한 골짜기로 다닐지라도 해를 두려워하지 않을 것은 주께서 나와 함께하심이라, 주의 지팡이와 막대기가 나를 안위하시나이다."(4절)

진실의 열매

예수님이 나름대로 믿음이 있다고 하는 한 무리의 유대인들에게 말씀하셨다.

"진리를 알지니 진리가 너희를 자유케 하리라."(요한복음 8: 32)

그들은 어디로부터 자유케 되는지 예수님께 물었다. 예수님이 하시는 말씀의 의미를 몰랐던 것이다. 그들은 현재 로마제국의 통치 아래 있다는 사실을 짐짓 잊은 체하며 자신들은 한 번도 종이 된 적도 없다고 주장했다. 그러나 예수님은 정치적 자유를 말씀하신 것이 아니라 죄와 두려움과 우리 삶의 어두운 지하실과 마음속의 굴레로부터 벗어난 자유를 말씀하신 것이었다.

치유의 한 과정은 내 삶에 관한 모든 진실을 드러내는 것이었다. 어째서 사랑받지 못한다고 느낄 때면 그렇게 행동하는지, 어떤 때에 겨우 눌러놓은 분노가 솟구치는지, 어떨 때 내 혼의 방패막이로 냉소적인 말을 하는지, 친구들에게 둘러싸여 있어도 어째서 그토록 외로운지……. 내 속의 추한 부분들을 직시하면서 나는 하나님의 은혜의 빛 가운데로 그것들을 가져갈 수 있었다. 내가 그것들을 똑바로 보지 못한다면 결코 자유로울 수 없다는 것을 비로소 깨달았다.

그리스도께서 주시는 자유는 진실을 마주할 때 얻는 열매이다. 그 진실이 아무리 추하게 느껴지고 아무리 부끄러울지라도 말이다.

왜 부끄러운가?

나는 목사 부인들로부터 많은 편지를 받는다. 사모들은 편지에서 자신과 남편과 또 그들의 자녀에게서 완벽함을 기대하는 교인들 때문에 솔직하게 자신들의 아픔을 드러내는 것이 얼마나 어려운지를 적고 있다.

"내가 이 글을 쓰는 이 순간 남편은 신경안정제를 먹고 있습니다." 이렇게 쓴 한 사모의 남편은 그 교회에 부임한 후 고통에 시달리다가 약물에 의존하고 있는 것이 분명했고, 그 사모 역시 자신들이 그리스도인답지 못하게 행동하고 있다는 수치심에 괴로워하고 있었다. 1992년부터 우울증 약을 먹고 있는 나는 그들을 잘 이해할 수 있다. 몇 년 전부터 집회나 교회에서 말씀을 전할 때마다 나는 그런 사실을 솔직하게 공개적으로 이야기하기로 결심했다. 그런 내 모습이 자랑스럽기 때문이 아니라 나와 같은 고통을 겪고 있는 사람들에게 내가 자신들의 처지를 잘 이해하고 있다는 것을 알리기 위해서였다.

나는 우리 어머니 연배의 한 여성을 결코 잊을 수가 없다. 그녀는 내게 딸의 사진을 보여주며 말했다.

"우리 애가 살았으면 이번 주에 서른다섯이 된답니다. 딸아이는 큰 교회의 직원으로 일했는데 우울증으로 한동안 고생을 했어요. 그래서 담임 목사님께 치료를 받기 위해 얼마간 휴가를 달라고 요청했지요. 그 목사님은 딸에게 그리스도인이라면 정신과 의사의 도움을 구해서는 안 된다고 단언했답니다. 딸은 자살을 했습니다. 하나님을 사랑했던 딸이 자살을 해버렸어요!"

많은 이들이 우울증세를 잘 이해하지 못하고 마치 재수 없는 날쯤으로 여긴다. 상대방에 대한 애정이 없어서가 아니라 단지 우울증에 대한 무지로 인해 내뱉은 말일지라도 그 말은 우울증 환자의 가슴에 못이 되어 박힌다.

다른 사람의 눈에서 실망과 포기의 흔적을 보는 것이 얼마나 힘든 것인지 나는 잘 안다. 사람들은 내게 온전히 완치될 때까지는 사역에 참여해서는 안 된다고 말했다. 때로는 하나님에 대한 내 믿음을 의심하기도 했다. 어떤 말들은 고의로 한 말이었고 어떤 말들은 우울증에 대한 무지에서 한 말이었다. 내가 강연을 할 때마다, 그곳이 도시의 빈민가이건, 믿음의 여성의 집회장이건, 캘리포니아의 부촌이건 간에, 나는 다음과 같은 말을 듣는다. "하나님을 사랑하며, 또한 약을 먹을 수 있다는 말을 들려주셔서 감사합니다. 제 수치를 하나님의 빛으로 가져가주셔서 감사합니다."

무엇이 그토록 부끄러운가?

어쩌면 우울증으로 고통받고 있는지도 모른다.

어쩌면 이혼을 했는지도 모른다.

어쩌면 오래 전 일어났던 성폭행을 극복하지 못했는지도 모른다.

어쩌면 당신의 비만증세에 대한 다른 사람들의 시선과 반응(당신 스스로 자신에 대해 느끼는 것을 반영할 뿐인)으로 인해 자아존중감이 낮아졌는지도 모른다.

당신의 사연이 어떻든지 상관없다. 고통과 수치심은 같기 때문이다. 우리가 그 수치심을 부여안고 살기로 한다면 군중 속에서도 외로움에 떠는 불행한 영혼들의 반열에 합류하는 것이 된다.

나의 외로움은 사람들이 진짜 내 모습을 알게 된다면 나를 좋아하지 않으리라는 믿음에서 온 것이었다. 그런 믿음을 갖게 된 것은 나 자신도 나를 좋아하지 않았기 때문이었다. 내 마음 깊숙이 똬리를 튼 커다란 슬픔으로 인해 나는 부끄러웠다. 예수님은 나를 위해 돌아가시기까지 했는데 도대체 무엇이 문제란 말인가? 왜 나는 구원의 기쁨 가운데서 살지 못하는 것일까?

엉망진창 속에서 우리를 만나주시는 하나님

내 애견들 가운데 최고는 흰색 테리어 종의 '찰리'였다. 찰리는 1990년에 내게로 왔다. 태어난 지 몇 주밖에 안 되었을 때 나는 찰리를 방송국 녹화장으로 데리고 가서 시청자들에게 보여주었다. 그날 집으로 돌아오는 길에 슈퍼마켓에 들러야 했다. 찰리를 데리고 가서 장을 보느라 애를 쓰느니 10분간 차에 두는 편이 좋겠다고 결정했다.

차로 돌아온 나는 눈앞에 펼쳐진 광경을 믿을 수 없었다. 그토록 조그마한 강아지라 해도 불안해지면 얼마나 많은 똥을 싸댈 수 있는지 알게 된 순간이었다. 뿐만 아니라, 찰리는 자기가 싸놓은 똥을 짓밟고 다니며 차 시트마다 똥으로 범벅을 해놓았다. 그런 광경은 이전에 한 번도 본 적이 없었다. 나는 반짝이는 눈으로 사랑과 교제를 갈망하는 그 작은 얼굴을 들여다보았다. 꼬리를 앞뒤로 흔들어서 자기 배설물을 온 창문에 바르고 있는 찰리를 말이다.

차 안을 깨끗이 청소하는 데는 오랜 시간이 걸렸다. 하지만 그날 밤 목욕을 하고 곤히 잠든 찰리와 함께 벽난로 앞에 앉아 있던 내 모습은, 그로부터 2년 후에 나와 하나님의 만남을 예견하는 듯했다. 내 삶의 모든 것이 무너져내릴 때 그 엉망진창의 한가운데서 하나님은 나를 만나주셨고 사랑스러운 두 팔로 안아주셨고 씻기셨으며, 내 영혼을 소생시키셨고 안식으로 이끄셨던 것이다. 이 얼마나 놀라운 은혜인가.

당신의 이야기는 어떠한가?

아무도 모르는 당신의 삶의 이야기를 써본 적이 있는가?

그리스도인인 당신이 그런 느낌을 가질 수 있음을 인정하는 것이 두려운가?

당신의 이야기의 진실이 수치스럽게 느껴지는가?

당신이 기록하는 것이 어떤 것이든 하나님은 그것을 충분히 감당하실 정도로 크시며 당신을 사랑하신다는 사실을 믿는가?

그런 감정과 생각을 가지는 사람은 당신밖에 없을 것이라고 생각하는가?

당신을 자유케 하는 그리스도의 초대를 기억하라. "수고하고 무거운 짐 진 자들아, 다 내게로 오라. 내가 너희를 쉬게 하리라."

바로 내가 무거운 짐을 지고 수고를 하며 안식을 원하며 그곳에 서 있었다.

내가 정신병원에 입원해 있는 동안 나는 같은 동료 환자들을 알고는 놀란 적이 있다. 그들도 나와 같이 진실 안에서 걷는 법을 배우려는 내 동역자들이었으며 역시 가식적인 삶에 지쳐 있었다.

전혀 괜찮지 않으면서도 아무렇지 않은 척하는 삶에, 또한 임시방편적인 치유에 의존하는 것에 모두 지쳐 있었다.

우리는 다 함께 막다른 골목에 서 있었다. 이번에야말로 하나님께서 우리의 마음에 영원한 처방을 하시도록 하든지 아니면 자포자기를 하든지, 두 갈래 길만이 우리 앞에 놓여 있었다.

그들 중에는 자신도 믿을 수 없으면서 교인들에게 하나님이 그들을 얼마나 사랑하시는지를 역설하는 데 지쳐버린 목사님이 있었다.

교회 장로인 아버지에게 어릴 때 성폭행을 당했다는 참을 수 없는 현실에서 도피하기 위해 자신의 살을 매일 잘라내는 아름다운 소녀도 있었다.

자신이 좋아하지도 않는 사역을 오랫동안 해온 데 대한 쓴 뿌리를 안고 온 선교사도 있었다.

세 자녀를 양육하는 데서 오는 부담에다가 비만으로 인해 세상과 담을 쌓고 살아온 한 엄마도 있었다.

자기 아버지로부터 단 한 번도 칭찬을 듣지 못하고 자라서 사람들의 칭찬을 받아들일 수 없었던 존경받는 교사도 있었다.

우리는 그다지 어울리지 않는 그룹이었다. 기독교 방송의 진행자, 목사, 딸, 선교사, 엄마, 그리고 교사. 하지만 하나의 공통점이 우리를 묶어주었다. 우리는 모두 하나님을 사랑했으며 하나님과 교제를 했었지만 과거에 일어났던 사건들과 내면의 어둠에 갇힌 포로였던 것이다.

바로 당신의 이야기인가? 과거를 잊으려고 노력하며 스스로에게 다짐도 했다. "지금은 잘 살고 있잖아. 과거의 상처를 여기저기 끌고 다닐 필요가 없어." 하지만 아무리 노력을 해도 그 과거는 당신 안에 남아 있는 것이다. 그래서 그 안에 영원히 갇혀 있는가? 이야기는 거기서 멈추고 어떤 것도 그 줄거리를 바꿀 수 없단 말인가?

앞서 말했듯이 이전에는 나도 그렇게 믿었지만 이제는 아니다. 이제 나는 그리스도를 어두운 방과 비밀의 방으로 모셔와서 커튼을 걷어올리고 그리스도의 사랑의 빛이 우리의 감옥을 부수고 우리를 자유케 하리라는 것을 믿는다.

당신만이 아는 고통을 내가 다 이해하는 척하는 것이 아니다. 당신이 갖고 있는 깊은 상처는 당신만의 것이다. 하지만 이 책은 나만의 경험에 근거한 것은 아니다. 이 책은 당신과 내가 그리스도의 인격과 하나님의 말씀의 깊이를 깨닫고 계속해서 살아나갈 수 있음을 증명하는 것이다.

> 우리에게 많고 심한 고난을 보이신 주께서
> 우리를 다시 살리시며
> 땅 깊은 곳에서 다시 이끌어 올리시리이다. 시편 71: 20

자신의 책 『진실을 말하기』에서 프레드릭 뷰크너는 어쩌면 기독교 공동체에서 가장 정직하지 않을지도 모르는 순간을 묘사하고 있다. 그 순간은 이 장의 맨 앞부분에 나오는 인용문에서 볼 수 있듯이 강대상에서 시작된다.

그 설교가는 줄을 당겨서 강대상의 작은 불을 켰고 유람선의 도박사처럼 설교를 적은 작은 노트를 꺼냈다. 그처럼 큰 도박은 없었다.

그 설교가는 과연 진리를 선포할 것인가, 아니면 교인들이 듣고 싶어하리라고 추측한 말을 할 것인가? 진리와 우리가 씨름하는 문제와 우리가 가진 수치에 관해 말할 것인가, 아니면 단순히 정답을 제시할 것인가? 엄청난 유혹이 여기에 있는 것이다. 끈질긴 질문들을 무시한 채 우리는 정답대로 사는 체해버린다. 서로를 위해 그리고 하나님을 위해 자신을 잘 추스르지만 속으로는 죽어가는 것과 같다.

나는 '믿음의 여성' 연사의 일원이 된 것에 무척 감사를 드린다.

우리는 청중들에게 우리의 삶, 고통, 의심, 두려움에 대해 솔직하게 말한다. 물론 모든 것을 다 말하지는 않는다. 어떤 것들은 우리가 사랑하는 이들에게만 말해야 할 것이 있고 자신들의 삶이 공개되는 것을 원치 않는 가족들도 있기 때문이다. 하지만 우리 자신의 이야기가 다른 사람들에게 도움과 격려가 된다고 느끼면 기꺼이 나누고자 한다. 바바라 존슨은 두 아들을 앞세웠고, 마릴린 미버그는 딸을 잃었다. 델마 웰즈는 끔찍한 인종차별을 경험했고, 팻시 클레어몬트는 열린 공간을 두려워하는 광장공포증으로 인해 몇 년간 집 밖으로 나가지도 못했으며 줄담배와 커피중독에 시달려야 했다. 루시 스윈돌은 칠십 평생을 기쁨과 실망이 수없이 교차하는 삶을 살았다.

그리스도께서는 목사, 교사, 엄마, 노동자, 학생, 어린아이, 마약중독자, 알코올 중독자, 간통한 자, 즉 우리 모두를 오라고 초대하신다. 있는 모습 그대로 와서 그리스도의 용서와 은혜를 경험하기를 원하시는 것이다. 진실을 마주한다는 것은 우리의 모든 죄를 십자가 밑으로 가지고 가서 회개와 용서의 빛 안에서 산다는 것을 의미한다. "만일 우리가 우리 죄를 자백하면 저는 미쁘시고 의로우사 우리 죄를 사하시며 모든 불의에서 우리를 깨끗게 하실 것이요."(요한일서 1:9)

당신의 상처가 무엇이든지, 무슨 일을 저질렀으며 무슨 일이 당신에게 일어났든지 간에, 어둠에 거하던 모든 것들을 하나님의 은혜로써 정결케 하시는 능력 안으로 가져갈 때 치유가 시작된다는 것이다.

당신은 진실을 마주할 준비가 되어 있는가?

하나님은 당신이 홀로 그 일을 감당하도록 내버려두시지 않을 것이다. 하나님의 은혜가 당당히 마주하도록 도울 것이다. 하나님의 능력이 당신을 지키며 하나님의 사랑이 당신을 붙들 것이다.

그런즉 이 일에 대하여 우리가 무슨 말 하리요. 만일 하나님이 우리를 위하시면 누가 우리를 대적하리요. 자기 아들을 아끼지 아니하시고 우리 모든 사람을 위하여 내어주신 이가 어찌 그 아들과 함께 모든 것을 우리에게 은사로 주지 아니하시겠느뇨. 누가 능히 하나님의 택하신 자들을 송사하리요. 의롭다 하신 이는 하나님이시니 누가 정죄하리요. 죽으실 뿐 아니라 다시 살아나신 이는 그리스도 예수시니, 그는 하나님 우편에 계신 자요, 우리를 위하여 간구하시는 자시니라. 로마서 8: 31–34

있는 모습 그대로 나아오라. 하나님은 당신을 사랑하신다.
진실을 직시하라.

중심에 진실함을 주께서 원하시오니 내 속에 지혜를 알게 하시리이다.
시편 51: 6

아버지,
거절당할 것이라는 두려움 없이 제 삶의 진실을 직면할 수 있도록 부르심에 감사를 드립니다. 제 부끄러움을 당신께 가져오며 예수님의 이름으로 기도합니다. 아멘.

- 어린 시절의 어떤 사건으로 인해 당신의 영혼이 어둠 속에 갇히게 되었는가? 만일 그렇다면 어떤 비극이 가장 큰 상처를 남겼는지 나누어보라. 어떤 사람이나 어떤 사건이 당신이 한 일이 아니라 당신 자신에게 문제가 있다는 생각을 심어주었는가?

- 만일 당신이 그리스도인이라면 사랑에서가 아니라 두려움이나 의무감에서 하나님의 부르심에 응답했을 수도 있다. 만일 그랬다면 구체적인 예를 들어보라. 또한 하나님이나 다른 사람의 사랑, 혹은 스스로가 당신을 사랑하는 것을 받아들이기 어려운가? 그 두려움의 근거는 무엇인가?

- 당신의 과거를 직면하는 것이 두려운가? 울기 시작하면 멈추지 못할 것이라고 생각하는가? 당신의 두려움을 하나님께 나눔으로써 두려움을 줄일 수 있다. 시간을 내어 기도해보라.

- 당신의 삶의 안팎에서 일어난 주요 사건들을 생각하거나 기록해보라. 하나님 앞에 나아가기 전에 당신 스스로 정결케 해야 한다고 생각하는가? (그렇지 않다!) 당신의 삶의 고통이 무엇이건 간에 하나님은 충분히 해결하실 수 있다고 믿는가? (하나님은 해결하실 수 있다!)

- 그리스도를 당신의 어두운 방과 비밀의 방으로 초대하고 그 사랑으로 자유케 되는 것을 꺼리는 이유가 있다면 그것은 무엇인가?

믿었던 거짓말들

예수님은 수치심을 가지고 당신에게로 와서 치유를 받으라고 우리를 초대하신다. 그 빛 가운데로 우리의 가장 끔찍한 과거를 가져갈지라도 우리를 여전히 사랑하시는 구세주가 계시다. 하지만 우리에게는 놀랄 만큼 우리를 사랑하시는 구세주뿐만이 아니라 계속해서 우리를 수치와 어두움에 묶어두려는 적도 있다. 성경은 그를 거짓말쟁이라 부른다. 그가 우리 귀에 속삭이는 말들은 너무나도 달콤해서 때로는 그 말을 사실로 믿어버린다. 그러므로 그리스도 안에서 치유함과 자유함을 받은 후에 우리는 진실을 알고 깨어 있어야 한다. 이제 우리의 적과 그 수법을 알아보도록 하자.

끝없는 열등감

나는 첫 레코드 앨범의 사진을 찍을 때를 기억하고 있다. 메이크업 아티스트에 미용전문가와 의상전문가까지 대기하고 있었다. 그들이 촌스러운 나를 몇 시간에 걸쳐 변신시켜서 나도 몰라볼 정도로 내 모습은 달라져 있었다. 너무 멋진 모습이 평소의 내 모습 같지 않았다. 사진이 레코드 회사에 당도하자 이번에는 레코드 커버 디자이너가 포토샵을 이용해서 남아 있는 결점을 수정했다. 그래서 주름살 하나 없는 얼굴에다 가짜 손톱을 달고 있는, 게다가 아주 날씬해 보이기까지 하는 완벽한 내 모습이 탄생했다. 인생이 이렇게 쉬울 수만 있다면 얼마나 좋을까!

　내가 그 앨범을 가지고 미국 순회공연을 했을 때 사람들이 그 앨범의 사진을 한 번 보고, 또 나를 보고는 그간 내가 얼마나 고생을 했으면 이토록 변했을까 생각하며 나를 위한 금식기도에 돌입했을지도 모를 일이다. 재미있는 사실은 나를 완벽하게 보이려고 했던 모든 노력이 오히려 내 외모에 대한 열등감만 더 키워놓았다는 것이다. 그 과정에서 내가 받은 메시지는 크고 명확했다. 그대로 두면 나는 함량 미달인 사람이라서 그럴듯하게 포장을 해야만 한다는 것이다.

거울에 비치는 내 모습

십대 소녀였을 때 나는 그다지 매력적이지 않았다. 우선 뚱뚱했고 무뚝뚝한 스코틀랜드 여자아이였던 것이다. 내가 살던 서부 해안은 바람이 심하게 부는 곳이었는데 기후 탓이었는지도 모른다. 열네 살 때

가게에서 미국 잡지 하나를 집어들었는데 이런 머리기사가 실려 있었다. "당신의 이상적인 몸무게를 아시나요?"

내 키에 이상적인 몸무게가 얼마인지 호기심이 나서 계속 기사를 읽어보자 실제 내 몸무게와 엄청난 차이가 났다. 나는 겁에 질려 근처 약국에 가서 식사대용 과자를 한 봉지 샀다. 그날 저녁식사 대신 그 과자로 때우려다가 나를 완전히 정상이라고 생각하는 엄마를 놀라게 한 적도 있다. 그 과자 맛은 말로 형용할 수 없을 정도였다. 마치 낡은 스펀지를 먹는 느낌이었다. 이튿날 아침, 밤새 그 스펀지들이 내 몸의 모든 지방을 다 흡수했으리라고 기대하며 몸무게를 달아보았다. 그런데 오히려 몸무게가 1킬로그램이나 더 늘어 있는 것이 아닌가!

나는 피부도 좋지 않았는데 너무 지성이라 계란프라이를 해도 될 지경이었다. 머릿결은 검고 멋졌지만 늘 겨울에 머리가 동상에 걸리지 않을 정도로만 짧게 하고 다녔다. 부족한 수입을 보충하기 위해 엄마가 내 머리를 자를 때마다 가능한 한 많이 잘라서 팔았기 때문이었다. 그래서 거울에 비치는 내 모습을 나는 좋아하지 않았다.

아무도 내게 "너는 너무 못생겨서 친구도 많지 않겠다"라고 말하지는 않았지만 세상이 어떤 모습을 선호하는지를 익히 알고 있던 내게는 그런 침묵이 주는 메시지조차도 크고 분명하게 들렸던 것이다. 세상 문화의 기준을 그대로 받아들인 내게는 잡지의 모델과 거울에 비친 내 모습의 차이만 크게 보일 뿐이었다. 잡지 속의 여자들은 날씬하고 긴 머리에 완벽한 피부, 완벽한 미소에 완벽한 남자 친구까지 가지고 있지 않은가.

그래서 나는 그 사진이 말하는 교묘한 거짓말에 속아 넘어가기로 했다.

날씬하면 행복해질 거야.

예쁜 옷은 마음의 고통에 효과 만점의 마취제야.

새 옷을 입으면 사람들이 나를 더 좋아할 거야.

남자 잘 만나 결혼만 하면 행복해질 거야.

사람들의 인정을 받으면 자신감이 더 생길 거야.

솔직히 다른 사람들에게 인정받기 위해 외모를 꾸미고 싶지는 않았지만, 그나마 밖으로 드러나는 내 모습이 멋지면 내 속의 열등감도 치유될 거라고 생각했던 것이다.

고통을 가장하기

나는 런던에서 대학을 다니는 동안 외모를 치장하기 위한 물건들을 사느라 외상을 지게 되었다. 그 당시 나는 외모가 그럴싸하게 보이면 내면도 나아지리라고 생각했다. 별반 나아지지도 않았지만 나는 계속해서 외모를 가꾸느라 애를 썼다. 아무리 꾸미고 또 꾸며도 내 자신에 대한 불안과 열등감은 사라지지 않았기에 노력과 실망의 악순환만이 계속되었다.

나를 향한 분노와 전적인 증오에 가득했던 아버지의 마지막 눈빛이 내 영혼 속에 각인되어버렸던 것이다. 무조건적인 사랑과 인정을 주어야 마땅했던 아버지였기에 상실감은 더욱 컸다. 아버지의 눈빛은 내가 실망스럽고 마음에 들지 않는 존재라는 메시지를 전해주었다. 그뿐만 아니라 아버지의 눈은 나를 증오하고 있었다. 혈전증으로 인해 뇌의 정상적인 기능을 잃으면서 아버지는 여러 가지 발작증세를 동반했다. 그 중 하나가 세 자녀 가운데 유독 나한테만 내뿜는 증오심이었다.

사람의 두뇌란 참으로 흥미롭고 복잡한 것이다. 의사가 어머니에게 설명하기를, 두뇌의 어떤 부위가 손상을 입게 되면 주로 가장 가까웠던 사람을 증오의 대상으로 여기게 되는 경우가 있다고 했다. 나는 말괄량이였고 아버지와 가장 가까운 딸이었다.

아버지는 오른쪽 마비증세가 있어서 오른손을 전혀 쓰지 못했다. 오른 다리는 질질 끌며 걸었고 오른쪽 안면근육도 마비되었다. 병원에서 퇴원한 후로 어떤 날은 멀쩡하기도 했다가 또 어떤 날은 완전히 다른 사람이 되어버리곤 했다. 어린 내게 있어서 그런 아버지의 모습은 혼란 그 자체였다. 어떤 날은 나를 향해 미소를 짓기도 했는데 예전과 같이 활짝 웃는 미소는 아니었지만 눈빛만은 예전과 똑같았다. 안 좋은 날은 내 머리를 잡아당기고 침을 뱉으며 마치 짐승처럼 으르렁거렸다.

나는 아버지에 대해 이렇게 적는 것을 싫어한다. 마치 아버지를 배신하는 느낌이 들기 때문이다. 하지만 그때의 아버지는 진짜 아버지의 모습이 아니었음을 이제는 안다. 상한 몸 속에 갇힌 상태에서 광란의 폭풍에 휘말린 아버지의 마음은 정상적인 상태일 수가 없었던 것이다. 한차례 폭풍이 지나고 나면 아버지는 손으로 얼굴을 가리고 흐느껴 울었다.

아버지를 사랑했던 사람들이나 어머니로부터 들은 아버지의 예전 성품으로 미루어볼 때, 만일 어린 마음의 상처를 설명하는 것에 조금이라도 도움이 된다면 얼마든지 자신의 이야기를 공개하라고 격려했으리라고 믿는다. 아버지는 하나님을 사랑했고 상처받은 사람들을 사랑하는 분이었다. 나는 늘 이런 순간을 고대한다. 언젠가 천국에서 아버지를 만나 하나님이 우리 가족의 상처를 이용하여 얼마나 많은 사람들을 치유하셨는지를 이야기하는 순간 말이다.

아이들은 두 가지 사실을 보고 스무 가지를 추측하곤 한다. 우리 자신에게 일어난 일을 가지고 우리가 어떠한 사람인지에 대한 성급한 결론을 내리는 것과 마찬가지이다.

젊었을 때 거울을 들여다보면 내 눈에 비친 내 자신은 망가진 상품 같았다.

거울을 보는 당신의 눈에 보이는 사람은 어떠한가?

누군가에게 이용당해 가치가 없게 된 여성이 보이는가?

나쁜 습관을 끊지 못하는 경멸하고픈 여성이 보이는가?

이것만 바꾸고 저것만 고친다면 하는 생각이 드는가?

하지만 도움이 되리라고 믿었던 모든 것들이 결국 아무런 도움이 되지 못했음을 나는 경험을 통해 깨달았다.

살을 빼서 날씬해졌고 머리를 길게 길러도 보았으며, 피부도 깨끗해졌고 의상보조비까지 나오는 멋진 직업까지 갖게 되었지만, 내 속에는 여전히 인정받지 못하는 못생긴 어린 소녀가 있었던 것이다. 나는 오랫동안 세상의 거짓말에 속아왔다는 것을 알게 되었다.

우리는 성품보다 외모를 더 중시하는 문화 속에 살고 있다. 젊은 여성들은 잡지나 텔레비전에 나오는 모델처럼 되고 싶어 죽을힘을 다해 살을 뺀다. 사실 모델들에게는 전문가들이 달라붙어서 사진을 찍는 사이에도 계속해서 스타일을 다듬고 화장을 고친다. 또 다 찍은 사진을 컴퓨터로 수정해서 완벽하게 만드는 것이다. 많은 모델들이 날씬한 몸매를 유지하려고 담배를 피거나 약을 먹는다.

엄청난 돈이 오고 가는 이 산업의 마케팅 전략은 이런 메시지를 주는 것이다. "만일 당신이 이 모델 같은 외모를 갖게 된다면, 당신은 행복해질 것이고 성취감을 맛보며 성공할 것이다. 또한 모든 여성들의 부러움의 대상이자 모든 남성들의 구애의 대상이 되리라." 그 말을 뒤집으면 이런 메시지가 된다. "만일 당신이 그 같은 외모를 갖지 못한다면 이 사회에서는 별로 영향력이 없는 무가치한 존재가 되리라."

우리는 이러한 거짓말에 고통을 받고 있으며 사단은 우리의 영혼에 칼을 꽂는 데 이러한 거짓말을 이용하고 있다. 화려한 번화가의 모든 거짓말 뒤에는 음부의 구덩이에서 나오는 거짓말이 있다. 이 장의 서두에서 읽었던 말씀을 기억하라. "거짓을 말할 때마다 제 것으로 말하나니 이는 저가 거짓말쟁이요, 거짓의 아비가 되었음이니라." 오늘날의 세상은 온통 우리의 상한 심령이 진리이신 그리스도로부터 치유되는 것을 원치 않는 우리 영혼의 적 사단의 거짓말로 가득하다.

더 큰 거짓말

오늘날의 문화가 주는 거짓말 뒤에는 더 큰 상처를 주는 기만이 숨어 있다. 그것은 나를 치유하실 수 있는 유일한 분인 하나님에게서 나를 멀리 떼어놓는 거짓말이다. 바로 하나님도 외모에 근거해서 우리를 사랑하신다는 거짓말 말이다. 교회 안에도 다음과 같은 그리스도인들의 특이한 거짓말 목록이 존재한다.

만일 내가 성경을 규칙적으로 읽으면 하나님이 나를 더 사랑하실 거야.

만일 내가 나쁜 생활습관을 버리면 하나님도 나를 더 사랑하실 거야.

만일 내가 하나님과 가깝다고 느끼면 하나님도 내게 가까우신 거야.

만일 내가 하나님으로부터 멀리 있다고 느끼면 하나님도 내게서 멀리 계신 거야.

만일 내가 하나님을 기쁘게 해드리면 하나님도 내 기도에 응답해주실 거야.

만일 하나님이 내 기도에 응답하시지 않으면 내 믿음에 문제가 있는 거야.

이러한 거짓말들이 우리들 대부분을 오랫동안 외로운 감옥에 가두어왔다.

너는 하나님의 사랑을 받을 가치가 없어

나는 엄청난 고통에 시달려 보이는 한 여성에게서 전자우편을 받았다. 그녀는 최근에 결혼했는데, 어렸을 때 가족 중 한 사람에게 성폭행을 당했다고 밝혔다. 남편은 곧 목사가 될 사람이었다. 겉으로는 아무렇지도 않아 보이지만 그녀는 속으로 자신이 하나님에게서 떨어져 나와 방황하고 있으며 외롭다고 했다. 그리고 자신의 기도가 하나님께 들리지 않는 것 같고 자신이 마치 위선자인 양 느껴진다고 썼다.

그녀의 편지를 읽는 내게도 그 고통이 전해져왔다. 평안을 원한다고 절규해보지만 머릿속을 울리는 천둥같이 큰 정죄의 음성은 그녀가 결코 달라지지 않을 것이며 곧 다시 엉망으로 살 것이므로 하나님의 시간을 뺏을 가치가 없다고 외치고 있었다.

당신의 머릿속에도 그 같은 외침이 들리는가?

나는 오랫동안 결코 그 외침으로부터 자유롭지 못하리라고 생각했던 사람이었다.

속박의 시작

그런 거짓말로부터 어떻게 자유로워질 것인가를 이해하려면 우리의 속박이 어떻게 시작되는지를 알아야 한다. 진리 안에서 안식을 얻기 전에 우리는 어떤 거짓말이 어떻게 시작되었는지를 파악해야 하는 것이다.

하나님의 말씀

여호와 하나님이 그 사람을 이끌어 에덴동산에 두사 그것을 다스리며 지키게 하시고, 여호와 하나님이 그 사람에게 명하여 가라사대, 동산 각 종 나무의 실과는 네가 임의로 먹되 선악을 알게 하는 나무의 실과는 먹 지 말라. 네가 먹는 날에는 정녕 죽으리라 하시니라. 창세기 2: 15-17

사단의 거짓말

뱀이 여자에게 이르되 너희가 결코 죽지 아니하리라. 너희가 그것을 먹 는 날에는 너희 눈이 밝아 하나님과 같이 되어 선악을 알 줄을 하나님이 아심이니라. 창세기 3: 4-5

위의 구절은 뻔뻔할 정도로 오만방자한 사단이 하나님이 사랑하 시는 아담과 하와에게 하나님이 하신 말씀을 정면으로 반박하는 장면을 보여주고 있다. 아담과 하와는 인류의 역사를 통틀어서 하나님이 원래 의도하신 삶이 어떠한지를 몸소 체험한 유일한 사람들이다. 오직 그들만이 부끄러움도 분노도 염려도 육체적이고 영적인 고통도 없으며, 의심도 두려움도 어두움도 없는 완벽한 세상을 경험했다. 그들은 하나님과 함께 대화하며 산책했고 벌거벗었으나 순결했다. 서로를 완벽하게 사랑했으며 마치 갓난아이처럼 잠을 잘 수 있었다. 그런데 딱 한 가지가 그 모든 것을 바꾸어놓은 것이다. 한순간에 그들은 모든 것을 잃어버렸고 그 결과는 에덴동산뿐만이 아니라 하늘과 지옥에까지 미치게 되었다.

그들은 거짓말에 굴복한 것이다. 하나님은 선악을 알게 하는 지식나무를 먹지 말라고 금하시며 말씀하셨다. "네가 먹는 날에는 정녕 죽으리라." 그 명령은 자기 자녀를 끔찍이 사랑하시는 아버지의 분명한 지침이었다. 이런 완벽한 에덴동산으로 사단이 들어와 뱀의 모습으로 하와에게 접근했다. 요즘 우리는 뱀을 보면 질겁하지만 그 당시 모든 동물이 조화롭게 살았던 에덴동산의 하와에게 있어서는 뱀을 보고 질겁할 아무런 이유가 없었을 것이다. 하지만 뱀의 위험은 그 외모에 있었던 것이 아니라 그가 하는 거짓말에 있었다.

"너희가 결코 죽지 아니하리라"라고 뱀이 여자에게 말했다. 하나님의 말씀을 정면으로 반박하며 하와에게 미끼까지 던졌던 것이다. "하나님과 같이 되리라."

우리에게는 현재 자신이 가진 것 이외에 세상에 또 어떠한 것들이 있는지 알고자 하는 욕구가 있다. 죄를 향한 자성이 너무 강한 나머지, 하와는 아버지의 명령을 무시하고 뱀의 주장이 맞는지 시험해보기로 한 것이다.

하늘의 반란을 가져온 바로 그 똑같은 유혹이 오늘날 세상에 혼돈을 가져온다. 하와는 거짓말을 믿었다. 그래서 팔을 뻗어 과실을 먹는 그 순간에 하나님의 말씀 대신 사단의 말을 믿기로 선택한 것이다. 성경은 그녀가 속았다고 말한다. 우리는 그 상황을 타락이라고 표현한다. 말로 표현하기에는 부족한, 세상이 결코 알지 못할 최악의 파괴가 일어난 것이다. 오늘날 우리는 세상에서 벌어지는 일들, 주식시장, 주택가격, 이자율, 국가안보 등에 사로잡혀 있지만 아담과 하와가 자신들이 저지른 잘못을 깨닫고 하늘을 향해 내질렀을 절규와 비교하면 그 모든 것은 속삭임에 불과하다. 사단은 아담과 하와를 자기 이야기의 주인공으로 만들었고, 그들은 이제 자신들이 벌거벗었으며 길을 잃어버렸음을 알게 되었다.

타락한 자

너 아침의 아들 계명성이여,

어찌 그리 하늘에서 떨어졌으며,

너 열국을 엎은 자여,

어찌 그리 땅에 찍혔는고.

네가 네 마음에 이르기를

내가 하늘에 올라

하나님의 뭇별 위에 나의 보좌를 높이리라.

내가 북극 집회의 산 위에 좌정하리라.

가장 높은 구름에 올라

지극히 높은 자와 비기리라 하도다. 이사야 14: 12-14

사실 이 구절은 이사야가 하나님을 대적한 바빌론의 왕을 묘사한 구절이었다. 이사야는 바빌론 왕이 내뱉는 말 뒤에 숨은 힘의 존재를 보았다. 다시 말해 사단의 음성을 들었던 것이다. 나중에 누가복음에서 예수님이 사단에 대해 말씀하실 때 이 구절이 다시 등장한다. "사단이 하늘로서 번개같이 떨어지는 것을 내가 보았노라."(10: 18)

바빌론의 왕과 사단의 영은 같았다. 둘 다 지옥의 구덩이에서 나온 것이었다.

우리의 모든 상처와 문제의 뿌리는 그렇게 생겨난다. 사단은 거짓말쟁이고 우리는 그 거짓말을 믿는 것이다. 사단은 자신처럼 자유를 누리며 하나님께 대적하라는 달콤한 말에 우리가 속아 넘어가기를 바란다. 그래서 자신처럼 우리도 영원한 형벌을 받으며 하나님으로부터 분리되기를 바라는 것이다. 사단은 우리를 미워한다. 그는 하나님이 사랑하시는 모든 것과 모든 사람을 미워한다.

당신은 스스로에게 이런 말을 해본 적이 있는가?

나는 하나님의 사랑을 받을 만한 가치가 없어.

나는 하나님의 기대를 너무 많이 저버렸어.

정결하게 된 후에 하나님과 대화를 할 거야.

내가 저 여자처럼 되면 하나님이 나를 더 사랑하실 거야.

나는 부족해.

내 말을 믿으라. 이런 말들은 당신의 생각이 아니라 사단의 거짓말인 것이다. 성경은 수많은 여성들을 무능하게 만들어버린 이런 말들을 조목조목 반박한다.

아버지께서 나를 사랑하신 것같이 나도 너희를 사랑하였으니 나의 사랑
안에 거하라. 요한복음 15: 9

나 여호와가 옛적에 이스라엘에게 나타나 이르기를 내가 무궁한 사랑으
로 너를 사랑하는 고로 인자함으로 너를 인도하였다 하였노라.
예레미야 31: 3

여호와는 마음이 상한 자에게 가까이 하시고 중심에 통회하는 자를 구
원하시는도다. 시편 34: 18

그를 향하여 우리의 가진 바 담대한 것이 이것이니 그의 뜻대로 무엇을
구하면 들으심이라. 요한일서 5: 14

이 네 구절만 읽어도 온 세상의 위로와 진리가 그 속에 거함을 알
수 있다. 우리가 무엇을 받았는지를 생각해보라.
하나님께서 예수님을 사랑하신 것같이 예수님도 우리를 사랑하
신다라는 구절을 한번 생각해보라! 하나님 아버지께서 예수님에게 주
신 열정과 헌신, 완전한 사랑으로 예수님 또한 우리를 그렇게 사랑하
신다는 뜻이다.
성경은 하나님의 사랑과 인자하심은 무궁하다라고 했지, 우리가
착한 행동을 하고 모든 규율을 지킬 때 주시는 일시적인 '보상'이라
고 하지 않았다.
하나님은 마음이 상한 자와 중심에 통회하는 자를 멸시치 않겠다
라고 하셨다. 오히려 우리에게 더 가까이 하시는 것이다.

우리가 그의 뜻대로 구하면 들으심으로 우리는 절대적인 확신 가운데에 거할 수 있다.

이 구절들을 읽고 또 읽을 수 있지만 여전히 진리가 우리의 상처를 꿰뚫고 우리의 방어벽을 넘도록 하는 것이 쉽지는 않다.

하나님의 극적인 설명

우리의 상처 속으로 하나님의 어린양이 들어오신다. 하나님은 우리가 온전한 사랑이 과연 어떠한 것인지 알고 싶어한다는 것을 아셨지만 이 땅에서 어찌 그런 사랑을 구할 수 있었으랴? 그러므로 하나님은 우리에게 직접 보여주기로 작정하셨던 것이다. 그리하여 한 아기가 태어나게 되었다.

이는 한 아기가 우리에게 났고
한 아들을 우리에게 주신 바 되었는데
그 어깨에는 정사를 메었고
그 이름은 기묘자라, 모사라, 전능하신 하나님이라,
영존하시는 아버지라, 평강의 왕이라 할 것임이라.
그 정사와 평강의 더함이 무궁하며
또 다윗의 위에 앉아서 그 나라를 굳게 세우고
지금 이후 영원토록 공평과 정의로 그것을 보존하실 것이라,
만군의 여호와의 열심이 이를 이루시리라. 이사야 9: 6-7

하나님이 다시 그리시는 사랑의 그림

그리스도에 관한 모든 묘사는 사단의 영에 대한 묘사와는 정반대이다. 바울이 빌립보 교회에 쓴 편지를 기억하는가?

> 너희 안에 이 마음을 품으라. 곧 그리스도 예수의 마음이니, 그는 근본 하나님의 본체시나 하나님과 동등됨을 취할 것으로 여기지 아니하시고, 오히려 자기를 비어 종의 형체를 가져 사람들과 같이 되었고 사람의 모양으로 나타나셨으매, 자기를 낮추시고 죽기까지 복종하셨으니 곧 십자가에 죽으심이라. 이러므로 하나님이 그를 지극히 높여 모든 이름 위에 뛰어난 이름을 주사, 하늘에 있는 자들과 땅에 있는 자들과 땅 아래 있는 자들로 모든 무릎을 예수의 이름에 꿇게 하시고 모든 입으로 예수 그리스도를 주라 시인하여 하나님 아버지께 영광을 돌리게 하셨느니라. 그러므로 나의 사랑하는 자들아, 너희가 나 있을 때뿐 아니라 더욱 지금 나 없을 때에도 항상 복종하여 두렵고 떨림으로 너희 구원을 이루라.

빌립보서 2: 5–12

이 구절이야말로 성경에서 가장 영광스러운 구절 중 하나라고 나는 생각한다. 그냥 지나치지 말고 천천히 곱씹으며 음미해보라!

예수님은 자신을 아무것도 아닌 것으로 만들었다.

예수님은 자신을 낮추셨다.

이 땅에 군림하고 서서 모든 피조물들에게 자신을 경배하라고 명령하실 수 있는 예수님이 무릎을 꿇고 자기 친구들의 발에 입을 맞추신 것이다.

우리는 사단에게서 이 세상에 존재하는 모든 잘못의 근원을 보지만 그리스도에게서는 하나님께서 어떻게 모든 잘못을 회복하실지를 본다. 이 말이 지금 당장 당신에게는 상관이 없다고 느껴질지 모르지만 바로 그 점이 우리의 잘못인 것이다. 그리스도 없는 우리의 삶의 고난이 얼마나 심각한지를 깨달을 때만이 그리스도의 회복을 기뻐할 수가 있기 때문이다. 우리가 한시라도 빨리 사단의 거짓말에서 벗어나서 예수님의 이름 안에서 자유함을 얻는 것이 나의 가장 큰 소망이다.

사단은 말한다. "너는 약해!"
그리스도는 말한다. "내 안에서 너는 강할 수 있어!"

사단은 말한다. "너는 타락했어!"
그리스도는 말한다. "내 안에서 너는 구원을 얻었어!"

사단은 말한다. "너는 피해자야!"
그리스도는 말한다. "내 안에서 너는 승리자야!"

사단은 말한다. "너는 겉과 속이 모두 추해!"
그리스도는 말한다. "너는 아름다워!"

사단은 말한다. "너는 절대로 치유받지 못해!"

이사야는 이렇게 그리스도에 대해 말한다. "그가 찔림은 우리의 허물을 인함이요, 그가 상함은 우리의 죄악을 인함이라. 그가 징계를 받음으로 우리가 평화를 누리고 그가 채찍에 맞음으로 우리가 나음을 입었도다.

우리가 가진 상처란 무엇인가? 바로 하나님과 인간 사이의 벌어진 틈이다. 또한 하나님과 우리 사이에 예수님이라는 다리가 세워진 다음에도 우리의 상함으로 인해 다리 이편에 그대로 머물러야 한다는 사단의 거짓말이다. 우리의 상처란 우리가 결코 다시는 치유받지 못하며 사랑받을 수 없으리라는 거짓말인 것이다.

지금이야말로 다음의 오랜 질문에 답할 때이다.

우리는 과연 누구의 말을 믿을 것인가?

사단은 거짓말쟁이이자 태생적으로 참소하는 자다. 스가랴의 한 구절을 통해 어떻게 해서 사단이 언제나 참소하는 자가 되었는지 살펴보자. 사단의 정죄를 받는 사람은 우리들만이 아니었다. 우리에 앞서 많은 이들이 그런 정죄를 받았다.

대제사장 여호수아는 여호와의 사자 앞에 섰고 사단은 그의 우편에 서서 그를 대적하는 것을 여호와께서 내게 보이시니라. 여호와께서 사단에게 이르시되, 사단아, 여호와가 너를 책망하노라. 예루살렘을 택한 여호와가 너를 책망하노라. 이는 불에서 꺼낸 그슬린 나무가 아니냐.

선지자 스가랴의 환상에 의하면 하나님이 택하였으나 계속해서 순종하지 않는 이스라엘 백성을 대표해서 여호수아가 서 있다. 사단은 법정에서 주로 검사가 서는 쪽인 여호수아의 오른쪽에 서 있다.("악인으로 저를 제어하게 하시며 대적으로 그 오른편에 서게 하소서." [시편 109: 6])

사단은 이스라엘을 향하신 하나님의 계획을 알았기에 훼방하려는 의도를 지니고 있었다. 그런데 이스라엘을 변호하러 나선 분이 누군가를 보라. 바로 주님인 것이다! 대개 변호사가 자기 의뢰인을 위해 변호할 때 활용하는 전통적인 방법은 그가 범죄를 저지르지 않았음을 증명하거나 그 범죄 사실에 대한 근거 있는 의심을 제시하는 것이다. 하지만 그리스도는 그렇게 하지 않으셨다. 그는 우리가 유죄인 것과 하나님께서 정하신 최고 형량을 받아야 마땅하다는 것을 알고 계셨다. 그리스도께서 택하신 방법은 상상을 초월하는 것이었다. 우리를 대신해서 벌을 받기로 하신 것이다.

이스라엘은 스스로를 구원할 수 없었다. 백성들은 계속해서 하나님의 율법을 어겼다. 여호수아라는 상징적인 인물을 놓고 여호와의 사자는 그를 타는 불에서 막 꺼낸 나무 막대기라고 묘사했다. 이 얼마나 정확한 표현인가! 우리는 스스로를 구원하지 못하는 존재로 하나님 앞에 서 있다. 사단은 우리 오른편에 서서 우리를 참소하고 있지만 우리를 변호하는 이가 누구임을 기억하고 있는가?

누가 능히 하나님의 택하신 자들을 송사하리요. 의롭다 하신 이는 하나님이시니 누가 정죄하리요. 죽으실 뿐 아니라 다시 살아나신 이는 그리스도 예수시니 그는 하나님 우편에 계신 자요, 우리를 위하여 간구하시는 자시니라. 로마서 8: 33-34

사단이 우리의 오른편에 서서 우리를 정죄하는 동안 그리스도께서는 하나님의 오른편에 서서 우리를 중보하신다. 기적과도 같지 않은가! 이 얼마나 엄청난 은혜의 선물이란 말인가! 마음의 눈으로 이 장면을 그려볼 수 있는가? 어디를 가건 당신이 지니고 갈 가치가 충분한 그림이다. 왜냐하면 영적 세계에서 바로 지금 그 같은 상황이 벌어지고 있기 때문이다.

당신이 모든 잘못과 실패를 안고 서 있고 사단은 당신의 오른쪽 귀에 이렇게 속삭이고 있다.

"또 저질렀군!"
"너는 결코 변할 수 없어!"
"너는 위선자야!"
"하나님도 너를 사랑하지는 못해!"

그러나 그리스도께서는 하나님 아버지 곁에서 당신을 위해 이렇게 중보하고 있는 것이다.

"나는 저 사람을 사랑해요, 아버지."
"그녀는 제 사랑이에요."
"제가 죗값을 대신 치렀잖아요."

예수님이 하나님 아버지 곁에 서서 우리의 이름을 부르고 있다는 사실을 결코 잊어서는 안 된다. 로마서 8장의 말씀을 암송하거나 적어두었다가 다음번에 정죄의 파도가 당신을 덮치려고 할 때 그 말씀으로 이겨내기를 바란다.

이렇게 말할 수 있다. "시끄럽다, 사단아! 예수님이 나를 위해 기도하시는 소리가 안 들리느냐?" 이 말을 들은 사단은 당신에게서 삼십육계 줄행랑을 칠 것이다.

이는 하늘에서 일어나고 있는 실제 상황이다. 예수님께서 우리를 위해 중보하고 계신다. 또한 이는 이 땅에서 벌어지고 있는 실제 상황이다. 사단은 우리의 오른편에 서서 계속해서 우리에게 거짓말을 하고 우리 자신에 관해 거짓말을 하고 하나님을 사랑하는 자들을 향해 원한 섞인 증오를 쏟아내고 있다. 그가 어디에서 왔는지를 알라. 그가 누구인지를 기억하고 예수님의 이름으로 대적하라.

내게 전자우편을 썼던 그 여성의 처절한 말로 되돌아가서 그 말들을 하나님의 말씀과 나란히 세워놓고 보자. 그 여성은 길을 잃었고 하나님으로부터 분리되었다고 느꼈지만 성경은 우리를 그 무엇도 하나님의 사랑으로부터 떼어놓을 수 없다고 말한다. 그녀는 믿음이 부족하다는 정죄를 느끼지만 바울은 그리스도께서 우리를 위해 중보하고 계신다고 상기시킨다!

정죄의 목소리를 들을 때 한 가지 분명한 것이 있다. 그 목소리는 우리 아버지의 것이 아니라 참소자 사단의 목소리라는 것이다. 그 목소리를 마음에 두는 것은 너무나 쉽다. 우리는 정죄하는 목소리에 너무 익숙해져 있기에 사단의 목소리같이 들리지 않고 마치 우리 자신의 목소리인 것처럼 느끼기 때문이다. 그래서 우리가 정죄의 음성을 들을 때면 멈추어 서서 스스로에게 이렇게 말해야 할 필요가 있는 것이다.

"이 음성은 하나님의 음성이 아니야. 이것은 엄청난 거짓말을 하는 자의 음성이 분명해. 사단은 우리가 치유받을 가치조차 없다고 말했지만 하나님의 어린양 그리스도께서는 우리를 위해서 당신 목숨까지 내어주셨어.”

유령의 집

내가 사는 내시빌 지역에는 한 쇼핑센터의 주차장에서 1년에 두 번 순회축제가 열린다. 우리 아들은 놀이기구 타는 것을 좋아하고, 남편은 기름진 음식을 즐기고, 나는 이기면 금붕어를 상품으로 주는 게임을 즐기는데, 아쉽게도 금붕어는 금방 죽어버린다.

2003년 봄날의 어느 저녁 무렵에 쇼핑센터 근처를 지나가다가 축제의 불빛을 보았다. 우리는 주차장에 차를 세우고는 놀이기구 표를 사서 연례행사를 시작했다. 크리스가 유령의 집이라는 곳에 가보고 싶어해서 무려 아홉 장이나 되는 표를 내고 들어가보았다. 제일 처음 맞닥뜨린 것은 우리의 모습을 거인으로, 또 난쟁이로 만드는 거울이었다. 길을 따라 들어가자 계속해서 움직이는 공간이 나와 균형을 잡기가 힘들게 만들었다.

우리가 살고 있는 세상은 바로 그 유령의 집과 같다. 반듯한 것을 구부러지게 보여주는 거울을 통해서 보면 하나님이 완벽하게 계획하신 것이 모두 왜곡되게 보인다. 우리가 기억해야 하는 것은 지금 당장은 우리가 이 유령의 집, 왜곡의 땅에 거하고 있다는 사실이다. 그러므로 올바른 것이 무엇인지를 끊임없이 생각해야만 한다.

아담과 하와가 살았던 에덴에서는 모든 그림이 정결했다. 하나님이 원래 의도하신 대로 남성과 여성을 볼 수 있었지만 깨어진 거울은 원래의 모습을 반영하지 않는다. 그러나 모든 것이 다시 바르게 되는 날이 올 것이다. 그날까지 우리는 지혜를 가지고 조심할 필요가 있다.

10장에서 사단의 공격에 대비해 정신을 차려야 할 필요에 대하여 더 자세히 이야기하겠지만, 이 장에서 꼭 짚고 넘어가야 할 요점은 이런 것이다. 사단은 끊임없이 우리에게 거짓말을 속삭이고 있다. 우리는 치유받지 못한다고, 치유를 받을 가치가 없는 존재라고, 너무 자주 실패해서 치유를 받지 못한다고, 하나님의 자비를 받기에는 지은 죄가 너무 크다고. 그러나 이 모두는 정녕 사실이 아니다. 그 말들이 어디서 오는지를 생각해보라.

거짓말과 우리의 갈망

당신은 지금 수치심과 싸우고 있는가? 언제나 지금의 주제에서 벗어날 수 없을 것이라는 음성이 당신 속에서 속삭이지는 않는가? 예수의 이름으로 당신에게 다가와 상한 영혼을 치유해주겠다는 약속에 빠졌던 적은 없는가? 어쩌면 텔레비전 앞에 앉아서 누군가의 기도를 통해 하나님께서 당신의 삶을 바꾸셨다는 느낌을 경험했을지도 모른다. 텔레비전의 화면이 꺼짐과 동시에 마음의 희망도 함께 사라졌던 그런 경험 말이다. 그랬다면 당신은 온전해지기 위해 문제를 직면하는 고통의 과정 대신 즉각적인 기적을 기대했는지도 모른다. 일시적인 처방을 찾았는지는 모르지만 영원한 치유는 일어나지 않았다.

당신이 어떠한 환상을 경험했는지는 모르지만 남아 있는 고통의 양은 똑같다. 고통을 없애려고 노력했지만 성공하지는 못한 것이다. 그리고 이제 당신 앞에는 대답 없는 질문만 더 쌓이게 되었다.

우리가 사단의 거짓말을 안다고 하더라도 우리에게는 사랑과 치유와 인정을 받고 싶어하는 갈망이 있다. 우리는 깡통을 든 거지처럼 텅 빈 마음의 그릇을 들고 채워지기만을 아파하며 기다리고 있는 것이다. 셰익스피어의 「리어왕」에 나오는 에드가의 다음 대사처럼 말이다. "이 슬픈 세월의 무게를 견뎌내야 하나니, 의무에 따라 말하지 말고 느끼는 대로 말하라."

인간은 누구나 사랑받기를 갈망한다는 것이 우리들 마음의 진정한 딜레마이다. 우리 모습 그대로 사랑과 인정을 받고자 하는 것은 인간의 가장 기본적인 욕구이다. 우리가 치유받을 가치가 없다는 사단의 거짓말을 거부하고, 있는 모습 그대로 하나님께 나아갈 때에 우리는 평생 동안 지속되는 치유를 경험할 수 있다. 단 하루라도 더 사단의 거짓말에 속아 살지 말라. 하나님은 당신의 지금 모습 그대로, 지금 당장 나아오라고 초대하신다. 그리스도로 말미암아 우리는 그 초대를 받을 만한 가치가 있는 자들이 되었다. 그러니, 오라!

하나님 아버지,
당신의 아들인 예수님의 이름에 의지해 나아갑니다. 진리이신 예수님으로 인해 감사드립니다. 제 마음이 저를 정죄할지라도 하나님은 제 마음보다 크심에 감사를 드립니다. 제가 사단의 거짓말을 파악하며 거부할 수 있도록 도와주세요. 예수님 이름으로 기도합니다. 아멘.

내 삶을 위한
적용

- 사단은 거짓말쟁이지만 그의 거짓말은 교묘하다. 진짜 같은 사단의 거짓말에는 어떤 것이 있는가? 사단의 거짓말인지 확신이 가지 않으면 분별할 수 있도록 기도하거나 믿음의 선배에게 상담을 요청하라.

- 미디어를 통해 사단이 당신의 귀에 속삭이거나 외치는 거짓말에는 어떤 것들이 있는가?

- 그리스도의 몸 된 교회 안에서 들은 거짓말에는 어떤 것들이 있는가?

- 어릴 적에는 한 가지 사실을 가지고 어떤 결론을 상상하기도 한다. 사단은 이런 우리를 교정해주지 않는다. 당신이 어린아이였을 적에 그런 경험을 한 적이 있는가?

- 정죄의 음성을 들을 때면 그것은 하나님 아버지의 음성이 아님을 알 수 있다. 정죄는 사단에게서 나오며 확신은 성령님으로부터 나온다. 그러나 우리는 정죄의 목소리에 너무나 익숙한 나머지 그 소리가 사단의 음성임을 모를 때도 많으며, 때로는 너무나 익숙해서 자신의 목소리로 착각할 때도 있다. 당신은 어떤 정죄의 목소리와 함께 살아왔는가? 당신을 정죄하는 목소리의 근원이 어디인가를 생각하고 하나님의 말씀에 매달려 그 목소리를 잠재우라.

사랑을 향한 갈망

선물상자 이야기

큰 바다를 건너 어두운 푸른 숲을 지나 멀고 먼 나라에 두 자매가 살았다. 자매는 나란히 붙은 집에서 살았는데 한 번도 집을 떠나본 적 없이 평생을 그곳에서만 살았다.

매일 아침 자매는 한때 시원한 그늘을 제공해주다가 이제는 밑동만 남은 떡갈나무 그루터기에 앉아 대화를 나누곤 했다. 그들은 주로 자신들의 소망과 꿈에 관한 이야기를 했다. 세월이 흘러가도 변함없이 자매의 정은 깊어만 갔다. 그러던 어느 날 아침에 변화가 시작되었다. 각자의 집 앞에 놓인 선물상자 하나씩을 발견한 자매는 상자를 손에 들고 떡갈나무로 달려갔다.

"언니, 이것 봐." 동생이 말했다.

"오늘 아침에 집 앞에서 이걸 발견했어."

그녀는 상자를 들어 보였다. 그러자 언니가 말했다.

"나도 받았어. 그런데 내 상자 안은 텅 비어 있었어."

"그래, 내 상자도 그래. 그렇지만 나는 이 상자를 잘 간수할 거야." 동생이 말했다.

"보물이 들은 것도 아닌데 뭘 그래. 나는 밤마다 상자를 현관 밖에 내어놓고 아침이면 뭐가 들어 있는지 볼 거야." 언니가 말했다.

1년이 지나는 동안에 상자를 대하는 두 자매의 태도는 완전히 달랐다.

동생은 봄이면 상자에 꽃잎을, 여름에는 딸기를, 가을에는 울긋불긋한 단풍잎을 넣었다. 그리고 겨울에는 촛불을 넣어서 길고 어두운 겨울밤을 부드럽고 따스한 불빛으로 밝혔다.

언니는 불행한 1년을 보냈다. 매일 아침마다 텅 빈 상자를 들여다봐야만 했다. 얼마쯤 지나자 그녀는 상자를 들여다보기를 그만두었고, 어느 가을날 추운 바람에 상자가 날려가 버렸는지조차 몰랐다.

동생에게 있어서 희망과 약속을 의미했던 상자가 언니에게 있어서는 텅 빈 공간일 뿐이었다. 언니는 그 선물상자를 통해 어떠한 아름다운 것도, 유용한 것도 얻지 못했다. 또한 그 속에 무언가를 담아야 한다는 생각도 갖지 않았다.

우리 마음의 갈망

오늘날의 문화가 주는 저주는 외로움일지도 모른다. 몇 년 전에 출간된 한 권의 책이 모든 미국 여성들의 마음에 울려 퍼졌다. 그 책은 〈오프라 윈프리 쇼The Oprah Winfrey Show〉를 통해 미 전역에 홍보가 되었고 그 선전문구를 붙인 채 베스트셀러 반열에 오르더니 마침내 최고의 베스트셀러로 등극했다. 그 책의 제목은 『매디슨 카운티의 다리 *The Bridges of Madison County*』였다.

책의 줄거리는 대충 이러했다. 프란체스카 존슨이라는 한 가정주부와 「내셔날 지오그래픽 *National Geographic*」 잡지사의 사진작가 로버트 킨케이드가 우연히 만나게 되었다. 그 책을 읽은 많은 이들에게 오금을 저리게 만든 대사는 로버트가 프란체스카에게 자신이 "그녀를 보았다"라고 고백하는 장면이다. 아내와 엄마로서 매일 지루한 일상의 나날을 보내고 있던 그녀에게 있어서 그 말은 생명력을 지닌 말이었다. 빛나는 카메라를 든 기사가 프란체스카의 흑백 세상 속으로 다가와 그녀의 삶을 온통 총 천연색으로 물들였던 것이다.

나는 그 책을 읽으며 울었다. 한편으로는 그녀가 잘 알지도 못하는 남자를 따라가지 않고 결국 남편을 선택했다는 것에 기쁘기도 했지만, 낭만을 동경하는 내 마음 한 구석에서는 옳은 것을 선택하기 위해 모든 여성들이 갈망하는 선택을 희생했다는 느낌 또한 지울 수가 없었다. 누군가에게 보여지고 사랑을 받고 싶은 갈망 말이다.

그 책은 메릴 스트립과 클린트 이스트우드가 주연으로 나오는 영화로도 만들어져 이번에는 전국의 여성들을 영화관으로 불러모았다. 내가 영화를 보던 날 로버트가 프란체스카의 눈을 지그시 들여다보며 그가 진정 "그녀를 보았다"고 고백하는 장면에서는 극장 안이 나지막한 탄성으로 가득했다. 극장 문을 나서는 여성들의 표정에는 우리의 삶에서 잘못된 것은 우리를 보는 사람이 없기 때문이라는 확신으로 가득했다.

우리가 원하는 그 무언가가 저 밖 어딘가에 있었다. 우리가 외로움과 불만을 느꼈던 이유는 삶에서 중요한 사람들이 진정으로 우리를 보지 않았기 때문이라는 느낌이 들었다. 그런 느낌은 영화를 보고 난 후에 두 시간 가량 지속됐는데 그 중독 효과가 사라지자 내 자신이 마치 바보같이 느껴졌다. 그뿐 아니라 나를 본 누군가가 카메라를 들고 내가 가는 곳마다 따라다닌다면 더 빨리 늙어버릴 것 같다는 생각도 들었다.

나는 그 책과 영화의 여운이 그 메시지를 흡수하는 모든 영혼 속에 외로움의 구멍을 더욱 깊이 파버렸다고 생각한다. 그 안에 함축된 메시지는 누군가 우리에 관한 모든 진실을 보는 사람을 만나기만 한다면, 즉 우리 안에 웅크린 외침, 모든 육체적·정신적인 고통과 갈망의 필요가 채워진다면, 우리 안의 잘못된 것들이 전부 바로잡힐 것이라는 점이다. 이것이 바로 저 밖에 있는 특별한 누군가가 우리를 온전하게 보고 사랑하리라는 오늘날의 문화가 주는 낭만적인 환상인 것이다.

이 낭만적인 꿈 아래에 있는 거짓말은 무엇인가? 그런 욕망은 어디에서 나온 것인가? 나는 우리 안의 채워지지 않는 갈망은 우리가 하나님과 온전한 교제를 위해 만들어진 존재라는 것을 증명해주는 것이라고 생각한다. 아담과 하와는 그런 온전함을 맛보았고 그 교제의 기억이 우리의 유전자 어딘가에 깊이 내재되어 있는 것처럼 보인다. 언젠가 우리가 얼굴을 맞대고 예수님을 만날 때에 우리의 빈 곳은 마침내 채워질 것이다. 그러나 그날까지 우리는 이 땅에서는 궁극적으로 채우지 못할 갈망과 함께 살 것이다.

낭만에 대한 환상

정신병원에서 퇴원을 한 후에 나는 캘리포니아로 이사를 하고 풀러 신학대학원에서 공부를 시작했다.

내가 미혼임을 안 친구들은 배필을 찾아주기로 작정들을 한 모양이었다. 친구들의 강요로 나는 여러 번 어정쩡하게 남자를 소개받는 자리에 나가야 했다. 한 남자는 처음이자 마지막 데이트에서 내게 자기 아이를 가질 의향이 있는지 물어보기도 했다. 그때 내가 머릿속으로 한 대답은 커피 한 잔도 같이 마시고 싶지 않다는 것이었다!

친구의 데이트에 동반 데이트를 하며 혹시라도 내 짝이 될지를 견주어본 적도 있는데 그때 만난 남자는 정상인 듯했고 저녁식사의 분위기도 괜찮았다. 적어도 그가 내게 〈매디슨 카운티의 다리〉라는 영화를 봤는지 물을 때까지는 그랬다. 내가 봤다고 대답하자 그는 결말이 자기를 슬프게 했다며 프란체스카는 남편과 아이들을 버리고 그 사진작가와의 열정적인 인생으로 뛰어들었어야 했다고 말하는 것이었다. 나는 그에게 그리스도인인지 물었고 그는 그렇다고 답했다. 그리스도인이 어떻게 그런 선택을 정당화할 수 있는지 나는 다시 물었다. 친구들은 좌불안석이 되어서 우리의 만남을 주선한 것을 후회하는 표정이 역력했다.

"왜냐하면 모든 대가를 치러서라도 사랑은 반드시 지켜져야만 하니까요."

창 밖에 지는 해를 응시하며 그가 대답했다.

"그런 사랑은 귀한 것이기에 소중히 지켜져야 하지요."

"그 말은 제가 지금까지 들어본 중에서 제일 이기적인 헛소리 같군요!"

내가 이렇게 일갈을 했다.

그 남자는 내게 다시 만나자고 하지 않았다. 그 이유가 무엇이었을까…….

오늘날의 문화는 사람들의 뇌리에 정서적·육체적·영적 차원을 모두 충족시키는, 미치도록 열정적인 관계에 대한 환상을 심어놓는다. 나는 한 번도 일일 연속극의 열성 팬이었던 적은 없다. 그러나 시어머니가 오시면 늘 좋아하는 연속극을 틀어놓는 덕에, 연속극에는 말도 안 되는 줄거리가 현실의 이름으로 버젓이 등장하는 것을 볼 수 있다.

"나는 남편이 죽은 것을 똑똑히 봤어요!" 한 여자가 소리를 친다. "남편의 머리가 헬리콥터 날개에 맞아 날아갔단 말이에요."

"남편께서는 실험적인 수술을 받고 스웨덴에서 살고 있었답니다, 베로니카."

텔레비전과 잡지와 책 속에서는, 현실에서는 불가능한 인간관계들이 얼마든지 가능해진다. 이것이 우리를 현실의 삶에 실망하게 만든다. 우리는 맨 처음 사랑에 빠졌을 때와 같은 강렬한 느낌을 붙잡고 싶어한다. 그러나 우리가 변하듯이 주위 사람들도 역시 변한다. 변화는 관계에 있어서 아름다운 성숙을 가져오는 계기가 되기도 하고 상처가 치유되지 않았다면 또 다른 상처를 낳는 계기가 되기도 한다. 낫지 않은 상처로 인해 우리는 다시금 같은 실수를 반복하게 되는 것이다.

모두가 외로운 사람들

사실 이 땅에서의 삶은 종종 외롭다. 하나님 혹은 다른 사람들과의 관계가 그 외로움을 완전히 지울 수 있는 것은 아니다.

나는 루시 스윈돌과 마릴린 미버그의 30년 우정이 어떻게 시작되었는지에 관한 이야기를 특히 좋아한다.

루시가 어느 날 마릴린에게 말했다.

"나는 독신이니까 때로는 외로워. 네게는 남편이 있잖아. 외로움을 느낄 필요가 없으니까 좋겠어."

"결혼을 했다고 해서 외로움이 '제거되는preclude' 건 아니야."

마릴린이 대답했다.

루시는 '제거'라는 말뜻을 모른다고 시인하기 싫어서 잠시 머뭇거리다가 마침내 이렇게 물었다고 한다.

"마릴린, 그런데 제거가 무슨 뜻이지?"

마릴린이 대답했다.

"사실 나도 몰라. 라흐마니노프가 그렇게 썼더라고!"

인간은 누구나 외로움을 경험한다. 우리가 하나님과 교제를 한다면 절대로 외로움 따위는 경험하지 않는다고 공격할 사람이 있을지도 모르겠다. 단지 내가 말할 수 있는 것은 나는 과거에도 외로움을 경험했지만 지금도 가끔씩 외로움을 느낀다는 사실이다. 삶의 현실 가운데 하나는 모든 것이 원래대로 되지 않는다는 점이다.

아담과 하와만이 진정 온전함이 무엇인지를 안 유일한 사람들이었다. 그들은 결코 외롭지 않았다. 하나님과 또 두 사람 사이의 관계는 아무런 장애물이 없는 친밀함 그 자체였다. 둘 사이에는 거친 말도 오고 가지 않았고, 한 장씩 쌓이다보면 관계를 단절시킬 수 있는 벽돌도 없었다.

그들은 서로를 보되, 하나님의 온전한 형상에 따라 만들어진 진실한 아름다움 속에서 보았다. 그러나 죄로 말미암아 그들은 가릴 것을 찾았고 결국 서로로부터, 또 하나님으로부터 멀어지게 되었다. 각자 빈 상자를 들고 누군가 채워줄 사람을 찾아 헤매는 인간의 역사가 시작된 것이다.

앞서 말한 선물상자의 이야기에는 인생을 보는 관점이 다른 두 자매가 등장했다. 그 선물상자는 그들의 인생을 의미한다. 한 자매는 자신의 인생의 공허함을 채워줄 누군가를 기다렸기에 실망만이 가득한 인생을 살았다. 또 한 자매는 인생을 선물로 받았고 날마다 좋은 것들을 채우며 기쁨을 만끽했다. 그녀에게는 항상 다른 사람과 나눌 수 있는 것, 줄 수 있는 것이 있었지만 언니는 늘 외로움에 떨며 기다리기만 했다. 두 사람 다 그리스도인이었지만 한 사람의 삶은 실망투성이였고 한 사람의 삶은 인생이 주는 선물로 가득했다. 내 인생의 여정은 두 자매의 삶의 복합체라고 말할 수 있다. 하나는 불행한 영혼이었고 또 하나는 과거의 죽음에서 부활한 하나님의 자녀였다.

우리를 채워줄 누군가를 찾고 있는 한 우리는 실망하고 곤핍할 것이다. 사람들은 우리와 교제하기를 꺼리고 멀어져감으로써 우리의 고통만 더 깊게 만들 것이다. 상처를 치유하고 필요를 채워줄 교회를 찾아 헤매는 교회 쇼핑을 한번 생각해보라.

나는 오랜 친구에게서 편지를 받았다. 그녀는 우리 동네에 살다가 다른 지역에 있는 교회의 좋은 일자리에서 자신의 은사를 잘 사용할 수 있으리라는 말만 믿고 이사를 갔다. 그 기회는 하늘에서 온 선물과도 같았다. 그곳에도 친구들이 있었고 자신의 은사를 더 잘 사용할 수 있는 좋은 기회인 듯했다. 친구와 가족들과 상의를 하자 어떤 이들은 확실한 제의나 정확한 연봉도 아직 모르는 상태임을 염려했지만, 내 친구는 하나님이 믿음의 도약을 원하신다고 느꼈기에 짐을 싸서 그곳으로 떠났다.

기회는 계속해서 이어졌다. 교회의 누군가가 그녀에게 가구가 딸린 집을 제공했고 시간제 일자리도 구해서 나머지 시간은 사역에 쓸 수 있게 되었다. 그녀는 그 사역이 점점 커져서 전일제 사역으로 발전하리라고 확신했다.

하지만 몇 달 후에 보낸 편지에서 그녀는 모든 것이 자신의 소망과 기대와는 다르게 전개되었다고 말하며, 삶의 터전을 송두리째 옮긴 자신이 바보 같다고 했다.

하지만 내 친구는 결코 바보가 아니었다. 그녀는 젊고 충동적인 사람이 아니라 하나님의 뜻대로 살려는 진심어린 열정을 지닌 경건한 여성이었다. 그럼에도 자신의 판단과 다른 사람들로 인해 다시 한번 인생에서 실망과 절망의 밤을 맞게 되었던 것이다. 그녀의 고통을 더 깊게 한 것은 전에도 같은 실수를 한 적이 있다는 사실이었다. 당신도 그녀와 같은 독백을 한 적이 있는가? 어쩌다가 내가 또 이렇게 되었을까? 혹시 내가 구제불능인 것은 아닐까?

나도 그런 실수를 반복한 후에 운 적이 있다. 그 순간에 나는 하나님의 자비하심이 없었다면 우리는 가망 없는 존재가 되어 사라지고 말 것이지만, 주님의 자비는 날마다 새롭다는 사실을 나 자신에게 상기시킨다.

믿었던 사람에게서 받은 상처

내 친구가 받은 고통의 일부는 같은 그리스도인이 자신을 오도했다는 데에 있었다. 분명한 약속은 아니었다고 해도 둘 사이에는 합의가 있었다는 점이다. 소중한 선물인 신뢰가 그 안에 있었던 것이다.

13장에 가서 우리는 다른 그리스도인이 우리를 속였을 때를 주제로 대화를 나눌 것이다. 그리고 하나님께서 분노와 상처의 쇠사슬에서 우리를 자유케 하시는 말씀을 주실 것을 믿는다. 그러나 이 장의 초점은 이것이다. 빈 상자를 들고 앉아서 할리우드 영화나 연애소설 속에나 나오는 것을 갈망하거나, 혹은 그리스도 안에 있는 우리가 마땅히 가져야 하는 친밀감과 치유를 갈망하고 있는 우리는 지금 무엇을 할 수 있을까?

어떤 남자가 짠 하고 나타나서 우리의 상처와 필요를 보고는 온전한 치유와 회복을 안겨주기를 기대하고 있을 수도 있다. 하지만 그것은 비현실적인 환상이다. 어떠한 인간도 다른 사람의 인생의 공허함을 메워줄 수 있는 능력을 갖고 있지는 않기 때문이다.

잘 안 돼요!

크리스가 어렸을 때의 일이었다. 어느 날 당근을 열쇠구멍에 넣고는 현관문을 열려고 애쓰고 있는 크리스를 보았다.

"아들아, 지금 뭐하는 거야?" 내가 물었다.

"산책을 갈 거예요."

"현관문이 잠겼는데."

"알아요, 엄마. 하지만 이걸로 열 거예요."

크리스가 열쇠구멍에 억지로 밀어넣고 남은 당근을 손에 들어 보였다.

"그런데, 잘 안 돼요!" 아들은 나머지 당근을 구멍에 넣으려 애를 쓰며 말했다.

당근이 열쇠가 아니듯이 우리는 다른 영혼의 모든 필요를 채워주도록 창조되지 않았다. 그저 나란히 서서 동행하며 친밀감과 교제를 즐길 수는 있지만 우리 인생의 빈 상자를 채울 수 있는 분은 오직 그리스도밖에는 없다. 나는 내 상자가 가득 차 있지 않다는 사실을 안다. 내가 하나님을 사랑하고 하나님이 나를 사랑하시며, 또 나를 통해 하나님의 사랑이 다른 사람에게까지 이르는 것이 내 소원이다. 그런데도 내 상자는 새고 있다.

나는 2만 명에 가까운 여성들과 주말집회를 통해 하나님을 예배하고 성령이 주시는 생명의 말씀을 받는다. 집으로 돌아오는 비행기 안에서 나는 내 상자가 가득 차서 내 곁에 오는 다른 사람에게 흘러넘치리라고 생각하지만 현실의 삶이 밀고 들어온다. 집에 오면 산더미 같은 빨래가 나를 기다리고 있다. 손님이 도착하기 한 시간 전에 진공청소기가 고장이 나기도 한다. 거친 말들이 오간다. 좌절감이 쌓인다. 생리통에 온몸이 아프다. 그리고 삶의 목록은 계속된다. 나는 매일 이런 경험을 한다. 한때는 가득 찼던 상자가 고갈되는 것이다.

내가 깨달은 것은 내 상자가 이번 집회에서 다음 집회까지, 혹은 이번 주일 예배에서 다음 주일 예배까지도 버티지 못한다는 것이다. 내 상자는 매일, 매순간, 새롭게 채워져야 하기 때문이다.

메시아가 오셨다!

시편 기자 다윗의 기록이다.

> 주께서 생명의 길로 내게 보이시리니 주의 앞에는 기쁨이 충만하고.
>
> 시편 16: 11

사도행전 2장 28절에서 베드로는 다윗의 말을 다시 인용하며 그리스도를 사람들에게 적극적으로 전한다. 많은 군중이 모여 선 가운데 베드로가 전한 말은 사람들이 기다리고 갈망하며 소망을 걸고 있던 모든 것으로, 이미 예수 그리스도 안에서 그들에게 주어진 것이었다. 하지만 군중들은 그의 말을 듣고 싶어하지 않았다. 그들은 자신들이 기다리고 있던 바로 그 메시아를 자신들의 손으로 못 박았다는 것을 깨닫고 망연자실했다.

> 저희가 이 말을 듣고 마음에 찔려 베드로와 다른 사도들에게 물어 가로되, 형제들아, 우리가 어찌할꼬 하거늘. 사도행전 2: 37

베드로는 사람들에게 돌아서서 예수님을 믿으라고 말했다. 그날 3천 명이나 되는 사람들이 베드로의 메시지를 듣고 그리스도께로 돌아왔다. 그랬다면 만사형통이 아니었겠는가? 우리는 사랑을 갈망하고 인간에게서 사랑을 구하나 그런 사랑은 오직 하나님 안에만 존재함을 깨닫게 된다. 어거스틴은 이렇게 말했다. "하나님 안에서 쉴 때까지 인간의 마음에는 안식이 없다."

하지만 그리스도께 오는 우리는 빈손으로 오는 것이 아니라 과거를 가지고 온다. 그날 모였던 군중들도 인간이 경험할 수 있는 가장 신나는 모험을 시작했지만 그들의 앞날에는 많은 실망과 환멸의 순간들이 놓여 있었을 것이다. 어쩌면 그들은 메시아를 받아들였기 때문에 삶의 모든 문제가 사라졌으리라고 생각했을지도 모른다. 그러나 현실은 그렇지 못하다. 여기에 서로 다른 두 가지의 문제점이 있음을 본다.

1. 우리 앞에는 여전히 시련이 놓여 있다

예수님은 이 점을 분명히 말씀하셨다.

"이것을 너희에게 이름은 너희로 내 안에서 평안을 누리게 하려 함이라. 세상에서는 너희가 환난을 당하나 담대하라. 내가 세상을 이기었노라."(요한복음 16: 33)

예수님이 평안과 환난을 함께 말씀하신 것이 흥미롭다. 평안을 누린다고 해서 현실의 환난이 사라지지 않으며 환난이 있다고 해서 평안의 약속이 사라지는 것은 아니다.

2. 우리는 과거의 상처를 가지고 있다

우리는 과거의 상처를 안고 그리스도께로 나오며 그리스도는 그 상처를 치료하기 원하신다. 그렇다고 해서 다시는 상처를 받지 않는다든가 현실의 거친 삶으로부터 도망칠 수 있음을 의미하지는 않는다. 이 말의 의미는 우리가 그리스도를 초청하면 그가 상처를 치유하시고 이 세상에서 분별을 잘하며 살 수 있도록 삶에 대한 올바른 이해를 주신다는 뜻이다.

어렸을 때 나는 아버지가 나를 미워해서 때린다고 생각했다. 그런데 이제 와서 생각해보면 그것은 아버지의 병 때문이었던 것이다. 만약 누군가 어렸을 때 어떤 남자에게 성폭행을 당한 적이 있는데 어른이 된 지금도 같은 상황에 놓여 있다고 해보자. 어쩌면 많은 여성들이 그런 취급을 받을 만한 이유가 있다고 생각하면서 그대로 받아들이고 있을지도 모른다.

하지만 그리스도의 치유의 능력은 당신이 이렇게 말할 수 있도록 해준다. "내가 어렸을 때는 힘이 없었지만 어른이 된 지금 그 같은 행동은 도저히 용납할 수 없어."

종종 사람들이 학대의 관계에 머무르는 이유는 혼자되는 것을 원치 않기 때문이다. 인생에서 가장 어려운 부르심 중의 하나는 결혼이기도 하고 독신으로 사는 것이기도 하다. 결국 인생에서 가장 어려운 부르심 중의 하나는 인간으로 사는 것이다. 우리는 자신의 자리를 찾으려는 소속감의 욕구를 가지고 태어났다. 마이클 W. 스미스의 노래 '이 세상에서 설 곳Place in This World'은 기독교 방송에서 대중가요 무대까지 많은 사람들로부터 폭넓은 사랑을 받는다. 그 노래의 가사에는 이런 구절이 있다.

존재의 이유를 찾아
밤길을 헤매며 이 세상에서 우리가 설 곳을 찾아 나서네.

가사가 우리의 심금을 울리지 않는가. 우리 모두는 이 세상에서 우리가 설 곳을 찾아 헤맨다. 1970년대와 80년대에 미국인들은 〈치어스Cheers〉라는 시트콤에 나오는 주인공에게서 대리만족을 얻었다. 그 시트콤은 이런 문구로 시작한다. "그곳에서는 모두가 당신 이름을 알고 있다." 주인공이 그 술집에 들어서면 모든 사람들이 그의 이름을 부르며 반갑게 인사를 하고 그가 늘 앉는 자리는 그를 위해 비워져 있는 장면은 우리의 가슴을 따스하게 해준다. 이같이 우리는 어딘가에 우리 자리가 있기를 원하는 것이다.

인간의 영원한 테마

나는 오늘 아침에 내가 제일 좋아하는 스타벅스 커피전문점의 제일 좋아하는 자리에 앉아 이 책을 쓰고 있다.

나는 이곳에 모이는 사람들을 안다. 대부분이 시험공부를 하고 있는 밴더빌트 대학의 학생들, 인근의 병원에서 실습하는 의과대학 학생들, 저녁이 되어서야 자신들의 하루가 시작되는 음악가들, 하루를 버틸 카페인을 위해 들르는 어린아이를 둔 엄마들이 그들이다. 나는 음악가 친구에게 작사가 잘 되어가는지 묻는다.

"그런대로 괜찮아요." 그가 대답한다. "그런데 한 가지 테마에서 벗어나질 못하는군요. 우리는 모두 우리가 원하는 대로 사랑해줄 그 한 사람을 간절히 찾고 있다는 주제 말이에요. 도대체 앞으로 얼마나 더 이런 테마의 노래를 쓸 수 있을까요?"

지금까지의 모든 등장인물들을 한 줄로 세워놓고 보자. 선물상자를 받았던 자매, '매디슨 카운티의 다리'라는 소설과 영화에 빠졌던 여성들, 자신이 바보같이 느껴졌던 내 친구, 베드로 앞에 모였던 군중들, 그 음악가, 그리고 당신과 나. 우리 모두의 공통점은 무엇일까?

우리는 사랑받기를 원한다.
우리는 온전한 사랑을 찾기를 갈망한다.
우리는 다른 사람과 자신에게 실망했다.
우리는 누군가 나를 채워줄 이를 기다리고 있다.
우리는 어딘가에 속하고 싶다.
우리는 오도가도 못하고 있다.

내가 바로 문제이다

나는 나 자신에 대해 놀라운 발견을 한 적이 있다. 내가 어디에 가든지 문제가 나를 따라오는 것이 아닌가! 내 말뜻은 이렇다. 나는 내 문제와 고통이 다른 사람들로 인해, 혹은 어떤 상황으로 인해 생긴다고 믿었다.

"저 사람만 사라진다면 행복해질 거야."
"저 여자와 함께 일하지 않아도 된다면 모든 것이 달라질 텐데."
"저 사람들하고만 있으면 이렇게 된단 말이야."

당신만의 목록을 여기에 추가해도 좋다.

"저이가 저런 식으로 말할 때면 내 성질이 폭발한단 말이야."
"저 여자가 까다롭게 굴지만 않으면 여기서 일하는 것이 즐거울 텐데."

"저 사람들이 교회를 떠나주기만 한다면 우리 모두는 하나님을 사랑할
수 있을 거야."

이러한 신념들에는 어느 정도 근거가 있을지도 모르고, 그렇게
믿으면 자기 자신에 대해서는 기분이 한결 나아질지도 모른다. 그러
나 우리가 그리스도의 이름을 높이고 하나님의 마음을 기쁘게 하는
삶을 살고자 한다면 이런 믿음들은 아무런 도움이 되지 못한다. 그리
스도께서 죽음에 드셨다가 다시 부활하셔서 우리가 가는 곳마다 자유
와 평안을 누리는 삶을 살도록 하신 것이 맞는지, 아니면 요동치는 우
리의 신념을 근거로 해서 사는 것이 맞는지, 둘 중 하나가 되어야 할
것이다.

내가 깨달은 큰 교훈 가운데 하나는 자신의 인생, 행동, 말, 행위,
마음에 대해서는 책임을 져야 한다는 점이다. 이런 결단은 하루아침
에 이루어지지는 않는다. 수치심으로 인해 우리는 다른 사람에게 책
임을 전가하고 싶어한다. 그 책임이 우리에게 있다고 시인한다면 홀
로 남겨지고 버려지는 것이 두렵기 때문이다.

내 잘못이 아니잖아요

크리스는 축구와 농구를 좋아해서 학교에서 돌아오면 뒷마당으로 곧
장 가서는 운동을 하느라 진흙투성이가 되곤 한다. 우리 집에서는 지
켜야 할 몇 가지 규칙이 있는데, 그 중 하나가 집 안으로 들어올 때는
신발을 벗어야 한다는 것이다. 왜냐하면 우리 집 마루는 밝은 색깔의
원목이고 침실에는 크림색 카펫이 깔려 있기 때문이다. 하지만 크리

스는 진흙이 잔뜩 묻은 신발로 마루를 지나 침실로 들어가 침대 위로 털썩 몸을 날리기 일쑤였다. 자신이 규칙을 또다시 잊어버린 것을 알고 난 후에 크리스가 보이는 반응은 다양하긴 해도 결국은 비슷한 내용이다.

"엄마가 알려주셨어야죠!"

"도우미 아줌마가 들어오라고 하시면서 내 신발에 대해 아무 말도 안 했어요."

"큰 개가 저를 쫓아오고 있는 줄만 알았어요!"

"엄마도 여섯 살이었던 때가 있었잖아요!"

결론은 제 잘못이 아니라는 말이다. 우리 모자는 같이 앉아서 자신의 행동에 책임을 지는 것이 어떤 것인지에 대해 이야기를 나누지만 아들은 그리 쉽게 변하지 않는다. 그 이유 중 하나는 엄마가 화내는 것을 원치 않기 때문이다. 언제나 모든 것이 밝고 환하기를 바라는 것이다. 우리의 마음은 연약해서 쉽게 부서진다. 내 아들은 내가 자신에게 화를 내면 자신을 사랑하지 않는다고 생각한다. 그래서 나는 아들에게 계속해서 이렇게 말해준다. "네가 한 행동은 옳지 않아. 하지만 나는 네 모습 그대로를 사랑해."

세상에서 가장 맛없는 콩

내가 열 살이었을 때 엄마 지갑에서 천 원 정도를 훔쳐서 콩을 산 적이 있다. 우리 동네의 모든 아이들이 콩을 들고 공원에서 만나기로 했던 것이다. 방금 삶은 신선한 콩은 맛이 좋았다. 문제는 내가 이미 다른 간식을 사느라 용돈을 다 써버렸다는 사실이었다. 그래서 다음 달

용돈을 가불 받을 수 있는지 엄마에게 물었다.

"이틀 전에 벌써 다음 달 용돈까지 가불해가지 않았니?"

엄마가 말했다.

"참, 맞아요. 깜빡했어요."

엄마가 부엌으로 간 후에 나는 지갑을 넣어두는 서랍을 조용히 열어서 돈을 훔쳤다. 그날 먹은 콩처럼 맛없는 콩은 없었을 것이다. 저녁식사 후에 샤워를 하는 둥 마는 둥 나는 잠자리에 들었다. 빨리 잠이 들어 내 양심에 마취를 하려고 했으나 소용이 없었다. 결국 아래층으로 가서 엄마한테 내가 한 일을 털어놓고 말았다. 눈에 눈물이 가득 고인 채 내가 말했다. "엄마 돈을 훔쳐서 정말 죄송해요. 벌을 주시는 것은 달게 받겠지만 계속해서 저를 사랑해주시는 거죠?"

내 잘못된 행동으로 이 세상에서 나 홀로 남겨지는 것이 두려웠던 것이다. 친구들 속에 끼고 싶어서 돈을 훔쳤지만 엄마에게 거짓말을 했기에 평안을 누리지 못했다. 진실을 고백하면서 나는 아빠의 눈에서 보았던 경멸의 눈빛을 엄마의 눈에서도 볼 것으로 예상했다. 하지만 엄마는 내가 벌은 마땅히 받겠지만 세상의 어떤 것도 나를 향한 엄마의 사랑을 막지는 못한다는 확신을 주었다.

기적의 아이

최근에 한 여행에서 나는 우리의 마음이 연약하여 얼마나 쉽게 상처를 받는지 다시 한번 깨닫게 되었다.

나는 한 교회의 여신도 수련회에서 말씀을 전했다. 그 교회의 젊은 여성 하나가 예배 인도자였다. 그녀가 너무나 마음에 들었기에 나는 시간을 내어 그녀와 이야기를 나누었다. 그녀는 자기 부부는 아이를 가질 수가 없어서 러시아에서 한 남자아이를 입양했다고 말했다. 아기였을 적에 하수구에 버려졌다가 인근 고아원에 보내진 아이였다고 했다. 얼마나 사랑과 영양분을 받지 못했었는지 부부가 6개월 된 아이를 처음 보았을 때 아이의 체중은 신생아의 평균 정도밖에는 안 되었다고 했다. 미국에 데려온 후에 아이는 비정상적인 기관과 청각·시각을 교정하기 위해 여러 번의 수술을 받아야 했다. 내가 그 아이를 만나보고 싶다고 하자, 우리가 공항으로 돌아가는 길에 자신이 전송을 하겠다고 했다.

수련회가 끝난 후 그녀가 아들과 함께 우리 가족을 공항에 데려다주려고 우리가 묵고 있던 호텔로 왔다. 크리스는 그녀의 아들 옆에 앉아서 공항까지 가는 내내 이야기를 나눴다. 공항에 도착했을 때 나는 푸른 눈의 호리호리한 아이에게 작별인사를 하느라 몸을 구부리며 말했다.

"우리를 데려다줘서 고마워. 너는 정말 멋진 아이야. 네 어머니로부터 네가 어떻게 자라는지 계속해서 듣고 싶구나. 너는 기적의 아이란다!"

공항에서 작별인사를 나눈 뒤 크리스와 나는 보안 검색대를 통과했다. 탑승구 앞에 오자 크리스는 자기 혼자 떨어져서 앉겠다고 했다. 건너편에 아무도 없는 곳에 혼자 앉아서 머리를 숙이고 내 시선을 피하고 있는 아들을 보고 그리로 갔다.

"옆에 앉아도 되겠니?" 내가 물었다.

"그러세요." 나지막한 소리로 아들이 대답했다.

"엄마가 뭐 잘못한 일이라도 있는 거니?"

아들은 커다란 갈색 눈에 슬픔을 담고 나를 빤히 보았다.

"엄마는 나한테 기적의 아이라고 말한 적이 없었잖아요."

내 아들은 사랑을 많이 받고 자란 아이였다. 우리 부부는 끊임없이 사랑한다고 말했고 시시때때로 아들을 껴안고 뽀뽀를 해주었지만 인간의 자아는 거미줄처럼 연약해서 쉽게 끊어지는 것이다. 자신을 사랑해서 가능한 한 세상의 고통으로부터 지켜주려는 엄마 아빠를 가진 크리스도 이렇게 상실감과 상처를 경험한다면, 세상의 많은 사람들이 엄청난 마음의 고통을 부여안고 살아가는 것은 어쩌면 당연한 일일지도 모른다. 그래서 하나님은 예수님을 보내셨다. 하나님이 어떤 분인지 우리에게 보여주시기 위해 예수님을 보내셨던 것이다. 예수님은 마음의 상처를 지닌 사람들을 보시고 그들과 함께 우시고 그들을 만지시고 그들의 눈을 들여다보셨다. 자신들의 잘못된 선택으로 말미암아 수치심에 빠진 자들 곁에 함께 서셨던 것이다.

우리의 힘든 세상으로, 산산조각이 난 꿈속으로, 무너진 마음속으로 하나님은 치유자를 보내셨다. 그는 변장한 치유자였다. 사람들은 그를 찾기 위해 필사적이었으나 그는 그 사람들 곁에 서 있었다!

구제불능인 우리를 보시고 하나님은 해답을 주셨던 것이다. "하나님이 세상을 이처럼 사랑하사 독생자를 주셨으니 이는 저를 믿는 자마다 멸망치 않고 영생을 얻게 하려 하심이니라."(요한복음 3: 16)

이 구절은 내가 주일학교 시절부터 알았으며 아마 맨 먼저 암송한 구절일 것이다. 이 구절에는 생명과 중요한 의미로 가득하다.

이 구절에 쓰인 '영원한'이라는 뜻의 희랍어는 우리 삶의 오랜 기간을 의미할 뿐만 아니라, 가망이 없는 우리 현재의 삶과는 대조적인 삶의 질을 의미하기도 한다. 다시 말해, 우리의 삶은 영원토록 나날이 더 깊어지고 성숙해진다는 것이다. 영원히 바닥이 나지 않는 새로운 차원의 삶을 뜻하는 것이다. 우리가 구원을 받았다는 것은 이 세상에서 겨우 견디다가 본향에 간다는 의미가 아니다. 그리스도는 바로 지금, 생명을 주시기 위해서 돌아가신 것이다.

당신은 지금 생명을 경험하고 있는가? 당신도 나처럼 우리의 모든 상함을 보시고 치유와 소망을 주기를 원하시는 유일한 분과의 교제를 간절히 바라고 있는가? 여기에 그런 분이 계신다. 바로 예수님이다,

우리의 상함을 보시고
우리의 빈 가슴에 우시며
사랑과 온유함을 가지시고
하나님의 어린양이 오셨네.

여호와께서 자기에게 속한 바 기름 부음 받은 자를 구원하시는 줄 이제 내가 아노니, 그 오른손에 구원하는 힘으로 그 거룩한 하늘에서 저에게 응락하시리로다. 시편 20: 6

하나님 아버지,
저를 이렇게 창조하신 하나님을 찬양합니다. 하나님을 알고 하나님을 사랑하도록 인도하심에 감사드립니다. 제 빈 곳을 주님 앞에 가져가서 채우도록 하시며 이 불완전한 세상에서 살 수 있도록 은혜를 주시옵소서. 예수님의 이름으로 기도합니다. 아멘.

- 우리 모두는 이 장에 나오는 빈 선물상자와 같은 인생이라는 선물을 받았다. 인생에 대한 당신의 생각과 그 선물에 대한 당신의 반응을 생각해보라. 두 자매 중 당신은 어떤 자매를 더 닮았는가? 누군가 당신의 상자를 채워주기만을 기다리는가, 아니면 좋은 것들로 당신의 상자를 채우고 있는가? 예를 들며 대답을 해보라.

- 오늘날 문화의 낭만적인 메시지는 우리를 보고 완벽하게 사랑해줄 사람이 어딘가에 있다고 말한다. 이런 메시지는 당신을 어떻게 오도하며 상처를 주었는가?

- 당신은 무엇이, 또는 누군가가 당신의 빈 상자를 채워주기를 기다리는가? 그리스도만이 우리의 상자를 채울 수 있다. 어거스틴의 말을 기억하라. "하나님 안에서 쉴 때까지 인간의 마음에는 안식이 없다."

- 그리스도인에게도 여전히 환란은 닥치며(요한복음 16: 33), 우리는 여전히 과거의 상처를 지니고 산다. 예수님을 구세주와 주님으로 영접한 이후에 경험한 고난에는 어떠한 것이 있는가? 그 고난에 대한 당신의 반응은 어떠했는가? 어떠한 과거의 상처가 아직도 당신을 짓누르는가? 예수님께 당신의 고통을 덜어달라고 간구하라.

- 우리의 연약한 마음으로 인해 우리는 책임을 지는 대신 다른 사람의 탓을 하며 거절당할까 두려워한다. 우리는 어딘가에 소속하기를 바라고 예수님만이 주실 수 있는 치유와 소망을 간절히 바란다. 당신의 불행이 누군가 다른 사람 때문이 아니라 어쩌면 당신 자신 때문일 수도 있음을 인정할 준비가 되었는가? 이 가능성에 대한 당신의 반응은 어떠한가?

상처 입은 치유자

그는 멸시를 받아서 사람들이 싫어한 바 되었으며 간고를 많이 겪었으며
질고를 아는 자라. 마치 사람들에게 얼굴을 가리우고 보지 않음을 받는
자 같아서 멸시를 당하였고 우리도 그를 귀히 여기지 아니하였도다.
그는 실로 우리의 질고를 지고 우리의 슬픔을 당하였거늘,
우리는 생각하기를, 그는 징벌을 받아서 하나님에게 맞으며 고난을
당한다 하였노라. 그가 찔림은 우리의 허물을 인함이요, 그가 상함은
우리의 죄악을 인함이라. 그가 징계를 받음으로 우리가 평화를 누리고
그가 채찍에 맞음으로 우리가 나음을 입었도다.

• 이사야 53: 3-5 •

"마리아, 아들한테 말 좀 하세요. 자기 어머니 말이라면 분명히 들
을 거예요." 뵈뵈가 말했다.

하지만 마리아는 말이 없었다.

"조심하지 않으면 끔찍한 일이 생길지도 몰라요. 사람들이 흥분
하기 시작했어요."

"우리 아들은 해야 할 일을 하고 있을 따름이에요."
예수의 어머니 마리아가 대답했다.

"하지만 그렇게 논란의 여지가 있는 말만 하고 다닐 이유는 없잖
아요. 엉뚱한 말을 선포하듯 하니까 문제지요."

"예수는 어렸을 적부터 그런 말을 많이 했지요. 그 아이는 다른 사람과는 다르답니다. 자기가 해야 할 일을 하는 거예요."

"그렇다면 그게 자신이 져야 할 십자가겠지요."

짐을 챙겨 나가면서 뵈뵈가 던진 말이었다.

마리아는 손에 얼굴을 파묻었다.

"아무것도 모르면서." 마리아가 나지막이 말했다.

죽음으로 가는 멀고 먼 길

우리 모두는 언젠가 죽는다는 것을 안다. 어떤 이들은 병과 죽음에 대한 생각으로 괴로워하고 어떤 이들은 생각하지 않으려고 노력하지만, 언젠가 모두 자신의 차례가 닥칠 것이라는 사실을 알고 있다.

그런데 자신이 걸어가는 한 걸음, 한 걸음이 처절한 배신과 죽음을 향한 길이라는 것을 알았던 예수님에게 있어서 하루를 산다는 것은 어떠한 느낌이었을까?

예수님은 자신이 향해 가고 있는 고통을 알고 있었을 것이다. 십자가형은 인간이 아는 한 가장 잔인하고 야만적인 죽음 중의 하나다. 십자가형은 특히 전쟁시에 페니키아인, 카르타고인, 애굽인들이 주로 행했던 사형의 형태였는데, 후에 로마인들이 그리스도를 사형하는 데 이용했다. 그리스도가 이 땅에 오기 이전에도 인생의 질곡은 주로 십자가에 비유되었다.

"저 여자는 많은 십자가를 지고 있어요!"

"그 일은 지고 가기에는 너무 끔찍한 십자가입니다."

십자가형은 거기에 매달린 사람이 죽음에 이를 때까지 겪어야만 하는 여러 가지 고통들로 인해 더욱 끔찍하다. 못이 손목과 발목을 파고드는 고통은 참혹하다. 사람을 당장 죽게 만드는 것이 아니어서 그 고통은 견디기가 더 어렵다. 또 몸이 매달린 자세는 비정상적이라서 폐와 심장의 고통을 줄이려고 움직일 때마다 현기증이 날 정도의 고통이 다시금 밀려오게 된다. 게다가 그렇게 오랫동안 매달려 있으면서 쏟아지는 햇볕의 열기를 온몸에 받아야 한다. 잔인하면서도 사람의 진을 빼는 죽음이다. 숨이 다하기까지 이틀이나 사흘이 걸렸다.

예수님이 당신과 나를 위해 기꺼이 선택한 죽음이 바로 그러한 십자가형이었다. 예수님은 죽기 위해 태어나셨다. 천사와 하늘의 영광과 아버지와의 교제를 버리고 인간의 시간과 배신의 관계 속으로 들어오셔서 우리 마음의 다음과 같은 통곡에 응답하셨던 것이다.

“누구 나를 도와줄 이 없어요?”
“누가 나를 고쳐줄 수 있어요?”
“누가 나를 보고 있기나 한가요?”
“나를 진정으로 사랑하는 사람이 있나요?”

어처구니없는 시작

만일 부활절 주일 아침에 프랑스 교회에 가게 된다면 “하나님의 사랑은 어리석다 L' Amour de Dieu est folie”라는 말을 듣게 될 것이다. 이 말은 어처구니없고 불경스럽게 들릴지는 모르지만 하나님의 사랑은 사실 어처구니없으며 예수님이 인간이 되어 오신 방법은 어리석게 보인다. 만일 오늘날 교계의 지도자가 이렇게 예언한다면 어떻겠는가?

"메시아가 오십니다! 미혼모의 몸을 빌려서 마구간에서 태어나실 것입니다." 이 얼마나 어처구니없고 불경스러우며 신성모독같이 느껴지는 말인가!

교회도 예수 그리스도에 관한 사실이 당황스럽게 느껴져서 종종 미화하려고 노력할 때가 있다. 내가 주일학교를 다닐 때 그림에서 본 예수님은 키가 크고, 길고도 넘실거리는 머리에 잘생기고 온화한 미소를 지닌 남자로, 어깨 위에는 언제나 평화롭게 자리를 잡은 아주 작고 하얀 양 한 마리를 얹고 계셨다. 하지만 선지자 이사야가 묘사한 메시아는 전혀 그런 모습이 아니다.

> 그는 주 앞에서 자라나기를 연한 순 같고 마른 땅에서 나온 줄기 같아서 고운 모양도 없고 풍채도 없은즉 우리의 보기에 흠모할 만한 아름다운 것이 없도다. 이사야 53: 2

유대인들이 기다리고 있던 그리스도의 강림과 외모와는 전혀 다른 예언이었다.

당시의 지도자들은 메시아를 기다리고 있던 유대인들에게 메시아는 성전의 탑 위로 나타나실 것이라고 했다. 그래서 그들은 엉뚱한 곳만 바라보고 있었던 것이다.

엉뚱한 곳 바라보기

그리스도가 탄생하시던 밤에 사람들이 와글거리는 예루살렘에 우리가 있었다고 한번 상상해보자. 성전 주위는 사람들로 북새통을 이루고 있다. 그들은 옹기종기 모여 서서 하늘을 쳐다보고 있다.

"뭘 보고 있어요?" 당신이 묻는다.

"보고 있는 게 아니라 기다리고 있는 거예요." 퉁명스런 대답이 들려온다.

"무얼 기다리시는데요?" 궁금해서 다시 묻는다.

"물건이 아니라 사람이에요! 우리는 메시아가 당도하는 것을 기다리고 있다고요."

서로 좋은 자리를 차지하려고 애를 쓰는 초조한 사람들 사이를 빠져 나와서 당신은 예루살렘의 남서 방향에 있는 시골로 향한다. 이제 평화롭고 고요해진다. 하늘의 별을 바라보며 차가운 밤 공기가 별들을 얼마나 밝고 가깝게 보이게 하는지 감탄을 한다. 그 중에 눈에 확 들어오는 별 하나가 있다. 너무 밝아서 마치 환한 등을 밝힌 것처럼 어둠을 뚫는다. 그 별의 인도를 따라 이십 리쯤 걸어가니 베들레헴이라는 작은 마을에 이른다.

"멋진 밤이에요!" 한 무리의 목동들과 합류하며 인사를 건넨다. 마을에 괜찮은 숙소가 있는지 물어보려 했으나 그들이 몹시 서두르는 것 같아서 묵묵히 따라간다. 작은 마구간 앞에 당도하자 그들도 하룻밤 유숙할 곳을 찾고 있었나보다 하고 따라 들어간다.

그런데 마구간 안으로 들어간 당신의 눈앞에 희한한 광경이 펼쳐진다. 말구유에 한 아기가 누워 있고 목동들이 무릎을 꿇는 것이 아닌가. 당신도 그들과 함께 무릎을 꿇는다. 도저히 서 있을 수가 없었던 것이다. 당신의 가슴이 벅차올라 터질 것 같아진다. 영혼 깊숙이 얻는 깨달음은 아까 그 군중들이 엉뚱한 곳에 서 있었다는 사실이다. 그들이 서 있는 곳에서 이십 리도 채 떨어지지 않은 곳에 그들이 그토록 기다리고 있던 메시아가 오신 것이다.

군중들이 외친다. "하나님, 어디 계세요?"
하나님은 아기 울음소리로 대답하신다. "여기에 있단다."

내가 강조하고자 하는 말은 메시아를 기대하는 이들이 매일 밤마다 성전 꼭대기를 바라봤다는 것이 아니라 예수님은 사람들이 예상치 못한 방법으로 오셨다는 것이다. 예수님은 아무도 할 수 없는 일을 하러 오셨고 아무도 주지 못한 치유를 주러 오셨다. 당신과 내게 시편 147편 3절의 약속을 성취하러 오신 것이다.

"상심한 자를 고치시며 저희 상처를 싸매시는도다." 그것이야말로 우리를 향한 예수님의 서약인 것이다.

그날 밤 너무나도 많은 사람들이 예수님이 오시는 것을 보지 못했다. 그들은 예수님과 가까운 거리에 있었지만, 실상은 아주 멀리 있었던 것이다. 마치 50년 동안이나 교회를 다녔지만 복음의 핵심을 깨닫지 못한 사람들처럼 말이다. 당신도 그리스도로부터 불과 몇 센티미터 떨어진 곳에서 그가 주는 선물을 놓칠 수 있다. 대단히 종교적인 사람이지만 예수님의 희생을 통한 소망과 치유를 결코 맛보지 못할 수도 있다는 말이다. 하늘을 바라보며 이렇게 외칠 수도 있다. "이 냉랭하고 잔인한 세상에서 누군가 나를 보고 있기나 한가요?" 예수님께서는 당신의 바로 그 같은 외침에 대답하시고자 세상이 주는 두려움과 배신 속으로 들어오셨다.

어울리지 않는 관중

그날 밤에 목동들은 무엇을 알고 있었을까? 그 답은 알 수 없지만 적어도 그들은 그 아기가 결코 범상한 존재가 아니라는 것을 알고 있었던 것만은 분명하다. 그들처럼 천사의 임재가 하늘에 나타나는 것을 본 눈은 많지 않았으며 천군의 노랫소리나 하늘 보좌에서 울려 퍼지는 메시지를 들었던 귀는 많지 않았기 때문이다.

천사가 이르되 무서워 말라. 보라, 내가 온 백성에게 미칠 큰 기쁨의 좋은 소식을 너희에게 전하노라. 오늘날 다윗의 동네에 너희를 위하여 구주가 나셨으니 곧 그리스도 주시니라. 너희가 가서 강보에 싸여 구유에 누인 아기를 보리니 이것이 너희에게 표적이니라 하더니, 홀연히 허다한 천군이 그 천사와 함께 있어 하나님을 찬송하여 가로되, 지극히 높은 곳에서는 하나님께 영광이요, 땅에서는 기뻐하심을 입은 사람들 중에 평화로다 하니라.
천사들이 떠나 하늘로 올라가니 목자가 서로 말하되, 이제 베들레헴까지 가서 주께서 우리에게 알리신 바 이 이루어진 일을 보자 하고.

누가복음 2: 10-15

천사가 사람들 앞에 나타날 때마다 맨 처음 하는 말이 '무서워 말라!' 인 것이 흥미롭다. 아마 천사는 그 말에 합당한 모습을 하고 있음이 틀림없다. 천사들은 신자들의 삶에 자주 등장한다. 나는 매일 우리 주위에 존재하는 영적 능력은 우리의 상상을 초월할 것이라고 생각한다. 우리에게는 하나님 나라의 위엄과 능력이라는 진리가 있으며 하나님의 이름으로 밤낮으로 싸우고 있는 강한 군사가 있는 것이다.

베들레헴에서 일어난 사건은 우리가 흔히 크리스마스 카드에서 보듯이 지극히 정상적이고 우아한 광경이 아니었다. 그것은 모든 타락함과 악함 속으로 모든 거룩함과 선함이 파고 들어온 간섭이었으며 우리를 자유케 하려는 하나님의 은밀한 작전이었던 것이다. 천진난만한 아기의 몸으로 위장하여 하늘은 우리 영혼을 사로잡은 적에게 선전포고를 한 것이었다. 우리의 자유를 위한 전쟁포고 말이다.

이제 당신이 얼마만큼 사랑받는 존재인지 알겠는가?

당신이 얼마나 엄청난 가치가 있는 존재인지 깨닫겠는가?

하나님이 당신을 보고 계신다고 말할 수 있겠는가?

거룩한 전사들

크리스는 텔레비전 시리즈였던 〈두 얼굴의 사나이The Incredible Hulk〉가 영화로 만들어지면서 13세 이상 관람가 등급을 받았다는 사실에 매우 실망을 했다.

"말도 안 돼요, 엄마! 애들은 신나는 놀이도 못하고 헐크같이 멋진 사나이들을 볼 수도 없다는 말이잖아요."

내가 말했다. "지금은 안 봐도 괜찮아. 그런데 너, 천사가 언제나 우리 곁에 있다는 사실을 아니?"

"천사라고요!" 아들은 펄쩍 뛰며 말했다. "핑크 드레스를 입은 여자애 따위는 필요 없어요."

"크리스! 그렇다면 천사에 대해 깜짝 놀랄 얘기를 해줘야겠구나!" 내가 말했다. "우선, 천사들은 사람보다 훨씬 힘이 세고 머리도 좋아. 대단한 터프가이야!"

"헐크보다 더 터프해요?" 아들이 물었다.

"물론이고말고! 나쁜 사람들이 하나님의 친구인 롯이라는 남자를 막 따라오니까 천사가 그 사람들의 눈을 멀게 했단다."(창세기 19장 11절을 보라.)

"야, 신난다! 계속 이야기해주세요."

"너, 바울 사도 알지?" 내가 물었다.

"아, 엄청 고생 많이 한 사람, 알아요."

"그런데 어느 날 밤에 바울과 친구들이 감옥에 갇혀 있었는데 하나님이 천사를 보내서 풀어주셨어."(사도행전 5장 19절을 보라.)

"또 없어요?" 크리스가 물었다. "헐크는 한꺼번에 열 명도 무찌를 수 있는데 천사들도 할 수 있어요?"

"물론이지!" 내가 대답했다. "앗수르인이라는 사람들이 있었는데 하나님의 사람들을 공격했거든. 그래서 하나님이 천사를 보내서 무찌르셨단다. 하룻밤 사이에 18만 5천 명이나 되는 사람들을 죽여버렸어."(열왕기하 19장 35절을 보라.)

잠시 동안 아들은 아무 말도 못했다.

"그거 영화로 만들 수 있어요?" 마침내 크리스가 물었다.

"영화보다 훨씬 근사해. 영화는 기껏해야 일주일 후면 다른 영화로 바뀌지만 하나님의 강한 군사들은 마지막 싸움까지 우리 곁에 늘 있거든."

그런데 문제는, 헐크는 단돈 몇천 원만 내면 볼 수 있지만 하나님의 강한 군사들은 육신의 눈으로는 거의 볼 수 없다는 점이다. 우리 문화는 늘 당장 눈앞에만 주의를 기울이도록 가르친다. 모든 것이 인

스턴트이길 원한다. 눈앞에 보이는 것들에만 집중한 나머지 순간순간 일어나고 있는 하나님의 놀라운 생방송은 놓치고 마는 것이다. 한 번 이라도 멈추어 서서 당신의 삶에 개입하기 위해 하나님이 얼마나 많은 천사를 보내셨는지 생각해본 적이 있는가? 잠시 더 한 곳에 지체한 덕에 끔찍한 사고를 피한 적은 없는가? 우회전 대신에 순간적으로 좌회전을 함으로써 엄청난 사고로부터 살아남은 적은 없는가? 하나님은 우리를 열정적으로 사랑하시며 우리를 구하고 보호하기 위해서 모든 것을 다 하시기 때문에 우리 주위에는 언제나 거룩한 전쟁이 벌어지고 있는 것이다.

별이 빛나던 그날 밤, 그곳에 모인 사람들도 단지 이십 리 떨어진 곳의 기적을 보지 못했다. 우리도 같은 실수를 반복한다.

과자로 배고픔을 달래보려고 하지만, 정작 더욱 깊은 배고픔은 해소하지 못한다. 그런데 하나님은 말씀하신다.

"내가 여기에 있단다."

우리는 연애소설과 연속극에 빠져 누군가 우리를 보고 사랑해주기를 간절히 바란다. 그런데 하나님은 말씀하신다.

"내가 여기에 있단다."

사랑하는 이들이 우리 아픔을 알지 못함에 실망한 나머지 언쟁을 벌인다. 그런데 하나님은 우리 마음에 손을 얹으시며 말씀하신다.

"내가 바로 여기에 있단다."

예수님은 하나님이 어떤 분이신지 우리에게 보여주시고, 어떻게 살며 사랑해야 하는지 가르쳐주시며, 자신만이 할 수 있는 일을 하시려고 이 땅에 오셨다.

받기에 고통스러운 선물

해마다 크리스마스가 되면 전세계 교회에서는 꼬마들이 잠옷을 걸치고는 맨 처음의 크리스마스를 재현한다. 목동들이 구유를 둘러싸고 부모들이 사진을 잘 찍을 수 있는 자리에 서려고 경쟁하는 사이에 동방박사들이 선물을 들고 들어온다. 교회 행사의 일정상, 이 연극은 한 시간이 되기 전에 끝난다. 하지만 실제로는 그렇지 않았다.

마태복음을 보면 그리스도가 탄생하고 동방박사들이 찾아오기까지는 시간적 간격이 있었던 것 같다. "집에 들어가 아기와 그 모친 마리아의 함께 있는 것을 보고 엎드려 아기께 경배하고 보배합을 열어 황금과 유향과 몰약을 예물로 드리니라."(마태복음 2: 11)

그때는 마리아와 요셉과 아기 예수가 마구간이 아닌 집 안에 있었다. 예수님이 태어나던 날 밤에 그를 지칭한 말은 희랍어로 '아기'를 뜻하는 '브레포스brephos'라는 단어였지만, 동방박사가 찾아왔을 때는 '어린아이'라는 의미의 '파이디온paidion'이 쓰였기 때문이다.

마리아는 자신에게서 태어난 이 아이가 평범한 아이가 아님을 알고 있었다. 천사가 그런 사실을 알려주었고 갓난아기에게 젖을 먹이고 있을 때에 찾아온 목동들의 기이한 이야기를 들으며 다시금 확신을 갖게 되었다. 그러나 하루가 지나고 한 주일이 지나자 모든 것이 일상으로 다시 돌아왔고 이제 다시 집으로 돌아왔다. 아기 예수가 한 마디씩 하기 시작했고 걸음마를 시작했을지도 모른다. 마리아는 모든 젊은 엄마들이 그러하듯이 희망과 꿈에 부푼 엄마였을 것이다. 바로 그때에 동방박사들이 찾아온 것이었다.

마리아가 그들의 선물을 받는 장면을 상상해본다. 동방박사들이

준 황금 선물에 마리아는 감동을 받고 놀랐을 것이다. 황금 선물은 그 방 안에 자신들보다 더 위대한 자가 있음을 상징하는 것이었다. 유향은 값비싼 향수였기에 감사하게 받았을 것이다. 하지만 몰약을 선물로 내밀었을 때는 깜짝 놀라 움찔하지 않았을까? 이미 정해져 있는 아들의 운명을 생각하며 충격받은 표정을 애써 감추려고 하지는 않았을까? 몰약은 아라비아 지역에서 발견되는 나무의 추출액으로 값비싼 향신료이자 향수였지만 또한 미라를 만드는 데 이용된 마취제의 일종이었던 것이다.

어린아이에게 주는 선물치고는 얼마나 이상한 선물인가! 몰약은 예수님이 십자가에 달리시기 직전에 다시 한번 받음직했을 선물이었다. 자애로운 여인들이 십자가에 달리는 사람들에게 몰약을 주곤 했는데 그 이유는 몰약이 마취제의 역할을 했던 것이다.

그러나 예수님은 고통을 덜어줄 몰약을 마시지 않았다. 자기 앞에 닥치는 고통을 고스란히 받으셨던 것이다.

예수를 끌고 골고다라 하는 곳(번역하면 해골의 곳)에 이르러 몰약을 탄 포도주를 주었으나 예수께서 받지 아니하시니라. 십자가에 못 박고 그 옷을 나눌새 누가 어느 것을 얻을까 하여 제비를 뽑더라.

마가복음 15: 22–24

그가 채찍에 맞음으로 우리가 나음을 입었다.
다시는 우리가 외롭지 않게 하기 위해 예수님은 십자가 위의 외로움을 한 몸에 받으셨다.
그가 징계를 받은 것은 우리의 죄 용서를 위함이었다.

그가 상함으로 우리가 온전케 되었다.

그가 죽음으로 우리가 사함을 받았다.

그가 부활함으로 우리가 영생의 소망을 누린다.

그의 상처가 우리를 치유하신다.

매일의 양식

2003년에 우리 집에서 얼마 떨어지지 않은 곳에 대형교회가 세워졌
다. 그 해 여름의 어느 주일에 우리는 자명종 소리를 못 듣고 늦게 일
어나고 말았다. 교회에 가려고 서둘렀지만 정각에 도착하기에는 이미
늦어버렸다.

"근처에 있는 새 교회에 한번 가보는 건 어때요?" 내가 남편에게
제의했다. "그러면 예배시간 전에 갈 수 있을 거예요."

배리도 그러자고 했고 우리는 예배가 막 시작될 무렵에 도착할
수 있었다. 그날은 마침 성찬예배였다.

"엄마, 저도 먹어도 돼요?" 크리스가 물었다.

"그럼, 물론이지. 자기 삶을 예수님께 드린 사람이면 누구나 참
여할 수 있는 잔치니까." 내가 대답했다.

작은 빵조각이 담긴 바구니가 손에서 손으로 전해져 자기 앞까지
오자 바구니를 내려다보는 크리스의 얼굴에는 '무슨 잔치 음식이 이
래?' 하는 표정이 역력했다.

우리가 함께 떡을 뗄 때 목사님은 이 순간이 우리의 삶 가운데 늘
함께할 것을 권면했다. 예수님이 우리를 위해 자신의 몸을 주심을 매
일 기억하라는 말씀이었다. 그리스도와 얼굴을 마주하고 만나는 순간

까지, 도무지 이해할 수도 없을 만큼 우리를 사랑하시는 상처 입은 치유자를 따르는 삶을 사는 것이 참다운 그리스도인이다.

하지만 일상의 분주함 속에서 이를 잊어버리기가 십상이기에 나는 저녁상에 빵을 놓거나 아침에 토스트를 구울 때마다 잠시 동안 나를 위해 자신의 몸을 내어주신 그리스도를 기억하려고 노력한다. 또한 가족이 함께하는 식사시간마다 시간을 떼어 우리의 상한 마음을 치유하시기 위해 예수님이 자신의 몸을 버리셨다는 것을 잊지 않으려고 하는 것이다. 우리의 삶에 어떤 일이 일어난다 해도 그 사실에는 변함이 없을 것이다.

> 저희가 먹을 때에 예수께서 떡을 가지사 축복하시고 떼어 제자들에게 주시며 가라사대, 받으라 이것이 내 몸이니라 하시고, 또 잔을 가지사 사례하시고 저희에게 주시니 다 이를 마시매 가라사대, 이것은 많은 사람을 위하여 흘리는 바 나의 피, 곧 언약의 피니라. 마가복음 14: 22-24

> 그가 상함으로 우리가 온전케 되었으며 우리의 빈 잔을 채우기 위해 그는 자신을 내놓았다.

돈 없으면 공짜!

2003년에 유치원을 졸업하던 크리스는 신이 나서 말했다. "이제 나는 더 이상 유치원생이 아니에요. 이제 일학년이라니까요!"

방학이 시작되는 첫날에 내가 크리스에게 무엇을 하고 싶은지 묻자 아들은 이렇게 대답했다.

"레몬주스를 만들어서 팔고 싶어요, 엄마. 이제 여름도 시작되니까 돈을 좀 벌어야겠어요."

"돈을 벌어서 뭐 하려고?" 내가 물었다.

"지금 당장은 모르지만 아마 쓸 데가 생길 거예요."

우리는 쓸 데가 생길 때를 대비해서 레몬주스를 팔기로 했다.

나는 레몬주스를 만들고 크리스는 광고문을 만들었다.

"뭐라고 써야 해요?" 크리스가 물었다.

"뭐라고 쓰고 싶은데?"

아들은 잠시 동안 머뭇거리더니 이렇게 말했다.

"크리스의 딜럭스 레몬주스. 단돈 1달러. 리필은 공짜."

"괜찮은걸." 내가 격려했다.

우리는 모든 것을 뒷마당으로 가져갔다. 우리 집의 뒷마당은 여덟 홀짜리 골프 코스와 맞닿아 있어서 목마른 손님들을 끌기에 제격이었다. 크리스는 어린이용 테이블과 의자를 갖다놓고는 잘 보이도록 그 위에 광고문을 놓았다. 지나가는 골프 손님들이 매우 고마워하며 레몬주스 몇 잔을 사 마셨다. 그 다음에는 목마른 어린이 손님 두 명이 왔는데 돈이 없었다. 그러자 크리스가 말했다.

"아무래도 광고를 고쳐야겠어요."

광고 문구는 이렇게 바뀌었다.

"크리스의 딜럭스 레몬주스. 단돈 1달러. 돈 없으면 공짜!"

바로 그렇게 우리는 그리스도께로 간다. 목이 말라 죽을 지경이지만 우리에겐 한푼도 없다. 우리는 스스로를 결코 돕지 못한다.

너희 목마른 자들아,

물로 나아오라.

돈 없는 자도 오라.

너희는 와서 사 먹되,

돈 없이 값없이 와서

포도주와 젖을 사라. 이사야 55: 1

우리의 노래

2004년도에 나온 내 앨범의 타이틀곡 '그가 열쇠를 지니셨네'는 이 책의 메시지와 그리스도의 약속을 담고 있다. 이 노래말은 우리가 지옥과 사단의 거짓말로부터 구원받았음을 전하며 예수님 외에는 아무도 모르는 마음의 상처에서 드디어 자유로워졌음을 기뻐하는 내용이다.

사망은 하늘의 구름을 깜깜하게 뒤덮고

인자가 죽어 누워 계시네

내리치는 못에 박힌 채

천둥소리가 지옥까지 울려 퍼지네

사망의 메마른 태중에 포로들의 통곡이 있어 가로되

만일 그가 죽으면 누가 있어 우리를 자유케 하리오?

그의 무덤은 지옥으로 가는 문이 되었네

모든 인간의 죄를 지러 가는 길

사망과 무덤을 이기는 열쇠를 들고서

모든 포로를 풀어주시네

사망의 메마른 태중에 포로들의 통곡이 있어 가로되

일어나라, 우리의 구원이 가까웠도다!

그가 열쇠를 지니셨네

그가 열쇠를 지니셨네

비록 포로였으나 마침내 자유케 되었네

그가 열쇠를 지니셨네

지옥의 문에 이제 대항한다네

족쇄가 내 손목을 찢었으나

이제는 땅으로 떨어졌나니

더 이상은 죄에 얽매이지 않으리

사망의 메마른 태중에 포로들의 통곡이 있어 가로되

나를 묶었던 거짓의 쇠사슬이 풀렸네

그가 열쇠를 지니셨네

그가 열쇠를 지니셨네

비록 포로였으나 마침내 자유케 되었네

그가 열쇠를 지니셨네

당신을 멀리 있게 했던 모든 것들로부터

매일매일 당신을 눌렀던 모든 것들로부터

아무도 모르게 당신의 영혼을 잔인한 질병처럼 파먹었던 상처로부터

그가 우리를 자유케 하셨네. 그가 열쇠를 지니셨네!

우리 주 예수님,

당신께서는 저를 위해 자신을 버리신 하나님의 어린양이십니다. 주께서는 이 모든 것들을 잘 알고 계시기에 이제 제 모든 상처와 상함을 당신께로 가져옵니다. 저를 자유케 하고자 사망과 지옥의 모든 고통을 감당하심에 감사드립니다. 제 상처를 주님께 드립니다. 제 자신을 주님께 드립니다. 예수님의 이름으로 기도합니다. 아멘.

내 삶을 위한 적용 — APPLICATION POINTS

- 십자가 형벌에 관한 내용 중 어떠한 점이 당신에게 새롭거나 특별하게 다가오는가? 그 이유는 무엇인가? 그 엄청난 장면 속에서 당신을 향한 하나님의 사랑의 증거를 발견할 수 있는가?
- 그리스도의 탄생에 관한 내용 중 어떠한 점이 당신에게 새롭거나 특별하게 다가오는가? 그 이유는 무엇인가? 그 경이로운 장면 속에서 당신을 향한 하나님의 사랑의 증거를 발견할 수 있는가?
- 천사에 관한 이야기 중에서 당신을 향한 하나님의 사랑의 증거를 발견할 수 있는가?
- 하나님은 어떠한 방법으로 당신에게 내가 여기에 있노라고 말씀하고 계시는가?
- 상처 입은 치유자에게 당신의 어떤 상처를 내어놓기를 원하는가?

믿음과 육신의 치유

여호와여, 주는 나의 찬송이시오니 나를 고치소서.
그리하시면 내가 낫겠나이다.
나를 구원하소서, 그리하시면 내가 구원을 얻으리이다.

• 예레미야 17: 14 •

나의 사랑하는 자와 나의 친구들이 나의 상처를 멀리하고
나의 친척들도 멀리 섰나이다.

• 시편 38: 11 •

〈700 클럽〉의 공동 진행자였을 당시에 한 라디오 방송으로부터 치유를 주제로 한 토론에 패널로 나와달라는 초대를 받은 적이 있다. 당시 패널은 교단이나 경험이 매우 다양한 사람들로 구성되었다. 패널의 실명은 말할 수 없다. 하지만 그날의 경험에 대한 내 생각을 한마디로 결론짓자면, 치유에 대한 아주 많은 견해들이 제시되었다는 것이다.

한 토론자는 만일 우리가 육신의 질병에서 고침을 받지 못한다면 그것은 우리 삶의 죄 때문이라고 말했다. (나는 그 견해에 동의하지 않았다!) 다른 토론자는 하나님은 더 이상 치유를 행하시지 않으며 그것은 그리스도와 사도 시대에만 있었던 일시적인 선물이었다고 단언했다. 또 다른 토론자는 하나님은 특정 장소, 특정 시간에만 우리를 고치신다고 말했다. 그러므로 치유는 상황적이라는 것이다. 만일 당신이 특정한 부흥사와 특정한 교인들을 만난다면 치유가 일사천리로 진행된다는 말이다. 그런데 만일 능장이라도 부리다가 그 때를 놓쳐 버리면 치유의 희망은 물 건너가는 것이라고 했다.

나는 어떠한 토론자에게도 동의하지 못했다. 내 경험은 하나의 이론으로 정연하게 설명할 수 있는 것이 아니었다. 어느 때는 마침내 하나님이 역사하시는 법에 대해 깨달았다고 생각했다. 하지만 바로 다음 순간에 일어난 사건으로 인해 그 이론이 언제나 적용되는 것은 아니라는 것을 다시금 깨닫곤 했던 것이다.

나는 오늘날에도 하나님께서 병을 치유하심을 믿는다. 그래서 우리가 병에 걸리면 서로의 치유를 위해 기도하는 것이 우리의 특권임을 믿는다. 그렇게 하는 것은 하나님의 명령이기도 하다. "너희 죄를 서로 고하며 병 낫기를 위하여 서로 기도하라. 의인의 간구는 역사하는 힘이 많으니라."(야고보서 5: 16)

이 구절을 보면 서로 죄를 고하는 것과 기도는 연결되어 있다. 다시 말하면 때때로 내 죄를 당신에게, 당신 죄를 내게 서로 고백할 필요가 있으며 또한 서로를 위해 기도해야 한다는 말이다.

나는 육신의 병을 치유하시는 하나님의 능력을 믿는다. 그렇지만 또한 하나님이 하실 수 있는 치유를 자신들이 하는 것처럼 약속하는 사람들로 인해 오히려 마음과 몸이 더 상처를 입을 수 있다는 사실도 알고 있다. 암이나 불치병을 앓고 있는 사람 앞에 하나님이 나타나서 고쳐주는 것과 같은 멋지고도 극적인 장면은, 우리가 원하는 만큼 혹은 어떤 이들이 주장하는 것만큼 자주 일어나지는 않기 때문이다.

공허한 약속

나는 1980년대에 하와이에서 열린 한 기독교 축제에 초대를 받아 참여한 적이 있다. 젊은이들을 선교현장에 내보낼 준비를 하기 위한, 음악과 세미나로 이루어진 3일간의 집회였다. 참가자들 중에 내가 가장 감명을 받은 사람은 휠체어에 몸을 의지한 한 젊은이였다. 그는 똑똑하고 잘생겼으며 유머감각이 놀랍도록 뛰어난 한편 농구를 아주 잘했다. 그는 자신이 어렸을 때부터 휠체어를 타게 되었다고 말했다.

그를 샘이라고 하자. 샘은 다리를 전혀 쓰지 못했다. 샘의 다리는 우리가 이 타락한 지상에 망가진 인생을 사는 존재임을 상기시켜주는 듯이 몸통에 매달린 채로 있었다. 그런데도 그에게는 자기 연민이 없었다. 닫힌 문 뒤에서 아무도 보지 않을 때와 어떤 특정한 순간에는 그도 분노와 고통을 경험했겠지만, 그런 감정이 그의 인생을 지배하거나 농구장에서 그를 멈칫거리게 만들지는 못했다.

집회의 마지막 저녁의 주 강사는 치유 사역으로 잘 알려진 부흥강사였다. 나는 하나님께서 어떻게 역사하시는지 보고 싶었다. 그때까지만 해도 병자를 위해 기도하는 사람을 본 적이 없었기 때문에 적잖이 흥분되었다. 찬양을 몇 곡 하고 마이크를 주 강사에게 넘겨주었다.

그리고 나는 그의 첫마디에 충격을 받았다. "오늘밤 하나님께서 이 자리에 모인 모든 사람을 고치실 것입니다. 오늘밤 모든 사람이 고침을 받을 것입니다."

그 순간, 내 머리에 떠오른 유일한 사람은 샘이었다. 나는 뛸 듯이 기뻤다. 샘이 날리는 덩크 슛을 볼 날이 기다려졌다! 나는 그날 밤 샘이 치유를 받으리라고 확신했다. 믿을 만한 사람이었던 그 강사가 온전한 확신을 가지고 하나님의 치유 역사를 선포했기에 나는 조금도 의심하지 않았다. 그 강사는 한 시간 가량 말씀을 전했고 이어서 병자를 위해 기도하기 시작했다. 사람들은 줄을 지어 연단으로 나왔다. 어떤 이들은 무릎을 꿇었고 어떤 이들은 서서 속으로 기도했고 어떤 이들은 나처럼 흐느껴 울었다.

집회장에는 너무나 많은 사람들이 있었기에 나는 샘을 보지 못했다. 샘이 뒤편 어딘가에 있다는 것을 알았지만 그 강사가 모든 사람이 치유를 받으리라고 했기에 조금도 걱정하지 않았다. 어디에 앉아 있거나 연단에 가깝거나 상관없이 하나님은 샘을 보실 수 있는 분이기에 염려가 되지 않았다.

집회가 끝나자 그 강사는 재빨리 집회장 밖으로 안내되어 기다리고 있던 차를 타고 호텔방으로 돌아갔다. 사람들이 흩어지기 시작하자 나는 샘을 찾았다. 사람들이 거의 다 떠난 후에야 그를 발견했다. 우리의 눈이 마주쳤고 나는 모든 사람들이 떠날 때까지 기다렸다가 집회장 뒤편으로 걸어가서 휠체어 옆 잔디밭에 앉았다.

"저보다 더 실망하신 표정이시네요."

그가 먼저 입을 열었다.

"어떻게 그런 말을 할 수 있어요?" 내가 반문했다. "아직 휠체어에 앉아 있는 사람이 누군데요."

"쉴라, 저는 하나님께서 저를 한순간에 고치실 수 있다는 걸 알아요. 하나님이시잖아요! 모든 것을 다 하실 수 있어요. 그렇지만 하나님께선 지금까지는 저를 고쳐주시지 않았어요."

"하지만 아까 그 사람은 모든 사람이라고 했잖아요! 모든 사람이 나을 거라고 했어요. 그 사람이 탄 차를 가로막고 못 가게 한 후에 치료를 받거나 최소한 그 사람에게 사과를 받거나 아니면 잘못을 시인하게 했어야 옳아요!"

나는 화가 났고 슬펐으며 혼란에 빠진 상태였다.

그가 쓴웃음을 지으며 말을 이었다.

"저는 모든 사람들의 실험대상이었답니다. 신유의 은사를 시험하고 싶은 많은 이들이 저를 거쳐갔지요."

"화나지 않아요?"

"처음에는 그랬죠. 슬프기도 했고요. 하지만 지금은 아니에요. 제가 믿는 것은 하나님이지 사람이 아니니까요. 만일 내가 그 강사에게 자신이 한 말과 현실 사이의 모순점을 지적하며 따지면 무슨 대답을 들을지 뻔해요."

"어떤 대답인가요? 자기가 거짓말을 했거나 우리를 속인 것이 뻔한데요."

"마음속에 남아 있는 죄나 용서받지 못한 것이 있어서 내가 고침을 받지 못했다고 말할 것이 뻔해요. 잘못은 자신에게 있는 것이 아니라 내게 있다는 말이죠. 하지만 중요한 것은 이미 내가 그를 용서했다는 사실이랍니다."

(부연을 하자면, 그 다음 날 나는 그 강사를 공항에서 마주쳤는데 그가 내게 오더니 내 배 위에 자기 손을 얹고는 뱃속에 있는 아기를 하나님이 축복해주실 것을 큰 소리로 기도했다는 사실이다. 만일 그 아이가 진짜로 있었다면 지금쯤 아마 스무 살은 되었을 것이다!)

그때의 기억은 계속해서 내 뇌리 속에 머물렀다. 라디오 방송의 토론에 참석했던 그날 밤 내 생각 속에는 샘이 있었다. 우리는 치유에 관한 모든 문제들에 관해 토론을 했으며 진행자가 청취자로부터 전화

질문을 받기 시작했다. 질문들은 내 가슴을 아프게 하기에 충분했다.

"우리 애가 백혈병으로 죽었어요. 나는 남편이 술을 마시기 때문에 그런 일이 있었다고 생각해요. 그래서 남편과 헤어지려고 하는데 옳은 결정이라고 생각하세요?"

"저는 지금 방사성 치료를 받고 있는데 아무런 효과가 없는 것 같아요. 아직 고백하지 않은 죄가 있는지 곰곰이 생각해봤는데 떠오르질 않아요. 어떻게 하면 좋을까요?"

"어떤 사역기관에 헌금을 보냈더니 지갑 위에 올려두면 하나님께서 재정을 축복해주실 거라며 천 같은 것을 보내왔는데 효과가 없어요. 제가 사용방법을 몰라서 그럴까요?"

"우리 목사님은 내가 남편과 헤어졌다는 이유로 교회에 오지 말라고 했어요. 하지만 남편은 저와 아이들을 상습적으로 구타했답니다. 왜 하나님께서는 오히려 제게 화를 내시나요?"

"제가 골수암에 걸렸어요. 치유를 위해 기도하고 또 기도했지만 검사결과는 마찬가지였어요. 어쩌면 기도할 때 무릎을 꿇지 않아서 하나님이 듣지 않는가 하고 무릎을 꿇다가 그만 허리뼈가 부러졌어요. 이제 더 이상 어떻게 해야 할지 모르겠어요."

전화는 끊임없이 울려댔다. 그들이 가진 공통점은 자신들이 무언가 잘못하고 있음이 분명하다는 확신이었다. 자녀와 남편과 사랑하는 사람이 아픈 것이 자신의 탓이라는 생각은 얼마나 더 큰 고통을 가져다줄 것인가. 만일 당신이 요술 암호를 똑바로 대기만 하면 하나님께서 들으시고 응답하실 터인데 말이다. 그날 밤 내가 알게 된 것은 하나님을 사랑하면서도 복음의 핵심을 완전히 잘못 이해할 수도 있다는 사실이었다.

우리는 하나님이 상처받고 길 잃은 백성들을 내려다보시며 긍휼한 마음을 품으셨다는 놀랍고도 기쁜 소식을 듣지 못했을 수도 있다. 하나님은 스스로를 구할 수 없는 우리를 보시고 모든 허물을 대신하기 위해 그리스도를 보내셨다. 예수님은 광야에서 사단의 유혹을 받으심으로써 우리가 무방비 상태로 사단을 만나지 않게 해주셨다. 예수님은 빌라도의 법정에서 고통 중에 무릎을 꿇으심으로써 우리가 고통 중에 있을 때 주께서 함께하심을 믿고 일어설 수 있게 하셨다. 십자가에서 전적인 고립을 감당하심으로써 당신과 내가 결코 홀로 있지 않도록 하셨다.

이처럼 하나님의 사랑은 우리의 선행에 대한 보상이 아니라, 아무런 조건 없이 거저 주시는 선물인 것이다.

왜 하나님은 어떤 사람은 고치시고 어떤 사람은 고쳐주시지 않는지 궁금할 수도 있다. 그것은 미스터리다. 우리는 그 이유를 모르지만 이미 상처를 가진 사람을 탓한다는 것은 결코 있을 수 없는 일이다. 우리가 분노, 쓴 뿌리, 용서하지 못하는 마음을 가지고 있으면 육체적·영적으로도 영향을 받는다는 것을 나도 인정한다. "서서 기도할 때에 아무에게나 혐의가 있거든 용서하라. 그리하여야 하늘에 계신 너희 아버지도 너희 허물을 사하여 주시리라."(마가복음 11: 25)

분명한 사실은 우리의 몸과 마음은 매우 긴밀하게 연결되어 있어서 마음의 병은 몸에, 몸의 병은 마음에 병을 가져다준다는 점이다. 나는 함께 일을 하던 여성에게서 그런 증거를 보았다. 그 여성은 오랫동안 병든 어머니를 돌보아왔는데 무남독녀였기에 싫어도 어쩔 수가 없었다. 그 일은 그녀가 억지로 짊어진 짐이었던 것이다. 나는 그녀의 입에서 친절한 말이 나오는 것을 들은 적이 없다. 자기 주위의 모든 사람과 모든 것을 비판하는 말만 했다. 결국 그녀의 몸은 관절염으로 인해 온통 뒤틀려 있는 채로 죽음을 맞았다. 마치 마음속의 상태를 온몸이 반영하기라도 하듯이 말이다.

그렇다고 관절염을 가진 사람은 모두 다 마음이 뒤틀려 있다고 오해하지 말기를 바란다! 하지만 그녀의 경우에는 입에서 독설이 한마디 나올 때마다 몸이 그에 맞추어 뒤틀리는 듯했다. 용서하지 못함과 쓴 뿌리가 우리에게 나쁜 영향을 미치는 것은 확실하지만 이미 고통 중에 있는 사람에게 하나님으로부터 받는 벌이라고 말하는 것은 잔인한 행동이다.

당신도 그런 말을 들은 적이 있는가?

어째서 하나님은 다른 사람의 기도는 들으시면서 당신의 기도는 듣지 않으시는지 의아했던 적이 있는가?

자신의 믿음을 의심하면서 무엇이 잘못되었는지 찾아본 적이 있는가?

모든 방법을 다 해보고, 즉각적인 희망을 주는 말이라면 다 따라서 해봤지만 오히려 더 큰 실망만 경험한 적이 있는가?

'기도가 무슨 소용이람? 어차피 하나님 마음대로 하실 텐데'라는 생각으로 기도를 포기한 적이 있는가?

치유를 위한 간절한 부르짖음

간암 진단을 받았을 때 우리 시어머니는 가족이 곁에 있는데도 겁에 질렸다. 겨우 육십 대였던 시어머니는 크리스를 끔찍이 사랑했던 할머니였다.

나는 시어머니를 모시고 내시빌에 있는 암 전문의에게 가서 치료 과정에 대한 설명을 들었다. 우리 시아버지는 알고 싶어하지 않았고, 또 남편에게는 너무 감당하기 어려운 일이었던 것이다. 시어머니와 나는 모든 검사결과를 앞에 놓고 있는 한 의사에게로 안내되었다.

"사실대로 말씀해주세요."

시어머니가 말문을 열었다.

"방사성 치료를 좀더 받으셔야겠습니다. 치료를 받으면 시간을 좀더 벌 수 있지만 아시다시피 구토증세가 동반될 겁니다."

의사가 설명했다.

"완치될 가망은 없나요?"

시어머니가 물었다.

"없습니다."

나지막하면서도 친절한 목소리로 의사가 답했다.

"길어야 2년 정도 더 사실 겁니다."

우리 부부는 할 수 있는 모든 것을 다 했다. 기독교 방송계의 연줄을 다 동원해서 신유의 은사로 유명한 사람과 집회라면 어디든지 모시고 다녔지만, 의사를 만난 이후 거의 2년이 되던 날 시어머니는 세상을 떠났다.

어쩌면 당신이나 당신의 가족 중 누군가도 이 같은 경험을 했을지 모른다. 하나님이 들으시고 응답하실 것을 믿으며 기도하고 또 기도한 경험 말이다. 2003년에 나는 한 친구를 잃었는데 그녀는 숨이 넘어가는 마지막 순간까지도 하나님이 간섭하셔서 치유해주실 것이라고 굳게 믿었다. 그녀의 남편 역시 그렇게 믿었다. 내 친구는 예수님의 품 안에서 깨어났겠지만 친구의 남편은 어쩌란 말인가? 매일 아침 홀로 깨어나고 매일 밤마다 아내의 자리로 팔을 뻗어보지만 아내의 빈자리만 더 크게 다가올 것이다. 그 경험이 장차 그의 기도에 어떠한 영향을 미치게 될 것인가?

내 삶으로 돌아와 만일 남편이나 내가 암에 걸린다면 시어머니가 했던 경험을 반복할 것인가? 아니면 하나님께서 치유하시리라는 믿음이나 소망을 포기할 것인가? 어쩌면 나는 우리 시어머니가 했던 전철을 밟을 것이다. 그것은 이제는 우리가 요술 공식을 재정비했다는 말이 아니라 하나님만이 치유에 대한 결정을 하는 분임을 믿으며 우리가 할 수 있는 모든 것을 하겠다는 의미이다. 하나님은 특정 시간에 특정 장소에 있는 특정 교회에 갔기 때문에 우리를 치료하시는 분이 아니다. 혹은 여섯 살 때 이웃집 고양이를 발로 찼던 것을 마침내 고백함으로써 하나님의 치유가 시작되는 것도 아니다.

결론은 모든 것이 하나님의 주권에 달려 있다는 것이다. 하나님은 모든 면에서 선하시며 사랑하시며 엄청난 분이시다. 우리는 하나님의 자비하심으로 기도를 들어주실 것을 간구하며 하나님께 나아가지만 우리 기도대로 응답하시는지에 상관없이 하나님을 경배한다. 나는 가벼운 마음으로 이 말을 하고 있는 것이 아니다. 사랑하는 사람을 잃는 것은 끔찍한 일이지만 그러한 순간에도 하나님께 의지하며 하나님의 사랑을 받아들여야 한다고 말하는 것이다.

열한 살 때에 그리스도인이 된 나는 이제 마흔여덟 살이 된다. 가족과 친구들을 천국으로 먼저 떠나보냈으며 하나님이 내가 원하는 대로 응답하지 않아서 정말로 암울한 시간을 보냈던 시절도 있었지만 이 말만은 할 수 있다. 나는 이전보다 더 하나님을 사랑하고 있다고.

도무지 이해할 수 없을 때라도 하나님은 내 곁에 계시네.

내 마음이 상했을지라도 하나님은 내 곁에 계시네.

기도가 눈물로 변해 내 발 아래 고여도 하나님은 내 곁에 계시네.

하나님은 당신의 모든 기도를 들으시며 당신을 사랑하신다네.

예수님이 당신을 사랑하신다네.

내가 배운 교훈은 하나님을 의지하는 것이다. 그것이 내 삶에 얼마나 큰 힘인지 말로 형용할 수조차 없지만 내가 지금 책을 쓰고 있는 만큼 한번 노력을 해보고자 한다!

조니 에릭슨 타다Joni Eareckson Tada는 내 절친한 친구 중의 하나이다. 그녀의 간증을 들은 적이 있는 독자라면 그녀가 십대 소녀 시절에 다이빙 사고로 전신불수가 되고 휠체어에 앉는 신세가 되었음을 잘 알 것이다. 그럼에도 조니는 내가 아는 한 가장 놀라운 여성이다. 우리의 우정은 음악으로 시작되었다. 만날 때나 전화를 할 때나 우리는 함께할 때마다 찬양을 한다. 내가 조니를 처음 만났던 것은 이십대였을 때 네덜란드에서 열린 한 집회에서였다. 조니는 멋진 여성 정장을 입고 있었지만 나는 가죽 바지에 하늘로 치솟은 머리모양을 하고 있었고 내 음악은 우리 어머니의 골칫거리였다. 비록 우리의 모습은 달랐지만 우리의 마음은 하나가 되었다.

몇 년이 지나 조니는 시카고에서 열린 자신의 모금집회에 나를 연사로 초청했다. 조니가 하는 많은 일 가운데 하나는 기금을 모아서 장애 어린이들을 캠프에 보내거나 휠체어를 살 돈이 없는 사람들에게 그것을 보내주는 일이었다. 그날의 집회는 그녀의 사역을 후원해준 사람들을 위한 일종의 감사축제 같은 것이었다.

집회가 끝난 후에 우리는 가족에 대한 그간의 소식들을 서로 나누었다. 그녀가 그날 밤에 한 말을 나는 결코 잊지 못할 것이다.

"쉴라, 어떤 의미에서 너는 나보다 더 불구일지도 몰라."

"무슨 뜻이야?"

조니의 말이었기에 그 대답 또한 심오할 것이라고 생각하며 내가 물었다.

"나는 내가 불구라는 사실을 잊으려야 잊을 수가 없잖아."

그녀의 말이었다.

"매일 내 삶이 내가 불구라는 사실을 상기시켜주니까 말이야. 내 손으로 머리를 빗을 수도, 코를 풀 수도 없잖아. 매사에 주님과 다른 사람들에게 의존해야 해. 하지만 너는 네 상처를 종종 알고는 있겠지만 잊어버리기가 쉬워서 네 혼자 힘으로 많은 것들을 할 수 있다고 착각할 때가 많겠지."

조니의 말은 정확했다. 내 삶 속에서 어떤 때는 내가 주님을 떠나서는 아무것도 할 수 없음을 안다. 하지만 일이 잘 풀려나갈 때면 나는 이렇게 생각하게 된다. 이제 무슨 일이라도 할 수 있겠어. 만사가 순조롭게 흘러가고 있잖아!

이 책을 쓰는 내게 하나님이 선물을 하나 주셔서 독자들과 나누려고 한다.

낙타에게 얻은 교훈

예의 그 커피전문점에서 노트북 컴퓨터를 두드리고 있을 때였다. 내가 앉은 쪽 테이블의 맨 끝에서 두 남자가 이야기를 하고 있었다. 글을 쓸 때면 나는 몰두를 하는 편이어서 주변에서 뭐라고 해도 잘 듣지 못한다. 하지만 가끔 그들의 대화에서 들려오는 한두 마디를 통해서 나는 그들이 그리스도인이라는 것을 알았다.

한 사람이 떠난 후에 남은 사람이 내 옆에 쌓인 책 더미를 보더니 이렇게 말했다.

"브레난 매닝의 책을 좋아하는 모양이군요."

"네, 맞아요. 아주 훌륭한 작가지요."

서로에 대한 간단한 소개를 마치고 몇 마디 더 이야기를 나누다 보니 우리에게는 공동의 친구들이 있었다. 자연스럽게 이야기가 그들에게로 옮겨갔다. 이야기를 끝내고 일어서서 나가던 그가 문 앞까지 갔다가 되돌아왔다.

내 앞에 온 그는 이렇게 말했다.

"하나님께서 당신과 나누라고 이런 말씀을 주셨어요. 이 구절은 일주일 동안 제 머릿속을 맴돌았는데 하나님께서 당신과 나누라고 하십니다. 바로 이 말씀이지요. '너의 행사를 여호와께 맡기라, 그리하면 너의 경영하는 것이 이루리라.'[잠언 16: 3]"

나는 정녕 하나님이 내게 주신 특별한 말씀이라는 감이 들어서 그 구절의 의미를 공부하기 시작했다. 이 구절에 나온 '맡긴다commit'라는 말은 매우 흥미롭다. 그 말의 히브리어는 '가랄galal'인데 '구르다, 굴러가다'라는 뜻이 있다. 이 말은 또 다음 구절에서도 쓰인다.

너의 길을 여호와께 맡기라

저를 의지하면 저가 이루시고

네 의를 빛같이 나타내시며

네 공의를 정오의 빛같이 하시리로다. 시편 37: 5-6

'가랄'이라는 말은 낙타가 짐을 내려놓는 방식을 표현할 때도 종종 쓰인다. 낙타는 두 단계로 짐을 내린다. 먼저, 무릎을 꿇고 왼쪽으로 몸을 굴리면 짐이 낙타의 등에서 떨어지게 되는 것이다. 우리의 마음에 새길 수 있는 멋진 그림이다. 하나님 앞에 무릎을 꿇되 거기서 멈추어서는 안 된다. 몸을 굴려서 우리의 등에 있는 짐을 떨어뜨려야 하는 것이다. 모든 짐, 내일에 대한 모든 염려를 주께 맡기면 주께서 그 모든 짐을 대신 지시고 우리를 축복하실 것이다. 지금 당신 앞에 닥친 문제가 무엇이든 간에 하나님 앞에 무릎을 꿇고 하나님의 은혜 속으로 굴러 들어가라.

하나님은 당신의 짐을 기꺼이 지신다. 더 이상 당신이 그 짐을 질 필요가 없다.

남편이 병들었는가? 무릎을 꿇고 그 짐을 하나님 아버지께 굴려드리라.

자녀 문제로 염려하는가? 무릎을 꿇고 그 짐을 하나님 아버지께 굴려드리라.

무슨 걱정거리가 있는가? 당신 삶의 모든 것을 주관하시는 하나님을 경배하며 무릎을 꿇고 짐을 굴려버리라.

내 친구 척 지라드Chuck Girard가 이런 노래를 써서 내게 주었다.

네 짐을 내려놓아라
네 짐을 내려놓아라
네 마음의 근심과 지친 생각과 짐을 내려놓아라.

이 땅에서의 삶의 여정에 관해서는 우리가 모르는 일이 많다. 하지만 우리가 아는 것은 이해가 가건 가지 않건 하나님은 언제나 우리와 함께 계신다는 사실이다.

무엇을 구하는가

교회에도 10년을 주기로 해서 새로운 유행이 오는 것 같다. 신유에 관한 한 1990년대도 예외는 아니었다. 하나님의 임재가 육체적으로 나타난다는 이야기들이 판을 치고 있었다. 어떤 교회에서는 교인들이 다른 사람을 위해 기도하고 있으면 몸에 황금가루가 생긴다고도 했다.

나는 언젠가 기독교 출판협회 전시회에서 이와 관련된 웃지 못할 경험을 한 적이 있다. 그날 예정된 인터뷰를 위해 화장을 하고 있을 때였다. 알고 보니 내가 늘 쓰던 로션을 집에다 놓고 온 것이었다. 있는 것이라고는 내가 여름에 다리에 바르던 반짝이는 펄 성분이 약간 가미된 자외선 차단제뿐이었다. 어쨌든 정장을 입으면 아무도 반짝이는 팔과 다리를 보지 못할 거라고 생각하고 나는 그 자외선 차단제를 발랐다. 전시장에서 전시 부스들을 지나가고 있는데 한 남자가 나를 가로막더니 몇 년 전에 〈700 클럽〉에서 나와 인터뷰를 한 적이 있다고 했다. 우리는 잠시 대화를 나눴고 그는 나를 위해 기도를 해주겠다고 했다. 내가 동의했다. 그러자 그가 말했다.

"제게는 남다른 은사가 하나 있어요."

"그게 뭔가요?"

내가 물었다.

"다른 사람들을 위해 기도할 때면 가끔씩 황금가루가 그들 몸에

생깁니다."

"정말이에요? 그럼 기도해주세요."

그가 기도를 마친 후에 내게 웃옷을 벗고 소매를 걷어보라고 했다. 그의 말대로 하자 부스의 불빛에 반짝이는 내 팔이 드러났다. 나는 자외선 차단제를 발랐다는 사실을 그만 깜빡했던 것이다.

"보세요! 제 말이 맞죠?"

그가 확신에 찬 어조로 말했다.

나는 차마 내 몸의 반짝임이 자외선 차단제 때문이라고 말해주지 못했다.

하나님을 갈망하자

우리가 증거와 이적과 신유의 기적을 찾고 있든지, 혹은 상한 영혼의 연고제를 찾고 있든지 간에 그 모든 이면에는 하나님을 갈망하는 마음이 있다. 인정하지 않을지 모르지만 우리는 모두 하나님과 친밀한 교제 안에 살게끔 창조되었기 때문이다. 그래서 우리는 가장 큰 욕구를 충족시킬 수 있다고 느껴지기만 한다면 그것으로 우리의 공허함을 채우려고 한다. 역시 그 모든 이면에는 하나님이 우리의 삶 가운데 계시며 우리를 만지시기를 원하는 갈망이 존재한다.

하나님은 다양한 방법으로 역사하시며 하나님의 방법과 생각은 인간 이성의 한계를 뛰어넘는 것임을 나는 익히 잘 알고 있다. 하지만 나를 괴롭히는 것은 우리가 하나님을 갈망하기보다는 하나님이 어떻게 행하실 것인가를 더 구한다는 사실이다. 우리가 하나님의 얼굴보다 하나님의 손길을 더 많이 구한다는 점이 나를 아프게 한다.

당신 입 속의 모든 이가 황금으로 변한들 마지막에 가서 무슨 유익이 있겠는가? 우리에게 필요한 것은 마음의 수술인 것이다. 우리는 상한 마음을 치유받을 필요가 있다. 하나님은 육체를 치유하실 수 있지만 마음이 여전히 고통과 쓴 뿌리와 실망으로 가득하다면 엑스레이 화면에 나타나는 것만이 치유될 뿐이다.

하나님은 우리가 하나님을 갈망하며 구하기를 원하시며 무릎을 꿇어 우리의 짐을 당신께 굴릴 것을 바라신다. 우리가 스스로에게 줄 수 있는 가장 위대한 선물은 예수님과 사랑에 빠지는 것이다. 그 외에 삶의 모든 것은 일시적일 뿐이다. 오직 예수님과 함께하는 삶만이 영원한 의미를 지니는 것이다. 최신 풍조에 반해서 우리의 인생을 허비하지 말고 우리에게 반하신 하나님을 좇자.

하나님 아버지,
하나님이 저를 위해 행하시는 역사가 아니라 하나님만을 더 갈망하게 인도해주세요. 제 짐을 하나님께 내려놓고 그 품에서 쉬게 해주세요. 예수님 이름으로 기도합니다. 아멘.

- 하나님의 사랑은 우리의 선행에 대한 보상이 아니라 거저 주시는 선물이다. 사랑하는 사람이 아픈 것은 당신 탓이라는 잘못된 생각과 죄책감에는 어떤 것들이 있는가?

- 하나님이 어떤 사람은 고쳐주시고 어떤 사람은 고쳐주시지 않는 것은 미스터리다. 이 점에 대해 하나님께 하고 싶은 질문은 무엇인가? 이 문제를 해결했다면 어떠한 답을 얻었는가?

- 내가 원하는 대로 하나님이 응답하시지 않아서 정말로 암울한 시간을 보냈던 시절도 있었지만 나는 지금 이전보다 더 하나님을 사랑하고 있다. 이해가 가지 않아도 하나님은 내 곁에 계시며, 마음이 아파도 하나님은 내 곁에 계신다. 당신이 기도한 대로 하나님이 항상 응답해주지는 않았을 것이다. 실망스러운 대답을 받았음에도 하나님을 향한 당신의 사랑과 믿음이 더 굳건하게 되었다면 나누어보라.

- 내 친구 조니는 자기가 불구임을 결코 잊을 수 없지만 나는 잊어버릴 때가 많다. 조니가 지혜롭게 지적한 것처럼 나는 종종 내 상처를 알고 있지만 잊어버리기가 쉬워서 혼자 힘으로 많은 것들을 할 수 있다고 착각할 때가 많다. 언제나 주님이 필요하다는 것을 앎에서 오는 유익은 무엇인가? 어떨 때 그런 사실을 잊어버리는가? 만사에 하나님의 은혜에 의지해야 한다는 사실을 기억하기 위해 할 수 있는 것은 무엇인가?

- 이 땅에서의 삶의 여정에 관해서는 우리가 모르는 일이 많다. 하지만 우리가 아는 것은 이해가 가건 가지 않건 하나님은 언제나 우리와 함께 계신다는 사실이다. 상황은 변하지 않았지만 가족이나 친구가 함께 있다는 사실에서 힘을 얻은 적이 있는가? 당신이 원하는 방법이나 속도로 상황이 변하지 않을 때라도 하나님께서 함께하심으로 받은 축복이 있다면 나누어보라.

상처를 어떻게 치유할 수 있는가?

이 책을 한마디로 요약하라면 아마 선지자 예레미야의 기도가 될 것이다. 그의 기도는 필사적인 한 인간의 깊은 곳에서 나오는 통곡처럼 들린다. 예레미야는 하나님이 역사하지 않으시면 자신은 멸망한다는 것을 잘 알았던 사람이었다. 나도 그의 심정을 안다. 당신도 그런가?

"하나님, 하나님께서 역사하지 않으시면 저는 망하게 됩니다. 제 삶의 막다른 골목에 서서 갈 바를 알지 못하고 있습니다."

바로 그 막다른 골목을 경험한 적이 있는 한 여성을 소개하려고 한다. 앞서 그녀의 이야기를 나눈 적이 있다. 우리 모두의 자매라 할 수 있는 그녀의 삶이 우리에게 시사하는 바가 많을 것이다.

그녀의 이름은 마리아였다

희랍어로 마리아라는 이름의 의미는 '비통함과 슬픔'이라는 뜻이다. 그녀가 삶에서 겪어야 했던 그 모든 고통들을 생각해보면 어울리는 이름이라고 할 수 있을 것이다. 신약성경에서 그녀는 막달라 마리아라고 나온다. 막달라는 나사렛 예수의 나사렛이 출신지명인 것처럼 마리아의 출신지를 가리킨다.

막달라는 갈릴리 호수 연안에 있는 부촌으로 섬유와 염색산업이 발달한 곳이었다. 그래서 마리아는 경제적으로 넉넉했고 그리스도를 자유로이 따라다니며 섬길 수 있었던 것으로 보인다. 또한 다른 부유한 여성들과 연대하여 그리스도와 제자들이 돈 걱정 없이 사역을 할 수 있도록 지원해준 것으로 여겨지기도 한다.

하지만 마리아는 마음속에 온갖 고통을 지닌 여성이었다. 예수님을 만나기 전에 그녀는 고통으로 시달리고 있었다.

이후에 예수께서 각 성과 촌에 두루 다니시며 하나님의 나라를 반포하시며 그 복음을 전하실새 열두 제자가 함께하였고 또한 악귀를 쫓아내심과 병 고침을 받은 어떤 여자들 곧 일곱 귀신이 나간 자 막달라인이라 하는 마리아와. 누가복음 8: 1-2

많은 사람들은 마리아가 창녀였을 것으로 추측했다. 유대인의 탈무드에 따르면 막달라는 성적으로 문란하기로 악명이 높은 곳이었고 사실 그 때문에 망하기도 했었다. 사람들은 이 두 가지 사실을 유추해서 마리아에게 창녀라는 딱지를 붙였다.

하지만 그녀가 창녀였다는 증거는 거의 없는 반면 그렇지 않았을 것이라는 증거는 많다. 초대의 교부들이 남긴 기독교 공동체에 관한 기록에는 마리아에 관한 것도 있는데, 어디에도 그녀가 비도덕적인 여인이었다는 말은 없다. 오히려 존경받는 여인이었던 것으로 생각된다.

그런 마리아가 일곱 귀신에게서 놓임을 받았다. "예수께서 안식 후 첫날 이른 아침에 살아나신 후 전에 일곱 귀신을 쫓아내어주신 막달라 마리아에게 먼저 보이시니."(마가복음 16: 9)

마리아는 마음으로 괴로움과 고문을 당하고 있었다. 성경에 나오는 '일곱' 이라는 숫자는 완전한 수를 의미한다. 여기서 알 수 있는 사실은 그녀가 엄청난 괴로움을 당했다는 것이다. 그리스도께서 마리아를 보셨을 때 보기에도 끔찍한 모습을 하고 있었음이 분명했다. 귀신에 사로잡힌 눈, 머리는 헝클어지고 몸과 마음은 뒤틀려 있는 상태 말이다. 하지만 놀랍게도 예수님은 우리가 길거리에서 마주치면 피할 것 같은 여성을 본 것이 아니었다. 고통에 빠진 여인의 모습이 예수님의 눈에 들어왔던 것이다. 어떻게 그리스도는 이 고통 중에 있는 여인에게 평안을 가져다주셨을까? 도움을 주려는 사람을 불시에 공격할 수도 있는 사람에게 어떻게 가까이 갈 수 있었을까?

마리아가 어떻게 해서 그런 지경에 이르게 되었는지 우리는 알 수 없다. 어릴 때 당한 성폭행 때문이었을까? 남자한테 실연을 당해 마음이 갈기갈기 찢어졌을까? 어째서 사단에게 사로잡히게 되었을까? 당신은 그녀의 고통에 동감하는가? 아무도 도와줄 수는 없음을 알았기에 사람들을 멀리하면서도 누군가에게 도움을 요청해야만 하는 그녀의 심정을 나는 이해할 수 있다.

무덤가의 남자

마리아를 닮은 남자가 있었다. 그는 무덤가에서 살며 돌로 자기 살을 찢어서 피가 나는 것을 확인하며 자신이 아직도 살아 있는지 확인을 해야 했다. 내 친구 밥 베넷Bob Bennett이 쓴 '무덤가의 남자'라는 노래에는 자신도 어찌할 수 없는 마음의 고통이 잘 표현되어 있다. 그 노래를 처음 들었던 것은 10년 전이었는데 지금도 나는 눈물 없이는 그 노래를 부르지 못한다.

> 이 무덤 아래에 내가 있네
> 희미한 살과 피의 기억을 가진
> 내 태를 저주하고 내 무덤을 축복하네
> 잃어버린 내 마음에는 구원이 없네
> 날 두려워하는 이들처럼 나도 두렵고
> 내가 상처 입힌 자들의 고통을 나도 느끼네

마리아가 바로 그런 기분이었으리라. 그녀를 아끼던 사람들이 도우려고 했을 것이 틀림없지만 도우려는 손길을 뿌리친다면 어찌 도울 수 있단 말인가?

당신도 그런 경험이 있는가?

도움을 갈망하면서도 도와주려는 손길을 뿌리친 적이 있는가?

너무나 오랫동안 아프면서 유익도 안 되는 도움의 손길에 오히려 지친 적이 있는가?

어쩌면 예수님을 대면하기까지 마리아가 그랬는지도 모른다.

바닷가를 따라

두 사람의 발자국이 만나네

한 사람이 비명을 지르고

다른 사람이 말을 시작하네

한순간 말 한 마디에

악령이 천둥소리를 내며 떠나가고

무덤가의 남자는 큰 소리로 하는 말을 듣네

내 너에게 사망을 넘어 생명을 주리니

네 마음을 고치고 너를 구원하러 왔노라

두려워 말며 무서워 말라

애통한 내가 네 이름을 아나니

내가 네 죄를 대신 짐으로

내 몸에 흔적을 가지리니

아무도 널 만지지 못하나 나는 하나니

나는 하나님의 아들이라

자신을 괴롭히던 사단에게서 놓임을 받은 후 마리아는 가장 헌신적인 그리스도의 추종자가 되었다. 예수님과 함께 다니던 여인들의 이름이 나올 때면 늘 예수님의 어머니나 이모의 이름, 혹은 그녀의 이름이 제일 먼저 나왔다. 그녀의 이름이 놓이는 자리는 그녀가 여성들 중에서 존경받는 리더였음을 말해주고 있다.

예수님은 이 마을에서 저 마을로 돌아다니는 삶을 사셨기에 예수님을 섬기던 마리아와 다른 여인들도 예수님을 따라 돌아다녔다. 예수님이 갈릴리에서 예루살렘으로 가시던 마지막 여행길에도, 빌라도의 법정에서 사형선고를 받을 때에도, 십자가 아래에서도, 언제나 예수님이 계신 곳에는 그녀가 함께했다. 예수님을 만나기 이전의 마리아는 미친 여자로 언제 어디서 통제 불가능한 상태가 될지 모르는 사람이었다. 그러나 그녀의 지옥 속으로 하나님의 어린양이 들어오셔서 풀어주셨다. 그런 그녀가 지켜보는 가운데 어린양의 진짜 피가 몸에서 떨어지고 있었다. 마리아는 예수님이 진정 누구인지 아는 몇 안 되는 사람 가운데 하나였다.

마리아는 할 수 있는 한 십자가에 가까이 서 있었다. 그리스도의 통곡을 들었고 낮이 칠흑 같은 밤으로 변하는 것을 보았다. 그녀가 지켜보는 가운데 한 병사가 칼로 예수님의 옆구리를 찔러보며 죽었다고 선언했다. 루벤스Rubens의 역작, 〈그리스도의 매장Descent of the Cross〉은 예수님의 시신을 수습하는 아리마대 요셉, 니고데모, 글로바의 아내 마리아와 막달라 마리아, 이렇게 네 사람을 그린 그림이다.

부자였던 아리마대 요셉은 자신의 동산 무덤에 그리스도를 안치할 수 있도록 했다. 그들은 십자가에서 내려진 예수님의 시신을 고운 아마포로 싸고 그 동산의 무덤으로 모셨다. 무덤 안에 있는 선반 위에 시신을 올려놓고 마리아가 지켜보는 가운데 안식일이 시작되기 전에 서둘러 무거운 돌로 무덤 입구를 막았다. 무거운 돌이 입구를 막으며 그리스도의 몸이 어둡고 눅눅한 무덤 속에 남게 되자 마리아는 슬픔에 잠겨 앉아 있었다.

요셉이 시체를 가져다가 정한 세마포로 싸서 바위 속에 판 자기 새 무덤에 넣어두고 큰 돌을 굴려 무덤 문에 놓고 가니 거기 막달라 마리아와

다른 마리아가 무덤을 향하여 앉았더라. 마태복음 27: 59-61

그날 밤 그녀의 기분은 어떠했을까? 어둠 속에 갇혀 있던 자신을 자유롭게 해주신 바로 그분이 이제 어두운 무덤 속에 갇히게 된 것이다. 그녀가 위로해주는 사람 하나 없는 가운데 아기처럼 앞뒤로 몸을 흔들어 통곡하며 어둠 속에 홀로 앉아 있는 모습을 떠올려본다.

그는 어둠을 싫어해요

죽음이란 우리 인간 존재에 어울리지 않는 요소이다.

나는 시아버지가 돌아가시던 날 밤을 기억한다. 이전에 시신을 수습해본 적은 없었지만 마침 남편이 플로리다로 출장 중이었기에 나 말고는 아무도 없었다. 크리스와 나는 응급차를 따라갔다. 응급실의 당직 의사는 사망선고를 한 후에 시신이 있는 곳으로 나를 데려갔다. 그의 몸에는 아직 온기가 남아 있었다. 마치 우리 사이에 끝나지 않은 대화가 남아 있는 듯한 느낌이었다. 우리는 이번 크리스마스에 배리에게 어떤 선물을 줄까 의논하고 있던 터였고 올해에는 둘이서 같이 선물을 하기로 했었다. 내가 그 방을 나서자 이번에는 담당 간호사가 장례절차에 관해 물어왔다.

"무슨 말씀인가요?" 모든 것이 꿈 같은 가운데 내가 되물었다.

"시신에 관해 결정하신 바가 있으신가요?" 그녀가 말을 바꿔서 물었다.

"아니오!" 조금 놀라며 내가 물었다. "어떻게 해야 하지요?"

"정해놓으신 장의사가 있으신가요?" 그녀가 다시 물었다.

“없어요. 아마 남편은 장지를 시어머님이 묻히신 찰스톤으로 하고 싶어할 거예요.”

“좋아요. 그러면 이곳에서 시신을 수습할 장의사를 정해서 그곳까지 운구할 준비만 하면 되겠군요.”

나는 무엇을 할지 모른 채 그냥 서 있었다.

그 간호사는 이해심이 깊었다.

“일단 아드님 데리고 집으로 가 계세요. 벌써 자정이 넘었네요. 자세한 내용은 아침에 다시 전화로 말씀하세요.”

그녀에게 고맙다는 말을 건네고 돌아서는데 갑자기 메슥거리기 시작했다.

“우리 아버님을 오늘밤 어떻게 하실 건가요?” 내가 물었다.

“저희가 잘 돌보겠습니다.” 그녀가 말했다.

“그런데 어디에 모실 건가요? 우리 아버님은 어둠도 싫어하시고 혼자 계시는 것은 더욱 싫어하세요.”

내 입에서 나온 말이었지만 얼마나 어처구니없이 들렸는지 모른다. 산 자와 죽은 자를 갈라놓는 그 순간과 이후 몇 시간에는 말로 설명하기 힘든 무언가가 있다. 죽은 자는 다리를 건넜고 다시는 돌아올 수 없는 것이다.

그분이 사셨다!

마리아는 과연 어떠했을까? 그녀는 잔혹한 고문과정과 이 땅에서 살았던 가장 위대한 인간에게 가해진 조롱을 직접 지켜보았다. 자신에게 다시 생명을 주신 분의 생명을 앗아가는 현장을 보았던 것이다. 그녀는 십자가 밑에 마지막까지 남아 있었고 제일 먼저 빈 무덤을 발견했고 달려가서 다른 사람들에게 그 일을 알렸던 사람이었다.

제자들이 동산으로 달려가 무덤 안을 보았으나 그리스도는 없었다. 시신을 쌌던 수의는 그곳에 있었지만 시신은 사라졌다. 예수님의 머리를 감았던 붕대는 수의와 떨어진 곳에 얌전히 개켜져 있었다.

거기에는 중요한 의미가 있다. 그 당시에는 식탁과 의자를 만들려면 목수를 고용해 집으로 오게 해서 몇 날이건 작업이 완성될 때까지 일하게 했다. 작업이 끝나면 목수는 가구를 닦는 데 썼던 천을 잘 개켜놓고는 일이 다 끝났음을 알렸던 것이다. 그래서 그 수건은 모든 것이 완성되었고 그리스도의 사역이 비로소 끝났음을 의미했다!

제자들은 도대체 무슨 일이 생겼는지 아리송해하며 동산의 무덤을 떠났고 결국 마리아는 다시 한번 홀로 남겨졌다. 쓰라린 눈물을 쏟으며 다시 무덤을 쳐다본 그녀의 눈에 그리스도의 시신이 놓여 있던 곳에 앉은 두 천사가 보였다. 그리고 무덤 밖에서 한 음성이 들려왔다. 마리아는 동산지기인 줄 알고 말했다. "주여, 당신이 그를 옮겨 갔거든 어디 두었는지 내게 이르소서. 그리하면 내가 가져가리이다."
(요한복음 20: 15)

나는 그런 그녀를 사랑한다! 연약한 여성이었지만 그리스도를 그토록 열정적으로 사랑했던 그녀라면 혼자서 시신을 옮길 수 있었으리라. 그때 예수님이 그녀의 이름을 불렀다. "마리아야!" 과거의 고통을 지닌 여인, 막달라 마리아는 부활하신 예수님을 가장 먼저 보는 기쁨을 누렸다. 마음의 상처를 가진 마리아는 부활하신 그리스도를 알아보는 모든 이들에게 주어지는 치유를 맨 먼저 받는 영광을 누렸다. 이 땅에서 사는 한 우리는 고통과 슬픔을 경험하겠지만 부활하신 예수님을 따른다는 사실은 모든 것을 변화시킴을 또한 알고 있다.

"정말 멋진 이야기군요!" 당신이 말할지도 모른다. "마리아의 경우는 정말 잘 되었지만 그 이야기가 나와 무슨 상관이 있나요?"

당신이 그 질문을 하기만을 기다렸다. 마리아의 이야기는 우리 모두와 밀접한 관계가 있다! 예수님은 당신을 있는 그대로 보실 뿐 아니라 당신의 모든 가능성까지 보고 계신다.

나는 당신이 왜 상처를 받았는지 모른다. 왜 당신의 영이 비뚤어져서 입으로는 독설을 내뱉으며 그런 자신이 싫어 어쩔 줄 모르는지 알 수 없다. 하지만 예수님은 아신다. 예수님은 마리아를 처음 보셨을 때부터 통제불능이고 고통 중에 있는 흉한 여인으로 보신 것이 아니라, 자신의 사랑으로 고침과 채움을 받고 난 마리아의 가능성을 보셨던 것이다. 그리고 마리아를 고치셨다. 그것이 바로 예수님이 이 땅에 오신 이유이다.

마찬가지로 예수님은 나를 정서적으로 폐쇄되고 두려움에 떨며 분노와 냉소와 깊은 슬픔으로 가득한 여성으로 보지 않으셨다. 예수님은 나, 쉴라 월쉬의 진짜 모습을 보셨고 사랑으로 나를 바꾸어놓으셨다. 만사에 두려워하던 내 마음이 무덤가에 있을 때에 예수님이 오셔서 만나주시고 자유케 해주셨다. 모든 것을 두려워하는 나에게 그리스도가 항상 함께하시기에 더 이상은 두려워하지 않아도 됨을 가르쳐주셨다. 거절당하는 것을 두려워하던 내게 당신은 결코 나를 거절하지 않으신다고 말씀해주셨다. 스스로 모든 것을 하려고 애쓰던 나로 하여금 만사를 주관하시며 선하신 하나님을 의지할 수 있게 해주셨다.

그 예수님이 당신에게도 똑같은 일을 하기 원하신다. 예수님이 오신 것은 단지 우리를 지옥에서 건지기 위해서가 아니라, 이 땅에서 지옥 같은 인생을 사는 우리를 구원하기 위해서이다.

바울이 빌립보 교인들에게 한 인사를 기억하는가?

하나님 우리 아버지와 주 예수 그리스도로서 은혜와 평강이 너희에게
있을지어다. 내가 너희를 생각할 때마다 나의 하나님께 감사하며 간구
할 때마다 너희 무리를 위하여 기쁨으로 항상 간구함은 첫날부터 이제
까지 복음에서 너희가 교제함을 인함이라. 너희 속에 착한 일을 시작하
신 이가 그리스도 예수의 날까지 이루실 줄을 우리가 확신하노라.

빌립보서 1: 2-6

바울은 빌립보의 교인들과 또한 우리들에게 선한 일을 시작하신
이는 하나님이며, 그가 끝까지 그 일을 이루실 것임을 상기시켰다.
'구원하다' 라는 말은 희랍어로 소조sozo인데 그 뜻은 '구하고 치유하
다' 라는 의미이다. 예수님은 우리를 단지 지옥에서 구하기 위해 오신
것만이 아니라 우리가 이 땅에서 사는 동안 우리로부터 지옥을 없애
기 위해서도 오셨다.

당신을 보시는 예수님은 다른 사람들이 외면하거나 스스로도 고
개를 돌리는 당신의 나쁜 점을 보시는 게 아니다. 지금 그대로의 당신
을 보고 사랑하며 고치기를 원하신다! 창조하신 원래의 모습이 되도
록 당신을 자유케 하신다. 이것이 가능함을 믿는가?

나는 그것이 가능함을 안다!

1992년 10월 21일에 나는 〈700 클럽〉의 애청자로부터 편지 한
통을 받았다. 팻 로벗슨 목사님이 내가 과로로 한동안 쉬게 되었다는
설명을 하셨기에 편지를 쓴 사람은 내가 정신병원의 병실에 있다는

것을 알 리 없었다. 편지에서 그는 자신이 취미로 하이쿠를 짓는다고
했다. 처음에 나는 하이쿠가 뭔지 몰랐지만 알고 보니 세 줄에 다섯,
일곱, 다섯, 이렇게 총 열일곱 음절로 이루어진 일본의 정형시조였다.

그는 나를 위해 기도하다가 시조를 하나 지었는데 길을 잃은 한
짐승이 갑자기 길을 찾게 되는 느낌을 가졌다고 했다. 어느 가을 햇살
이 비치는 날이었다.

세 발의 짐승이 길을 잃었네

내를 따라 내려가다 다시 돌아와서는

젖은 채 낙엽 속에 서 있네

그 이상한 짧은 시가 정말로 내 마음에 깊이 와 닿았다. 왜냐하면
내가 바로 그 상태에 있었기 때문이다. 마치 폭포로 떨어지면서 살아
나지 못하리라고 생각했는데 온몸은 상처와 멍투성이지만 살아나서
서 있는 듯한 느낌이었다.

바로 하나님이 당신을 위해 그렇게 하기를 원하고 계신다.

그러나 당신은 이렇게 말할지도 모른다.

"내게 어떤 일이 있었는지 몰라서 그런 말을 하시는 거예요. 제
상처는 도저히 치유할 수가 없어요. 다시는 말하고 싶지 않은 순간들
이랍니다."

인생의 갈림길에 함께하시는 예수님

사람들은 자신의 인생의 갈림길을 이렇게 표현하기도 한다.

- 결코 잊을 수 없는 순간
- 위기의 순간
- 인생의 전환점

표현이야 어떻든지 간에 우리의 인생을 영원히 바꾸어놓는 순간들이 있다. 앞으로의 삶이 이전과 같을 수가 없음을 알게 되는 그런 순간 말이다.

어느 날 나는 방에서 텔레비전을 켜놓은 채 집회에 갈 준비를 하고 있었다. 텔레비전 소리에 별로 신경을 쓰지 않다가 한 여성 출연자의 목소리 톤이 변하는 것이 느껴져 머리 빗는 손을 멈추고 들어보았다. 진행자가 그녀에게 결코 잊을 수 없는 순간이 무엇이냐고 물어보았던 것이 틀림없었다.

그녀가 대답했다. "제가 과자 하나를 집어드는 순간에 아버지가 저를 보며 두 뺨을 돼지처럼 불룩하게 만드셨어요. 말씀 한 마디 없으셨지만 저는 아버지가 무슨 말씀을 하시는지 알았어요. 아버지의 메시지는 너무나 크고도 분명했지요." 그날 이후로 그녀는 평생 동안 거식증과 싸웠다고 했다.

"먹을 것을 집어들 때마다 저는 아버지의 얼굴을 봤지만 먹기를 멈출 수가 없었어요. 그래서 먹고 또 먹은 후에 토했어요. 그때 저는 겨우 여덟 살이었는데 이후의 제 삶을 다 망쳐놓았답니다."

그러자 한 남자 출연자가 말했다. "저는 평생 동안 아버지로부터 한 번이라도 '잘했어!'라는 말을 듣고 싶었어요. 초등학교에서 고등학교에 다닐 때까지 제가 아무리 공부를 잘해도 우리 아버지는 결코 만족하지 않았어요. 마침내 대학을 수석으로 졸업하던 날 졸업식장에 오신 아버지께로 갔더니 아버지는 저더러 머리를 단정히 자르고 왔어야 한다며 엉망으로 보인다고 하셨어요. 그런 아버지의 눈을 들여다보는 순간, 저는 그만 포기하며 이렇게 생각했어요. '다 무슨 소용이람!'"

아내가 곁에 있었는데도 그는 손에 얼굴을 파묻고는 흐느꼈다.

"남편은 멋진 사람이고 훌륭한 아빠예요." 그의 아내가 말했다. "하지만 다른 사람 말은 소용없어요. 시아버님의 칭찬을 아직도 기다리고 있어요. 하지만 이젠 불가능하답니다. 작년에 돌아가셨거든요."

또 다른 여성 출연자가 말을 이었다. "제가 아버지로부터 처음 맞았을 때였어요. 아버지가 저를 때렸다는 사실에 너무 큰 충격을 받기도 했지만 아버지의 눈을 보고 전 더 큰 충격을 받았어요. 저는 두 번 결혼했는데 두 남편으로부터 모두 구타를 당했습니다. 구타를 참았던 이유는 제가 맞을 짓을 했다고 생각했기 때문이에요."

당신에게 있어서 결코 잊을 수 없는 순간은 언제인가?

내게 있어서 언제가 그런 순간이었는지 정확한 기억은 없다. 하지만 어머니의 입을 통해 그날에 관한 자세한 이야기를 들은 적이 있다. 당시 나는 네 살이었고 그 일의 충격은 이후의 내 삶을 지배했다. 그날은 내가 살아 계신 아버지를 마지막으로 본 날이었다. 나를 쳐다보는 아버지의 눈에는 증오와 분노가 가득했다. 그리고 아버지는 집을 떠나가셨다. 그 당시, 특히 스코틀랜드의 문화에서는 어린아이의 상처를 치유하기 위해 상담을 받는 것은 생각할 수도 없는 일이었다. 그런 상담을 하는 곳조차도 없었다. 겉으로 보기에 비교적 정상적으로 행동하면 아이가 상처를 이겨내고 있다고 생각할 따름이었다.

학교에서도 집에서도 문제아는 아니었지만 나는 밤마다 끔찍한 악몽에 시달렸고 몽유병 증세도 있었다. 남자 손님이 집에 찾아올 때면 그가 삼촌이건 교회에서 우리 가족의 안부를 묻기 위해 온 교인이건 상관없이 나는 2층의 내 방으로 뛰어갔다.

만일 우리가 그 상처를 하나님의 은혜의 빛 가운데로 가지고 나와서 치유받지 않는다면 그 잊을 수 없는 순간이 주는 상처는 평생 고질병이 될 수도 있다. 세월이 흘러가면 상처는 무감각해지고 시간이라는 굳은살 아래 덮이게 된다.

크리스와 내가 같은 네 살 때 겪은 상처를 극복하는 법을 비교해 보면 엄청나게 다르다는 것을 알 수 있다. 아버지가 돌아가신 후에도 나는 아버지가 이 세상 사람이 아니라는 것을 확신할 수 없었다. 집을 떠난 그날 이후로 한 번도 다시 본 적이 없었지만 내 머리에서 아버지가 떠난 적은 없었다. 내 귀에는 언제나 아버지의 말이 들렸고 아버지가 끝마치지 않은 일을 하러 올 것 같은 위협을 느꼈다. 그래서 나는 몽유병에 걸렸고, 내가 저지르지 않은 일로 사형선고를 받았건만 아무도 나를 믿어주지 않는 악몽에 시달리는 고통을 겪어야 했다. 나는 아버지의 사진조차 내 근처에 두지 않았다. 아버지의 모습을 다시 본다는 것만으로도 충분한 고통이었기 때문이다.

한편, 시아버지가 돌아가셨을 때 남편은 마침 출장 중이어서 크리스와 나만 임종을 지켰다. 응급대원이 도착하기 전에 아버님은 아직 의식이 있었다. 크리스가 도울 일이 없는지 물어서 나는 수건을 적셔 할아버지의 이마에 대고 곁에 앉아 있으라고 말했다. 응급대원이 도착한 후에 내가 크리스에게 병원에 가져갈 물건들을 좀 챙겨달라고 부탁하자 크리스는 자기 배낭에 장난감과 책들을 가득 채웠다.

구급차를 뒤따라 병원에 도착했을 때 아버님은 이미 돌아가신 상태였다. 그 후 몇 주 동안 크리스는 서럽게 울었다. 아버님은 돌아가시기 전 2년간 우리랑 함께 사셨기에 크리스는 할아버지를 많이 사랑했다. 크리스는 하나님과 인생, 그리고 누구든지 잡히는 대로 분노의 대상으로 삼았다. 우리는 그 문제로 대화를 나누었고 나는 크리스가 분노를 해소할 수 있도록 샌드백과 권투 글러브를 사다주기도 했다.

우리 집에는 아버님의 사진이 여기저기에 놓여 있고, 우리는 아버님에 대해 이야기를 나누며 아버님과 크리스와 내가 남편 배리를 놀려대던 순간들을 기억하면서 웃다가 울곤 한다.

오늘날 우리는 아이들이 고통과 상실감을 극복하도록 돕는 방법과 아동 학대로부터 보호하는 법들을 배우고 있다. 하지만 어쩌면 당신도 나처럼 출구가 없는 곳에서 고통스러운 어린 시절의 상처를 부여안고 살았는지도 모른다. 주말마다 나는 여성들이 자신의 삶에 큰 상처를 남긴 잊을 수 없는 순간들에 대해 자세히 이야기하는 것을 듣는다.

치유의 순간

이제야말로 상처를 치유하고 우리를 온전케 하도록 그리스도를 초청할 때이다. 하나님께 간구하던 시편 기자 다윗의 말을 들어보자.

여호와여, 내가 수척하였사오니 긍휼히 여기소서.
여호와여, 나의 뼈가 떨리오니 나를 고치소서.
나의 영혼도 심히 떨리나이다.
여호와여, 어느 때까지니이까?
여호와여, 돌아와 나의 영혼을 건지시며

주의 인자하심을 인하여 나를 구원하소서. 시편 6: 2-4

하나님의 구하시는 제사는 상한 심령이라

하나님이여, 상하고 통회하는 마음을

주께서 멸시치 아니하시리이다. 시편 51: 17

일기장이나 공책을 하나 준비해서 성령께서 당신에게 생각나게 하시는 것들을 기록하는 것이 도움이 될 수도 있다. 고통과 슬픔의 기록 옆에 그 상처들을 덮는 다음 구절을 적는 것도 도움이 될 것이다.

그가 찔림은 우리의 허물을 인함이요

그가 상함은 우리의 죄악을 인함이라

그가 징계를 받음으로 우리가 평화를 누리고

그가 채찍에 맞음으로 우리가 나음을 입었도다. 이사야 53: 5

예수님은 우리에게 평화를 주시려고 징계를 받으셨고 우리에게 치유를 주시려고 상처를 받으셨다.

어쩌면 당신의 상처는 너무 크고 고통스러워서 전문 상담가를 찾는 것이 현명할지도 모른다. 목사님에게 도움을 청하거나 당신을 도와줄 수 있는 누군가를 소개해달라고 부탁하라. 성폭행이나 거식증, 강간이나 우울증 등에 관해서는 전문적으로 훈련을 받은 상담가들이 있다. 도움을 구하는 것을 부끄러워하지 말고 나중으로 미루지도 말라. 예수님은 당신을 위해 목숨까지 바치셨다. 당신은 그만큼 구할 가치가 있는 존재임을 기억하라!

다시 한번 강조해서 말한다. 도움이 필요하면 구하라. 도움을 구하는 것을 부끄럽게 여겨서는 안 된다. 하나님은 당신이 구원받고, 강해지며, 생명과 사랑으로 충만하기를 바라고 계신다.

처음에는 조금 두려울 수도 있다. 상처를 갖고 사는 데에 익숙해져 있기 때문이다. 학대나 끔찍한 상실감같이 외부에서 오는 것이든, 우울증이나 불안같이 유전적인 것이든, 마음의 상처이기는 마찬가지이다. 그리스도만이 그 상처를 치유하실 수 있다.

그리스도께서 우리를 고치실 때와 우리가 일어서서 다시 걷게 될 때는, 우리 앞에 할 일이 있음을 깨닫는 순간이며 새로운 삶을 시작하는 출발점인 것이다!

하나님 아버지,

당신의 아들이자 제 구세주이신 예수님의 이름에 힘입어 하나님께로 나옵니다. 제 마음이 굳어졌었음을 고백합니다. 아버지, 저를 도우소서. 제게 볼 눈과 들을 귀와 이해할 수 있는 마음을 주셔서 하나님이 저를 사랑하시며 저를 고치기 원하신다는 사실을 깨닫게 하옵소서. 성경에 이르시길 만일 내가 내 마음을 알고 하나님께로 돌이키면 주께서 나를 고치겠다고 하셨습니다. 이제 예수님의 이름으로 당신께 돌이키며 상처받은 내 마음이 치유받기를 원합니다. 제게 주시는 은혜 가운데 성령께서 깨우쳐 주시는 모든 상처를 주께 가져가오니 십자가 아래 다 내려놓고 치유받게 하옵소서. 감사드리며 예수님의 이름으로 기도드립니다. 아멘.

- 예수님이 일곱 귀신을 쫓아내시기 전의 막달라 마리아처럼 당신 역시 도움을 청하면서도 도움의 손길을 뿌리치고 있지는 않은가?

- 우리는 이 땅에서 고통과 슬픔을 경험하겠지만 부활하신 예수님을 따른다면 모든 것이 변화됨을 알고 있다. 누군가의 삶과 마음속에 예수님이 임재하심으로 그 고통과 슬픔을 바꾸어놓은 예가 있다면 나누어보라. 예수님은 당신을 있는 그대로 보실 뿐 아니라 당신의 모든 가능성까지 보신다.

  예수님께서 나를 보셨을 때 정서적으로 폐쇄되고 두려움에 떨며 분노와 냉소와 깊은 슬픔으로 가득한 여성으로 보시지 않았다. 모든 것을 두려워하는 내게 그리스도가 항상 함께하시기에 더 이상은 두려워하지 않아도 됨을 가르쳐주셨다. 스스로 모든 것을 하려고 애쓰던 내가 만사를 주관하시며 선하신 하나님을 의뢰할 수 있게 해주셨다. 예수님은 당신에게도 동일한 일을 하기 원하신다. 이런 사실에서 당신은 어떤 격려나 희망의 증거를 발견하는가?

- 예수님이 오신 것은 단지 우리를 지옥에서 건지기 위해서가 아니라 이 땅에서 지옥 같은 인생을 사는 우리를 구원하기 위해서이다. 예수님은 어떠한 지옥의 고통으로부터 당신을 구원하셨는가? 아직 당신에게 예수님의 구원이 필요한 지옥이 남아 있다면 무엇인가? 구체적으로 설명해보라.

- 이제야말로 상처를 치유하고 우리를 온전케 하도록 그리스도를 초청할 때이다. 일기장이나 공책을 하나 준비해서 성령께서 당신에게 생각나게 하시는 것들을 기록하는 것이 도움이 될 수도 있다. 예수님은 우리에게 평화를 주시려고 징계를 받으셨고 우리에게 치유를 주시려고 상처를 받으셨다.

The Heartache No one sees

영적 전쟁

밖은 지뢰밭이다!

마귀의 궤계를 능히 대적하기 위하여 하나님의 전신 갑주를 입으라.

• 에베소서 6: 11 •

근신하라. 깨어라. 너희 대적 마귀가
우는 사자같이 두루 다니며 삼킬 자를 찾나니.

• 베드로전서 5: 8 •

앞 장에서 그리스도의 치유의 역사를 무효로 돌리려는 사단의 존재에 관해 이야기한 적이 있다. 사단은 하나님께서 사랑하시는 것이라면 모두 증오하는 거짓말쟁이임을 우리는 안다.

퇴원한 지 1년이 지났을 때 나는 또 한 번의 고비를 맞기 시작했다. 우울증이란 어두운 밤이 다가오고 있음을 알게 된 것이었다. 약도 먹었고 상담도 꾸준히 받았지만 회복했던 땅을 잃어가고 있는 느낌이 엄습하자 나는 다시 두려움에 떨었다.

암울한 생각이 내 마음을 괴롭혔다. 외롭고 슬펐으며 침대에 누워 이불을 뒤집어쓰고 싶은 충동에 시달렸다. 상담 중에 이런 기분을 이야기하자 의사는 내가 사단과 어떻게 싸우고 있는지 물어왔다. 나는 그 말이 무슨 뜻인지를 몰랐다. 사단이 우리를 유혹해서 죄짓도록 하거나 하나님으로부터 멀어지도록 한다는 것은 알았지만 사단이 우울증과 무슨 상관이 있다는 말인가? 그 다음 몇 차례의 상담에 걸쳐서 사단의 공격에 대비해 하나님의 백성인 우리가 무엇을 할 수 있는지에 관해 이야기를 나누었다. 나는 하나님이 내 우울증을 한순간에 치료하실 수 있다고 믿었다. 내 우울증이 한순간에 사라지지 않았어도 나는 여전히 감사하면서 약을 먹었고 운동을 했고 섭생에도 신경을 썼다.

그럼에도 내가 해야 할 일이 더 있었다. 매일 생각과 몸과 영, 즉 내 자신을 보호하기 위해서 하나님의 전신 갑주를 입어야 한다는 것이었다. 어렸을 적에 그리스도인이 되었지만 그동안 내 주위에 매일같이 영적 전쟁이 일어나고 있다는 사실을 과소평가했었다. 사단이 진짜 존재한다는 것을 알았지만 워싱턴이나 예루살렘같이 세계평화를 좌지우지하는 굵직굵직한 결정에만 관심이 있지 우리 집이나 내 마음 따위에는 관심이 없는 줄로만 알았던 것이다. 하나님은 그런 내 눈을 열기 시작하셨다.

악한 영들에 대해 눈뜨기

12년 전에 프랭크 프레티Frank Peretti의 『어둠의 권세들This Present Darkness』(예찬사 역간, 1992)이라는 책을 읽은 후 나는 처음으로 영적 세계에서 전쟁이 벌어지고 있다는 사실을 깨닫게 되었다. 내게 큰 영향을 준 그 책의 배경은 '이상한 일이라고는 일어나지 않는' 미국의 한 작은 마을이었다. 소설의 형식을 빌려서 그 책은 우리에게 같은 시각에 동시에 일어나고 있는 두 세계를 알려주었다.

첫 번째 줄거리는 마을의 주민들과 신문기자, 교회 목사와 다른 이들을 주인공으로 하고 있고, 이어진 두 번째 이야기는 같은 시각에 보이지 않는 영적인 세계에서 천사들과 악령들 간에 어떤 일이 벌어지고 있는지에 관한 것이었다. 나는 그처럼 두 세계를 나란히 보여주는 소설을 본 적이 없었다.

프랭크 프레티는 매순간 발생하는 사건의 긴장을 영적 전쟁의 관점에서 보여준다. 이야기가 전개됨에 따라서 독자들은 악령의 속임수와 이 악령들이 신자와 불신자를 가리지 않고 마을의 모든 사람들의 삶에 어떻게 영향을 미치는지에 빠져든다. 또한 마을을 삼키려는 어두움의 세력에 대항해 싸우는 하나님의 천사들의 놀라운 힘과 능력도 보게 된다. 이 책이 짧은 시간에 베스트셀러 상위권으로 진입한 것을 보면 틀림없이 나만 충격과 감동을 받은 것은 아닌 모양이다.

책을 다 읽은 다음에 나는 그 책이 주는 메시지에 어떻게 반응해야 할지를 몰랐다. 하나님을 실망시킬 때마다 내 속에 죄책감이 들면서 갑자기 악령들은 서로 손뼉을 마주치며 기뻐하는 반면에, 천사들은 나의 무심한 태도에 슬퍼하며 고개를 떨구는 이미지가 머릿속에 떠오르는 것이었다. 한편으로는 예수님의 이름으로 사단의 공격에 대항해 싸울 수 있는 무기가 우리에게 주어졌다는 점을 알게 되면서 거룩하지 못한 세상에서도 거룩한 삶을 살아야겠다는 새로운 전의가 불타오르기도 했다.

어릴 적부터 나는 사단이 우는 사자와 같이 두루 다니며 의심하지 않거나 무방비 상태에 있는 그리스도인들을 삼키려고 한다는 것을 익히 들어서 잘 알고 있었다. 하지만 내 경험에 비춰보면 사단에 대해 완전히 양극단의 태도를 보이는 사람들도 있었다.

한편에는 진짜로 악령이나 악한 세력이 존재한다는 사실에 대해서 마치 할리우드 영화나 편협한 기독교 근본주의자들이나 그런 것을 믿는 것처럼 평가절하하는 사람들이 있었다.

"만일 사랑이신 하나님이 진짜로 있다면 지옥 따위는 존재할 수가 없지 않겠어요? 좋으신 하나님께서 사람들이 그런 고문을 받도록 어떻게 가만두시겠냐고요? 그런 생각 자체가 야만적이지요."

다른 한편에는 악령만을 생각하며 사는 그리스도인들이 있었다. 지난번 영국에 순회공연을 갔을 적에는 버스로 옮겨 다녔는데 우리 버스에 티셔츠와 CD의 판매책임을 맡은 젊은이가 같이 탔다. 그 사람은 열렬신자로 악령만 생각하면서 사는 사람처럼 보였다.

그는 좀 어설퍼서 자주 넘어졌는데 상자에 걸려 넘어질 때마다 악령이 자기를 걸려 넘어지게 했다고 말하곤 했다. 완전히 익지 않은 햄버거의 고기를 보고는 자기에게 독을 먹이려는 악령의 간계라고도 했다. 순회공연 여행이 끝나갈 즈음에는 그의 생각들에 너무 지친 나머지 얼른 빠져나올 궁리만 했던 기억이 난다.

나 자신은 이런 양극단의 중간 어딘가에 서 있었던 것 같다. 악령이 실제로 존재한다는 것을 믿었지만 나보다도 더 큰 무언가를 망치는 데만 열중해 있다고 믿었다.

그 양극단의 사이에 대부분의 그리스도인들이 받아들여야 하는 진리가 있다. 사단은 실재하고 타락한 천사 군단이라는 추종자들을 거느리고 있으며 하나님과 하나님이 사랑하시는 이들을 대적하는 것을 목적으로 하고 있다는 진리 말이다.

하지만 우리도 이 전쟁에 무방비 상태로 임하고 있지만은 않다.

하나님께서는 우리의 마음을 치유하시고 악한 영들의 공격에 대비해 영토를 지키는 방법을 우리에게 가르쳐주시기를 원하신다.

그러므로 나는 모든 그리스도인들이 광야에서 사단과 맞선 그리스도를 본받는 영적인 전쟁을 시작해야 한다고 생각한다.

하나님의 아들과 타락한 천사

예수님이 세례를 받으시고 공생애를 시작하시는 순간에 사단은 작전 개시에 들어가고 있음을 성경에서 볼 수 있다.

> 성령이 곧 예수를 광야로 몰아내신지라 광야에서 사십 일을 계셔서 사단에게 시험을 받으시며 들짐승과 함께 계시니 천사들이 수종 들더라.
>
> 마가복음 1: 12-13

[이스라엘 백성들은 잘못된 선택을 함으로써 사십 년 동안이나 광야를 헤맸다. 예수님은 광야에서 사십 일 동안 머무르심으로써 우리에게 바로 살며 바로 선택하는 것을 보여주셨다.]

사단의 모든 유혹에 예수님은 다음과 같이 하나님의 말씀을 인용하심으로 대적했다. "기록하기를……, 기록하기를……, 말씀하기를……." 사단이 제시한 유혹은 세 가지였다.

첫째, 예수님의 배고픔을 달래기: 이 돌들로 떡이 되게 하라.

둘째, 사람들의 시선을 한 몸에 받기: 성전 꼭대기에서 뛰어내리라(많은 이들이 메시아가 나타나리라고 믿었던 곳이 바로 성전의 꼭대기였던 것을 기억하는가).

셋째, 십자가를 피하기: 만일 내게 절하고 경배하면 모든 것을 주리라.

그리스도의 대답이 대단히 절제되어 있다는 점에 주목할 필요가 있다. 검을 빼어 드시거나 천사를 부르시거나 하지 않고 매우 단순하면서도 직접적으로 살아 있는 하나님의 말씀을 선포하신 것이다. 이를 통해서 우리가 알 수 있는 것은, 능력은 하나님의 말씀에서 나오는 것이지 큰 소리를 지르거나 극적인 행동을 취하는 데서 나오는 것이 아니라는 사실이다. 만일 내가 사단과 마주쳤더라면 요란법석을 떨며 대단한 볼거리를 제공했으리라고 생각한다. 하지만 예수님은 힘의 과시 대신 하나님의 진리의 말씀에만 의지하셨다.

예수님은 어떤 묘기도 부리지 않으셨다. 오직 영원한 진리, 즉 하나님만이 우리의 예배를 받기에 합당한 분이라는 사실을 다시금 확인시켰을 뿐이다. 사단은 세 번 유혹하고는 예수님을 떠나갔다. 하지만 자세히 읽어보라. "마귀가 모든 시험을 다 한 후에 얼마 동안 떠나니라."(누가복음 4: 13)

다시 돌아온다는 말이 아닌가. 사단은 호시탐탐 노리고 있다가 기회만 있으면 되돌아온다. 단지 그 기회를 기다리고 있을 뿐이다.

사단은 예수님이 십자가에 달리시기 전에 가진 최후의 만찬의 자리에도 함께 있었다. "마귀가 벌써 시몬의 아들 가룟 유다의 마음에 예수를 팔려는 생각을 넣었더니."(요한복음 13: 2)

사단은 바로 그날, 바로 그곳, 이렇게 외치는 군중 사이에도 있었다. "십자가에 못 박으라! 십자가에 못 박으라!"

나는 십자가 밑 잔디에 벌렁 누워 바위에 다리를 올린 채 공기 중에 짙게 드리운 증오와 배신의 냄새에 흠뻑 취해 있었을 사단을 상상해본다. 갑자기 하늘이 어두워졌을 때 그는 무슨 생각을 했을까? 하나님이 자기 아들을 잃고 통곡한다고 생각했을까? 번개가 하늘을 두 쪽으로 갈랐을 때 그의 웃음소리가 천둥소리를 이겼을까?

그때 그리스도께서 외치셨다. "다 이루었다!" 그리고 고개를 떨구시고는 돌아가셨다.

사단은 승리의 자만에 가득 차서 만족한 잠을 잤을까?

그러나 사건은 벌어지고 있었다. 마태복음에서 이 순간에 대한 가장 자세한 설명을 볼 수 있다.

이에 성소 휘장이 위로부터 아래까지 찢어져 둘이 되고 땅이 진동하며 바위가 터지고 무덤들이 열리며 자던 성도의 몸이 많이 일어나되, 예수의 부활 후에 저희가 무덤에서 나와서 거룩한 성에 들어가 많은 사람에게 보이니라. 백부장 및 함께 예수를 지키던 자들이 지진과 그 되는 일들을 보고 심히 두려워하여 가로되 이는 진실로 하나님의 아들이었도다 하더라. 27: 51–54

이런 일들이 일어나는 동안에 사단은 어디에 있었을까?

만사가 자기 손에 들어왔다고 생각하고 있었을까?

예수님이 사라진 무덤을 들여다본 순간이 사단에게는 가장 충격적인 순간이 되었을 것이다. 이제 더 이상 예전처럼 '호황'을 누리지 못하게 되는 순간이 왔기 때문이다.

타락한 이후로 인간은 늘 엉망진창의 삶을 살았다. 하나님은 계속해서 기회를 주셨으나 인간은 실패를 거듭했다. 사단과 그의 악령들이야말로 그런 인간의 연약함과 죄성의 증인들인 셈이다. 우리에겐 희망이라곤 없었다. 적어도 부활의 아침까지는 그랬다. 그리스도의 탄생 이전에 죽었던 믿음의 영웅들조차도 그리스도의 부활의 날까지 기다려야만 했다. 하나님의 온전한 어린양의 부활이 없이 잔치란 있을 수 없다. 이제 예수님은 부활하셨고 사망과 지옥의 열쇠를 들고 계신다.

당신은 죽음을 두려워하는가? 당신의 운명을 누가 쥐고 있는지 궁금한가? 오직 하나님 한 분만이 만사를 주관하신다. 모든 것이 바뀌었고 사단도 그 사실을 안다. 사단에게는 이제 정해진 시간만 있을 뿐, 그의 운명은 이미 결정되었다. 그럼에도 그가 더 이상 잃어버릴 것이 없는 존재라는 사실이 여전히 우리를 두려움에 가두고 있는가?

하나님의 허락하심이 있어야

사단의 분노가 극심하다는 것에는 의심할 여지가 없지만 그는 하나님의 허락이 떨어져야만 움직일 수 있는 존재임을 명심할 필요가 있다. "시몬아, 시몬아, 보라. 사단이 밀 까부르듯 하려고 너희를 청구하였으나."(누가복음 22: 31)

베드로에게는 이렇게 자신만이 언급을 당했다는 것이 견디기 힘든 모욕이었을지도 모른다. 예수님은 제자 모두를 이렇게 칭찬한 직후에 이 말씀을 했다. "너희는 나의 모든 시험 중에 항상 나와 함께 한 자들인즉 내 아버지께서 나라를 내게 맡기신 것같이 나도 너희에게 맡겨."(누가복음 22: 28-29)

그런 다음에 베드로만을 지칭하시며 사단의 직접적인 시도에 대한 언급과 함께 베드로의 배신에 관한 예언을 하셨다. 체로 친다는 것에는 좋은 것과 좋지 못한 것을 분리한다는 의미가 있다. 사단은 사도

중에 최소한 몇 명은 상황이 어려워지면 배신할 것임을 증명해 보이고자 했던 것 같다. 하나님은 시험을 허락하셨지만 그렇다고 베드로가 낙제를 했던 것은 아니었다.

시험에서 실패한 베드로는 자신이 생각만큼 그리 강하지 못함을 깨달았다. 예수님은 베드로를 반석이라고 부르시며 당신 교회를 그 위에 세우겠다고까지 하지 않으셨던가. 사단은 잠시 동안 우리를 흔들어놓을 수는 있을지언정 결국 승리는 우리의 것이다. 왜냐하면 우리를 흔들기 위해서는 하나님의 승낙을 받아야만 하며 하나님은 최소한을 허락하실 것이기 때문이다.

당신은 자신이 우연히 잡힌 포로이며 사단이 마음대로 고문할 수 있으리라고 생각하는가? 결코 그렇지 않다! 당신은 하늘의 딸이며 당신에게 고난을 견딜 수 있는 은혜가 없는 한 하나님은 어떠한 일도 허락하지 않을 것이다.

하나님은 이 시대를 살고 있는 우리가 깨어 있고 분별하며 준비되기를 원하신다. 그래서 우리에게 적의 공격을 살피며 늘 깨어 있으라고 말씀하신다.

근신하라. 깨어라. 너희 대적 마귀가 우는 사자같이 두루 다니며 삼킬 자를 찾나니, 너희는 믿음을 굳게 하여 저를 대적하라. 이는 세상에 있는 너희 형제들도 동일한 고난을 당하는 줄을 앎이니라. 베드로전서 5: 8-9

그런즉 너희는 하나님께 순복할지어다. 마귀를 대적하라, 그리하면 너희를 피하리라. 야고보서 4: 7

어떻게 마귀를 대적할 수 있을까? 그리스도는 하나님의 말씀의 능력으로 사단을 대적했다. 말씀은 그리스도의 마음 판에 새겨진 것이었기 때문이다. 이처럼 우리도 하나님의 말씀을 마음 판에 새기는 것이 중요하다. 그럴 때에 무언가 스스로 지혜 있는 말을 하려고 애쓰지 않아도 되는 것이다. 마귀의 거짓말을 대적하는 능력은 우리 자신에게서 나오는 것이 아니라 하나님의 말씀에서 나오는 것이다. 예수님이 말씀 안에 거하셨듯이 우리도 그렇게 할 수 있다.

사단은 하나님께서 허락하시는 한도 내에서 힘을 쓸 수 있지만 천사조차도 사단의 힘을 인정하고 자신만의 힘으로는 결코 사단을 공격하지 않는다. 그리스도의 이복 형제이자 예루살렘 교회의 지도자였던 야고보의 형제로 여겨지는 유다의 서신에서 그 증거를 볼 수 있다. 그는 이렇게 기록하고 있다. "천사장 미가엘이 모세의 시체에 대하여 마귀와 다투어 변론할 때에 감히 훼방하는 판결을 쓰지 못하고 다만 말하되 주께서 너를 꾸짖으시기를 원하노라 하였거늘."(유다서 1: 9)

유대인들의 외경에도 이 구절이 나온다. 모세가 애굽에서 살인을 저질렀다는 이유를 내세워 마귀가 모세의 시체를 가져가겠다고 하는 장면이 기록되어 있는데 사단은 스스로를 이 땅의 주인으로 여기고 있기에 모세의 시체는 자신의 것이라고 주장했다. 천사장이라는 능력과 권위에도 불구하고 미가엘은 사단에 대해 '욕설을 담은 비난'을 하지 못하고 주님께 그 논쟁을 맡기고 말았다. 그러므로 우리의 권위와 구원과 치유는 모두 다 그리스도 안에 있다는 사실을 명심해야 한다. 우리가 갈망해오고 추구해온 모든 것은 다 그리스도 안에 있음을 말이다.

부모가 되는 기쁨과 책임감

나이 마흔이 되어서 한 첫 임신은 내게 충격적인 사건이었다! 내가 임신했다는 사실을 확신하기까지는 네 번의 임신 테스트와 일주일이라는 시간이 걸렸다. 임신이 확실한 것을 알자 남편과 나는 너무도 기뻐했고 태아가 딸임을 확신하고는 '알렉산드라' 라고 부르기로 했다.

어느 날 정기검진 후에 나는 쇼핑센터의 음식코너에 갔다. 내 접시에는 '건강한 아기를 위한 음식' 에 해당하는 모두 것이 사더미처럼 쌓여 있었다. 아마 내 얼굴에는 바보 같은 미소가 어렸겠지만 나는 따스한 모성애로 충만해 있었다. 옆 테이블에 한 젊은 부부가 앉아 있기에 미소를 보냈지만 그들은 못 본 체했고 여자는 잔뜩 화를 내고 있었다.

"당신이란 사람을 믿었다니." 그녀가 말했다. "당신이 아이들을 좋아하는 줄로만 알았잖아!"

"나도 애들을 좋아한다니까." 남자가 말했다. "하지만 이렇게 갈수록 미쳐가는 세상에 도대체 왜 사람 하나를 더 만들어내야 하냔 말이야."

갑자기 내 얼굴에서 미소가 사라졌다. 마치 아직 표시도 나지 않는 내 배 위로 무거운 납덩이 하나가 떨어진 느낌이었다. 입덧이 시작되어서 나는 가까운 화장실로 뛰어가서는 무릎에 머리를 박고 앉아서 울기 시작했다. 갑자기 공포가 밀려온 것이다. 내 뱃속에서 자라고 있는 아이를 생각하며 도대체 내가 어쩌자고 이 아이를 미친 세상에 내어놓으려는지 두려운 생각이 온몸을 감쌌다. 잠시 후 나는 정신을 차리고 날뛰는 호르몬을 제압하고는 성경책을 꺼냈다.

그리고 내게 친숙하며 위안을 주는 시편 139편의 말씀을 읽었다.

내가 주께 감사하오름은 나를 지으심이 신묘막측하심이라

주의 행사가 기이함을 내 영혼이 잘 아나이다.

내가 은밀한 데서 지음을 받고

땅의 깊은 곳에서 기이하게 지음을 받은 때에

나의 형체가 주의 앞에 숨기우지 못하였나이다.

내 형질이 이루기 전에 주의 눈이 보셨으며

나를 위하여 정한 날이 하나도 되기 전에

주의 책에 다 기록이 되었나이다. 14-16절

나는 그 구절들을 읽고 또 읽었다. 그리고 태아에게도 읽어주었다. 내 안에서 자라고 있는 아기의 영적인 안녕을 위한 헌신을 새롭게 다짐하는 순간이었다. 아기를 가짐으로써 내 삶의 구석구석을 점검하는 계기가 된 것이다.

하나님이 세상을 주관하심을 믿는가, 아니면 이 세상이 사단의 손 안에 놓여 있다고 믿는가? 현실의 냉혹함은 하나님의 백성이라고 할지라도 사단의 공격으로부터 면제되는 것이 아님을 말해주고 있다. 앞서 말한 욥의 경우가 그 좋은 예이다. 그렇다고 우리에게 아무런 대책이 없는 것도 아니다. 16세기에 마틴 루터가 종교개혁 당시에 썼다는 그 유명한 찬송가가 이를 잘 요약하고 있다.

이 땅에 마귀 들끓어

우리를 삼키려 하나

겁내지 말고 섰거라

진리로 이기리로다

친척과 재물과 명예와 생명을

다 빼앗긴대도

진리는 살아서

그 나라 영원하리라

찬송가 '내 주는 강한 성이요'는 종교개혁 찬송가로도 알려져 있다. 마틴 루터가 자신을 대적하는 영적 세력과 전쟁을 시작했을 때, 그의 위로는 사단의 모든 말을 제압한 하나님의 말씀 한 마디에서 왔다. 오늘날 우리에게도 그와 똑같은 위로가 있다.

우리는 이 영적 전쟁에 대해 하나님의 말씀이 무엇이라고 들려주고 있는지, 사단을 어떻게 대적해야 하는지, 그리스도께서 허락하신 치유를 어떻게 지키는지에 관해 알 필요가 있다.

결코 포기하지 않는 사랑

하나님은 연약한 여성인 우리들 속에 자녀나 사랑하는 사람들을 위해 싸울 수 있는 부드럽지만 엄청난 힘을 심어놓으셨다.

하지만 모성의 사랑도 우리를 향하신 하나님의 엄청난 사랑에 비할 수는 없다. 하나님의 사랑은 우리를 위해 자신의 아들 예수를 지옥의 입 속으로 보내기까지 하신 사랑이었다. 그런 하나님은 결단코 당신을 놓지 않으신다. 당신의 고난이 백만 가지라 할지라도 하나님은 견딜 수 있는 시험만 허락하신다. 당신을 향한 하나님의 사랑에는 끝

이 없다. 사단이 당신에게 어떤 공격을 퍼붓는다 할지라도 하나님은
결코 당신을 포기하지 않으실 것이다.

하나님 아버지,

저를 결코 포기하지 않으시는 당신의 엄청난 사랑에 감사합니다. 예수
님의 이름으로 기도합니다. 아멘.

내 삶을 위한 적용

- 여태껏 당신이 받았던 사단에 대한 가르침을 돌아보라. 또한 사단
  을 지나치게 심각하게 여기거나, 혹은 충분히 심각하게 여기지 않
  는 사람들을 생각해보라. 당신은 어떤 부류에 속하는가?
- 마태복음 4장에 나오는 예수님의 시험을 통해서 사단을 대적하는
  실제적인 힌트를 받은 것이 있다면 나누어보라.
- 욥과 시몬 베드로의 예에서 나타나듯이 사단은 하나님의 허락 안에
  서만 움직일 수 있다. 어째서 이것이 기쁜 소식인가?(고린도전서 10
  장 13절을 보라.)
- 하나님은 역사만이 아니라 당신 삶의 모든 것도 주관하심을 믿는
  가, 아니면 우리가 악한 사단의 처분에 달려 있다고 믿는가? 마틴
  루터의 '내 주는 강한 성이요'라는 찬송이 당신의 주제가가 되게
  하라!

완벽한 의상

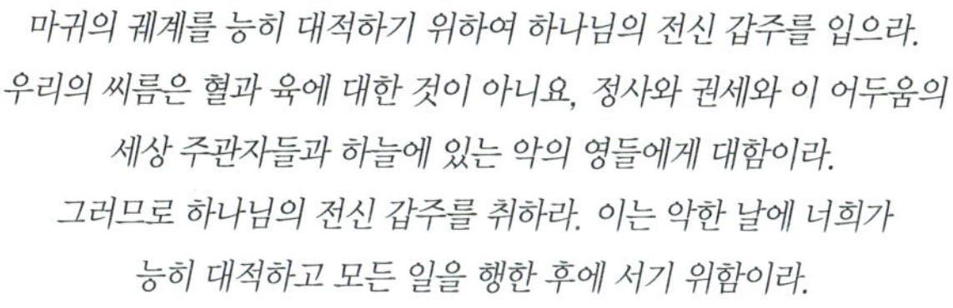

마귀의 궤계를 능히 대적하기 위하여 하나님의 전신 갑주를 입으라.
우리의 씨름은 혈과 육에 대한 것이 아니요, 정사와 권세와 이 어두움의
세상 주관자들과 하늘에 있는 악의 영들에게 대함이라.
그러므로 하나님의 전신 갑주를 취하라. 이는 악한 날에 너희가
능히 대적하고 모든 일을 행한 후에 서기 위함이라.

• 에베소서 6: 11-13 •

1980년대에 나는 '컴패션 인터내셔날Compassion International'이라는
구호단체와 공동작업을 하기 위해 필리핀으로 여행을 간 적이 있다.
그 단체는 기독교 단체로 주로 아동을 위한 후원모금 활동을 하고 있
었다. 그 활동은 한 가정이 한 달에 몇 달러씩 내어 한 아이를 후원함
으로써 그 아이가 학교교육과 의료지원을 받을 수 있도록 하는 프로
그램이었다.

그 프로그램 홍보의 일환으로 그리스도인 음악가들을 전세계에
서 행해지는 다양한 활동에 참여시켜서 현지인들과 함께하는 장면들
을 영상으로 만들었다. 또한 참여하는 음악가들은 그 영상 중 일부를
자신들의 콘서트에서 보여줌으로써 매달 단돈 몇 푼으로 많은 아이들
의 삶을 바꿀 수 있다는 사실을 널리 알리는 것이었다.

이 특별한 여행에서 나는 신혼인 한 음악가 부부와 동행했다. 우리는 사람들로 넘쳐나는 필리핀의 수도 마닐라에서 며칠을 보냈다. 마치 사람들이 이 골목, 저 골목에서 쏟아져 나온다는 느낌을 받았다. 필리핀 사람들은 따스하고 친절하며 내가 지금껏 본 적이 없는 환한 미소를 띤 사람들이었다. 특히 어린아이들은 다정다감하고 붙임성이 있어서 가는 곳마다 사람들을 잘 따라다녔다. 만일 당신이 따라오지 말고 그대로 서 있으라고 말하면 큰 소리로 한번 웃고는 당신이 농담이라도 건넨 듯이 금세 다시 따라올 것이다.

이틀간의 관광 후에 드디어 작업에 들어갈 날이 되었다. 그 단체의 마닐라 지부 간사가 다음 날 아침 여섯 시에 호텔 로비에서 만나 현지인들이 사는 마을로 갈 것이라고 했다. 이어서 그는 날씨가 덥고 시간이 꽤 걸릴 테니까 편한 복장을 입고 오라고 일러주었다. 나는 전에도 필리핀을 방문한 적이 있어서 상황을 어느 정도 이해하고 있었다. 그래서 그 음악가의 부인에게 현지인 마을로 가려면 광대한 습지를 지나 통나무 다리를 건너서 가야 한다고 설명했다. 그녀는 내 말에 고마워했고 우리는 서로 잘 자라는 인사를 하고 헤어졌다.

다음 날 아침, 나는 일찍 일어나서 즐거운 마음으로 출발준비를 했다. 살충제를 몸에 뿌리고 짧은 소매의 셔츠와 바지를 입고 장화를 신었다. 로비에 내려가니 아직 아무도 보이지 않아서 잠시 밖에 나가 아침 공기를 즐기며 깨어나고 있는 마닐라 시를 내려다보고 있었다. 누군가 나를 부르는 소리에 돌아보았다.

"잘 잤어요? 정말 아름다운 아침이에요." 그녀가 말했다.

나는 그녀를 보고 기절할 뻔했다. 우선 내가 하고 싶은 말은 그녀는 정말 인형같이 예쁘고 지금도 우리는 좋은 친구 사이로 지내며, 가끔 그날 이야기를 하면서 웃곤 한다는 사실이다.

그녀는 몸에 딱 달라붙는 핑크빛 7부 바지에, 역시 핑크색 가죽 윗도리에 구멍이 송송 뚫린 굽 높은 샌들을 신고 있었던 것이다.

"정말 예뻐요." 내가 진심으로 말했다. "하지만 그렇게 입고 괜찮겠어요?"

"괜찮아요!" 그녀가 대답했다.

지금도 그녀가 좁고 다 썩은 통나무 다리 위를 굽 높은 신발을 신고 건너가느라 애쓰던 것을 떠올리면 포복절도를 한다. 그녀를 본 필리핀 여성들의 표정도 잊을 수 없을 것이다. 나는 비록 필리핀 말을 전혀 하지 못하지만 그녀들이 그 부인의 옷차림에 대해 이야기하고 있다는 것쯤은 쉽게 이해할 수 있었다. 우리는 가는 도중에 몇 번이고 그녀를 구제해야 했다. 높은 굽의 신발은 시카고의 쇼핑센터에는 어울릴지 몰라도 필리핀 산골 마을의 해충이 우글거리는 진흙과는 너무 동떨어진 것이다. 그 친구와의 추억에 미소를 짓는 나도 하루를 시작하면서 사단의 공격에 대비해 늘 제대로 된 옷차림을 하고 있는지는 자신이 없다.

영적 세계에서 우리가 입어야 할 의상에 관해서는 이미 성경이 가르치고 있다. 바울은 이 지침에 관해 반복해서 말하고 있다. "하나님의 전신 갑주를 입으라. …… 하나님의 전신 갑주를 취하라."

우리에게 내려진 명확한 지침은 날마다 전쟁을 위해 무장을 하라는 것이다. 하지만 우리는 너무도 자주 하이힐에 핑크색 7부 바지를 걸치고 로비에 나타나고 있다. 테니스 신발까지 굽 있는 신발을 신는 나로서는 하이힐을 신는 여성들을 공격하고 싶은 마음이 추호도 없다. 단지 우리가 영적인 삶을 위한 하나님의 분명한 가르침을 무시하고 있다는 점을 지적하고 싶을 뿐이다. 이제 우리의 복장지침에 관해 자세히 살펴보도록 하자.

진리의 허리띠

"그런즉 서서 진리로 너희 허리띠를 띠고……." 에베소서 6: 14

바울은 로마 병정의 갑옷에 매우 익숙한 사람들에게 이 편지를 쓰고 있었다. 그는 우리의 영적 갑옷을 묘사하면서 병사가 전쟁을 준비하며 의상을 입는 순서대로 쓰고 있다.

첫째, 허리띠는 허리에 꼭 맞게 조이도록 매어 병사가 전쟁준비를 하고 있다는 것을 보여준다. 허리띠를 늘 조이고 있는 병사는 자신이 비번이 될 때에야 그 허리띠를 느슨하게 풀었다. 허리띠에는 칼을 넣어두는 칼집이 달려 있기 때문이다. 그래서 진리의 허리띠는 주요 방어무기 가운데 하나이다. 우리의 적은 모든 거짓의 아비임을 기억할 때 어째서 진리가 그토록 중요한지를 알 수 있다.

세상에는 거짓말이 전염병처럼 만연해 있다. "잠자기 전에 이 약을 먹으면 아침에 살이 5킬로그램은 빠져 있을 것입니다"와 같이 말도 안 되는 거짓말부터 "나를 뽑으면 이 나라에 평화가 올 것입니다" 같은 더 웃기는 거짓말까지 다양한 거짓말이 판을 치는 세상이다. 성경에 손을 올리고 오로지 진실만을 말하겠노라고 맹세하는 것은 더 이상 별 의미가 없어 보인다. 오늘날의 문화에서 거짓말은 선의의 거짓말과 악의적인 거짓말, 작은 거짓말과 큰 거짓말로 분류되기도 한다.

내가 어렸을 적에 거짓말에 대해 연단을 받은 적이 있다. 나는 바보 같은 일에 거짓말을 하곤 했는데 누군가 내게 영화를 봤느냐고 물으면 보지 않았음에도 봤다고 거짓말을 하곤 했던 것이다. 볼 것은 보고 들을 것은 듣는 사람들 속에 끼고 싶었기 때문이었다.

〈노팅힐Notting Hill〉이라는 영화에 보면 휴 그랜트가 유명 영화 배우인 줄리아 로버츠에게 반한 서점 주인 역으로 나온다. 어느 날 오후에 기자회견이 있다는 것을 잊어버린 줄리아는 휴에게 차를 마시러 호텔로 오라고 초대를 한다. 그가 당도하자 줄리아의 언론 담당 비서가 그에게 무슨 잡지사 기자인지를 묻는다. 그는 당황한 나머지 차를 마시러 왔다고 말하지 않고 영국의 「말과 사냥개Horse and Hound」라는 잡지사 기자라고 대답한다. 그러고는 다른 기자들과 함께 각기 5분의 인터뷰 차례를 기다린다. 인터뷰 시간 대부분 언론 담당 비서가 배석을 했기 때문에 그는 거짓말을 계속해야 했다.

"영화에 말이 많이 등장합니까?" 그가 묻는다.

"아니오." 그녀의 대답이다. "우주를 배경으로 하는 영화에요."

"참, 그렇군요! 그럼, 사냥개는요?"

그는 자신이 시작한 거짓말 속으로 점점 더 빠져 들어간다. 나는 그 영화를 보며 웃었지만 성령께서 내 마음을 찌르시며 나도 그런 거짓말을 하고 있음을 깨우쳐주셨다. 다만 내 거짓말이 아무도 해치지 않는다는 이유로 별일 아닌 것처럼 여겼지만 하나님은 결코 용납하지 않으신다.

몸무게에서 친구가 입은 새 옷에 이르기까지 우리는 다양한 방법으로 거짓말을 한다. 또한 우리의 마음속의 상황에 대해서도 거짓말을 한다. 주일 아침이야말로 일주일 가운데 가장 정직하지 못한 순간이기도 하다.

"오늘 아침 평안하신가요?" 목사님이 묻는다.

"물론이지요. 조금만 더 평안하다면 아마 날아다닐걸요!" 교회로 오는 길에 남편과 심한 말다툼을 했어도 우리는 이렇게 대답한다.

때때로 우리는 안부를 묻는 상대방이 실제로는 별로 관심이 없을 것이라는 생각에서 거짓말을 하기도 한다. 설령 그것이 사실이라고 할지라도 우리의 삶 속에서 건강하지 못하고 거룩하지 못한 습관이 되는 것만은 부인할 수 없는 사실이다.

거짓말은 거짓말인 것이다. 진리만이 적에게 대항하는 최고의 방패가 된다. 만일 우리가 거짓말을 하기로 하면 아무리 사소한 거짓이라 할지라도 우리의 영적 방패인 진리의 허리띠를 포기하며 적이 사용하는 무기를 들게 되는 것이다. 거짓말은 사단의 무기이지 우리의 무기가 아니기 때문이다. 우리가 거짓말의 모양이라도 의식적으로 끊어버리고 진리를 지키려고 하는 것은 아무리 강조해도 모자란다.

요한복음 17장에는 예수님이 당신의 친구들을 위해 기도하시는 장면이 들어 있다. "내가 비옵는 것은 저희를 세상에서 데려가시기를 위함이 아니요, 오직 악에 빠지지 않게 보전하시기를 위함이니이다. 내가 세상에 속하지 아니함같이 저희도 세상에 속하지 아니하였삽나이다. 저희를 진리로 거룩하게 하옵소서. 아버지의 말씀은 진리니이다."(15-17절) 바로 이와 같이 예수님은 우리가 진리 안에서 거룩할 것을 위해 기도하셨던 것이다.

거짓말이나 결국 거짓말에 다름이 없는 절반의 거짓말에 거할 때 우리는 세상에 속한 사람들처럼 사는 것이 된다. 그리스도는 우리가 세상에 속하지 않은 사람처럼 살아야 한다고 말씀하셨다. 나와 함께 이를 위해 기도하지 않겠는가?

하나님 아버지,

제 죄를 아버지께 자백하기를 원합니다. 성령이여, 제 삶 가운데서 제가 거짓에 거하는 부분이 있다면 밝히 보여주시길 원합니다. 모든 거짓말은 사단의 도구임을 선포하며 예수님의 이름으로 진리의 허리띠를 띱니다. 예수님의 이름으로 기도합니다. 아멘.

의義의 흉배

"……의의 흉배를 붙이고……." 에베소서 6: 14

병사가 입는 흉배란 목부터 허벅지까지 몸 전체를 가리는 방패이다. 대개 흉배는 동으로 만드는데 때때로 장교들은 쇠사슬로 된 갑옷을 입기도 했다. 흉배는 마치 그리스도의 의가 우리를 가리고 우리의 생명을 보호하는 것처럼 우리의 심장을 가리고 보호한다.

이사야는 하나님께서 의를 위해 전쟁에 임하실 때 '의로 흉배'를 삼으셨다고 묘사한다. 우리도 그렇게 해야 함이 마땅하다. 물론 우리에게는 스스로의 의로움이 없지만 우리는 그리스도의 의로 옷 입었다. 하나님의 이름 중의 하나인 '여호와 치드케누Jehovah-tsidkenu'는 모든 것에 우리의 의가 되시는 하나님이라는 뜻이다. 성경에서 제일 먼저 '의rithteousness'라는 말이 나오는 곳은 창세기 15장 6절이다. "아브람이 여호와를 믿으니 여호와께서 이를 그의 의로 여기시고."

하나님은 장차 그의 자손들과의 관계에 있어 기초가 되는 언약을 맺으려는 순간에 아브람의 믿음을 보시고 의롭다고 여기신 것이다. 그처럼 아브람이 하나님을 믿은 것이 아버지께는 소중한 선물이 되었다.

신약성경으로 오면 로마서의 첫 세 장은 우리가 스스로 의가 없는 존재임을 말하고 있다. 바울은 우리 모두가 의롭지 못하다는 사실을 언급한 다음(1: 18-3: 20) 하나님께서 인간을 위해 의를 주셨다고 말한다. "이제는 율법 외에 하나님의 한 의가 나타났으니 율법과 선지자들에게 증거를 받은 것이라 곧 예수 그리스도를 믿음으로 말미암아 모든 믿는 자에게 미치는 하나님의 의니 차별이 없느니라."(로마서 3: 21-22)

이것이 바로 예수를 믿는 믿음으로 우리가 하나님 앞에 설 수 있는 이유이다. 그리스도인으로서 '충분히 선하고자' 엄청난 노력을 기울이지만 사실은 우리가 착한 날이든 못된 날이든 우리는 그리스도의 의로 옷 입어야 아버지께로 간다는 것이다. 그러므로 사단이 당신 귀에 당신은 하나님의 사랑을 받을 자격이 없다거나 하나님의 임재 안에 들어가기에는 너무 많은 잘못을 저질렀다고 속삭일 때, 당신 스스로의 이름으로 하나님께 나아가지 않음을 기억하라. 당신은 하나님의 어린양의 이름으로 하나님께 나아가는 것이다.

자유 출입증

2001년 9월 11일의 그 끔찍한 테러 공격 이후로 미국은 많은 점에서 변했다. 공항과 기차역 등에서 보안검색이 더욱 철저해졌으며 백악관 견학은 학교단체로만 제한되었다.

다른 차원에서 생긴 변화도 있었다. 믿음의 여성 집회장에도 보안이 강화되었다. 모든 관계자들은 출입증을 부착해야 하며 출입증을 잃어버렸을 경우에는 주최측에서 누군가가 와서 확인을 해줄 때까지 입구에서 기다려야만 한다. 금요일 집회를 좋아하는 크리스는 종종 금요일 밤에 집회장으로 오곤 했다.

크리스는 배부된 출입증을 가지고 있었는데 어느 금요일 밤에 출입증을 가져오는 것을 잊어버렸다. 내가 크리스가 도착했는지 찾고 있을 때 경비가 크리스를 세우고 출입증을 요구하는 것이 눈에 들어왔다. 그러자 크리스는 나를 발견하고는 이렇게 소리쳤다. "저 분과 함께 왔어요!"

그것이 바로 우리의 방패이다. 우리 스스로는 이 거룩한 싸움에 참여할 권리가 없지만 우리는 그리스도의 의의 흉배를 입고 있다. 출입증 없이 적에 맞서지 말라! 그렇게 되면 그의 거짓말이라는 공격에 당신 스스로의 방패로 대항하는 셈이 된다.

참소자 사단은 당신의 오른편에 서서 거짓말을 속삭인다는 사실을 명심하라. 이렇게 말할지도 모른다. "너는 여기 끼지 못해. 너는 실패야. 결코 변하지 못해."

당신이 보일 반응은 간단하다. "나는 예수님과 함께 왔어!"

그리스도가 하나님의 말씀으로 사단을 대적했던 것처럼 우리도 그렇게 해야 한다. 의의 흉배를 입는 데는 두 단계의 과정이 필요하다. 우리 모두의 의는 그리스도 안에 있다는 것을 인정하지만 우리가 할 일은 우리 자신의 죄를 인정하고 자백하는 것이다.

내가 십대 시절에 스코틀랜드 북쪽 지방에 사는 사촌 동생들이 우리 집에 와서 일주일을 보낸 적이 있다. 그애들은 우리 집에 있는 동안 남동생의 방을 썼는데 내 동생으로부터 만질 수 있는 것과 만져서는 안 되는 것에 대한 명확한 지침을 받았다. 그런데 침대 곁 램프가 어린 사촌의 눈에 쏙 들었던 모양이었다. 우리 집에서 잔 첫날 아침에 아이들이 일어났는지 보러 어머니가 올라갔을 때, 그 중 하나가

램프를 자기 무릎에 올려놓고 있었다. 어머니는 램프를 제자리에 올려놓으며 가지고 놀지 말라고 했다. 다음 날 아침에도 그 사촌동생은 램프를 무릎에 놓고 있다가 들키고 말았다. 그러더니 어머니를 쳐다보면서 이렇게 말했다. "얘가 제 침대 위로 또 올라왔어요!" 어머니는 겁에 질린 사촌의 얼굴을 보고는 웃고 말았다. 우리는 이 말에서 스스로 책임을 지고 싶어하지 않는 우리 모두의 모습을 보게 된다.

우리 자신의 죄를 인정하는 것은 중요하다. 희랍어 '호모로게오 homologeo' 라는 말은 '동의하다, 인정하다, 하나님 보시기에 정결하게 가다'라는 뜻이다.

2003년 여름의 어느 금요일 저녁에 나는 워싱턴 시의 MCI 대강당에 있는 사무실에서 '믿음의 여성'의 회장인 메리 그레함과 이야기를 나누고 있었다.

"루시와 나는 오늘 스타벅스 커피점에 갔었어요." 우리 연사 중 한 명인 루시 스윈돌을 지칭하며 메리가 말문을 열었다.

"한 남자 아이가 신문가판대의 가격표를 가지고 놀고 있는 것을 지켜보고 있었어요. 아이 엄마가 계속 조심하라고 주의를 줬는데 갑자기 갖고 놀던 가격표가 떨어져버렸지 뭐예요. 그러자 아이는 얼른 엄마 눈치부터 살피더니 엄마가 직원과 이야기하느라 못 본 것을 알고는 신문 더미 속으로 떨어진 가격표를 감춰버리는 것이었어요. 그 꼬마는 겨우 네 살 정도로밖에는 보이지 않았답니다."

그렇게 어린 나이에 벌써 잘못을 감추는 것을 배웠다는 것이 놀랍지 않은가? 그 아이는 바로 우리 모두의 모습이다. 우리에게는 자신의 죄를 감추려는 경향이 있다. 하지만 우리의 갑옷 중의 하나는 우리의 죄를 인정하고 회개한 후에 그리스도의 의의 흉배를 두르고 서는 것이다.

아버지 하나님,
그리스도의 의에 힘입어 설 수 있음에 감사를 드립니다. 사단의 거짓말
에 대적할 수 있는 방패를 주심에 감사드립니다. 제 죄를 빨리 보고 회
개하여 하나님 앞에 정결히 서게 하옵소서. 예수님의 이름으로 기도드
립니다. 아멘.

평안의 신발

"평안의 복음의 예비한 것으로 신을 신고……." 에베소서 6: 15

일단 흉배를 착용한 병사는 질긴 군화를 신을 것이다. 임무 중이지 않
은 병사들은 샌들을 신었지만 전쟁에 임할 때, 특히 겨울에 전쟁을 치
를 때에는 질기고 두꺼운 장화를 신어서 구보에 지장이 없도록 하는
것이다. 역사학자들에 따르면 알렉산더 대왕이나 줄리어스 시저의 군
사 작전의 성공은 군사들이 질긴 군화를 착용할 수 있었기 때문이라
고도 한다. 질긴 군화 덕에 군사들이 몇 날 며칠이고 거친 지역을 행
군할 수 있었다는 것이다.

그러나 우리가 신는 신은 '평안의 복음의 예비'의 신이라고 성경
은 말한다. 여기에서 복음의 메시지는 로마 병사들을 보호하고 지지
해준 신발과 연결되어 있다. 우리가 그리스도를 통해서 하나님과 화
평을 맺었다는 사실이 우리가 참여하는 영적 전쟁에서 든든한 발판을
제공한다는 것이다.

우리의 무기는 사단의 무기와는 정반대이다.

사단은 거짓말을 하나 우리는 진리를 말한다.

사단은 교만의 화신이나 우리는 그리스도를 떠나지 않는 한 의의 존재이다.

사단은 분열하고 불일치하나 우리는 모든 경우에 있어서 우리와 함께하시는 그리스도의 임재 안의 평안을 받고 그 안에 거하라는 부르심을 받는다.

아버지 하나님,

그리스도를 통해서 하나님과 화평하게 하심을 감사드립니다. 하나님께서는 복음을 전하는 자들의 발길이 아름답다고 하셨습니다. 제가 하나님의 뜻을 행하러 달려갈 때에도 하나님 보시기에 아름답기를 원합니다. 예수님의 이름으로 기도합니다. 아멘.

믿음의 방패

"……모든 것 위에 믿음의 방패를 가지고 이로써 능히 악한 자의 모든 화전을 소멸하고……." 에베소서 6: 16

로마 병사들의 방패는 보기에도 굉장했다. 일단 크기가 컸으며 직사각형이나 타원형의 방패로 병사가 자기 보호를 위해 앞쪽에서 가리는 데 이용했다. 두 겹의 나무를 붙인 다음에 천이나 가죽으로 씌우고 쇠를 덧대는 형식이었다. 병사들은 종종 방패를 앞으로 한 채 나란히 서서 싸웠는데 이렇게 함으로써 견고한 보호막을 만들 수 있었기 때문이다. 하지만 홀로 싸우는 병사에게도 방패는 훌륭한 보호막이 되었다. 고대의 전쟁에서는 짧은 나무 화살을 타르에 담갔다가 불을 붙여서 쏘곤 했다. 그래서 로마의 병사들은 겨울이면 방패를 물에 적셔서 가죽이 한껏 물을 머금도록 만들어 불화살이 박히더라도 닿는 즉시 꺼져버리도록 했다.

하나님에 대한 우리의 믿음은 사단이 우리를 향해 쏘는 불화살을 막는 방패가 된다. 사단이 거짓말을 하고 우리를 참소하고 유혹할 때, 어떤 화살을 쏜다고 할지라도 우리는 믿음의 방패를 높이 들어 사단의 화살을 막아내고 그 불을 꺼버리는 것이다. 여기서 믿음은 양면의 무기가 된다. 하나님이 우리를 불렀고 우리를 준비시켜주실 것을 믿으며 행함으로 옮기는 믿음도 중요하지만 과연 우리가 무엇을 믿는지 그 믿음의 내용 또한 중요하다.

가령, 우리는 하나님이 선하시며 사랑이심을 믿기에 사단이 "하나님은 너를 사랑하지 않아"라는 화살을 쏘면 우리는 그것이 거짓말임을 말해주는 믿음의 방패를 쳐드는 것이다.

나는 우리가 방패를 자신에 맞게 만들어나가야 한다고 생각한다. 우리가 하나님의 말씀을 마음 판에 새기고 하나님을 예배하는 것을 배우고 우리의 기도생활에서 성장할 때 사단의 공격을 막아내는 강한 방패를 가지게 되는 것이다. 또한 하나님의 임재 안에서 더 많은 시간을 보낼 때 내 영혼 속에 사단의 어떠한 화살이라도 막아낼 수 있는 강한 방패를 저장하는 것이다.

하나님 아버지,

사단 앞에서 제가 혼자 버려둠을 당하지 않게 하심을 감사합니다. 하나님의 말씀과 생명주심으로 인해 감사합니다. 제가 하나님의 진리를 제 마음에 담아서 사단의 불화살 공격을 이길 수 있도록 인도해주십시오. 예수님의 이름으로 기도합니다. 아멘.

구원의 투구

> "구원의 투구 …… 가지라." 에베소서 6: 17

구원의 투구도 역시 군사의 일상에 해당하는 것이다. 갑옷 시중을 드는 종자가 대개 맨 마지막에 건네는 것이 구원의 투구와 검이었다. 투구는 동으로 만들어졌는데 대개 깃털로 장식한다. 그것은 머리를 보호하는 것이기 때문에 특히 중요한 갑옷이었다.

우리에게 있어서 구원의 투구는 우리의 생각에 대한 하나님의 보호를 의미한다. 바울이 데살로니가 교인들에게 편지를 썼던 이유 중 하나는 그들의 느낌과는 상관없이 그리스도 안에서 받은 구원에 대한 확신을 다시 주기를 원했던 것이다. 그래서 바울은 이렇게 적었다. "그러므로 우리는 다른 이들과 같이 자지 말고 오직 깨어 근신할지라. 자는 자들은 밤에 자고 취하는 자들은 밤에 취하되 우리는 낮에 속하였으니 근신하여 믿음과 사랑의 흉배를 붙이고 구원의 소망의 투구를 쓰자."(데살로니가전서 5: 6-8)

우리는 종종 생각이 혼란스럽고 감정이 흔들리는 경험을 한다. 하나님이 우리를 사랑하시며, 우리가 가치 있는 존재이고 용서를 받았다는 느낌이 들지 않을 때가 많다. 그러나 우리의 느낌과는 상관없이 우리는 하나님의 약속에 따라 구원을 받은 것이다. 자신을 정죄하는 생각이 들 때조차도 우리는 그리스도를 통해서 하나님께 속한 자이며 이 세상에 어떤 것도 우리를 하나님의 사랑에서 끊을 수가 없다는 점을 확신할 수 있다.

바울의 선포를 기억하자. "내가 확신하노니 사망이나 생명이나 천사들이나 권세자들이나 현재 일이나 장래 일이나 능력이나 높음이나 깊음이나 다른 아무 피조물이라도 우리를 우리 주 그리스도 예수 안에 있는 하나님의 사랑에서 끊을 수 없으리라."(로마서 8: 38-39)

성령의 검

"……성령의 검 곧 하나님의 말씀을 가지라." 에베소서 6: 17

마지막 무기는 바로 칼이다. 로마 병사들의 칼은 짧지만 양날을 가진 치명적인 무기였다. 다른 무기들은 모두 다 방어를 위한 것인데 반해 '성령의 검'은 우리의 무기고에서 유일한 공격용 무기이다.

성경이 말하듯이 '성령의 검'은 하나님의 말씀을 뜻한다. 하나님의 말씀을 지칭할 때에 바울은 늘상 희랍어로 '로고스logos'라는 단어를 썼다. 하지만 이 구절에서만은 '레마rhema'라는 단어를 쓰고 있는데 두 단어가 함축하고 있는 의미가 다르다.

기록된 하나님의 말씀은 분명 하나이지만 여기서 바울은 기록된 말씀에 대조되는, 구어체로 선포되는 하나님의 말씀을 강조하고 있다. 바로 그것이 우리가 사단을 공격하는 방법이기 때문이다.

나는 아침마다 좋아하는 의자에 앉아서 하나님의 말씀을 읽으며 묵상하는 것을 즐기지만 종종 적에게 선포하듯이 내 삶과 우리 가정과 우리 가족에게 있어서 사단이 설 자리는 없다고 하나님의 말씀을 큰 소리로 외칠 때가 있다. 우리는 말씀이 양날을 가진 검보다도 더 날카롭다는 것을 안다. 말씀으로 내려칠 때와 다시 올려칠 때 사단의 거짓말은 두 쪽으로 갈라져버리기 때문이다. 성령의 검이 사단의 공격을 갈기갈기 찢어놓는 것을 상상해보라.

사단이 당신의 가족과 믿음과 건강과 소망을 향해 공격하는 느낌이 드는가?

하나님의 기록된 말씀을 큰 소리로 선포함으로써 사단의 공격에 대적하라. 그럴 때 우리는 예수님과 나란히 서서 이렇게 선포하는 것이다. "기록하기를……, 기록하기를……, 말씀하기를……."

하나님 아버지,
마치 병사가 자기 투구를 머리에 얹듯이 제 머리에 구원의 선물을 올려주신 하나님을 찬양합니다. 하나님의 사랑에서 저를 빼앗아갈 자가 아무도 없음에 감사합니다. 하나님의 말씀을 주심에 감사합니다. 예수님 이름으로 기도합니다. 아멘.

당신을 위한 나의 기도

크리스가 아기였을 때 나는 아침마다 옷을 입히면서 하나님의 전신 갑주가 그에게 입혀질 것을 기도했다. 작은 배에 기저귀를 느슨하게 채우면서 진리가 그의 인생에 보물이 되고 피난처가 되기를 기도했다. 조그만 셔츠의 단추를 채우면서 좋은 날에도 나쁜 날에도 자신의 힘이 아니라 그리스도의 의로움에 힘입어 하나님 앞에 설 수 있음을 깨닫도록 기도했다. 작은 발에 양말을 신기면서 예수님을 아는 것에서 나오는 평안 속에 거하기를 기도했다. 곱슬머리를 매만지면서는 하루 속히 그리스도를 자신의 구세주로 영접하는 날이 오기를 기도했다. 낮잠을 잘 때는 하나님의 살아 있는 말씀을 읽어주며 아이가 자라면서 그 말씀들을 암송함으로 사단을 대적하는 무기로 삼기를 기도했다.

나는 지금 당신을 위해서 동일한 기도를 드린다. 사랑하는 주 안에서의 자매여, 하나님의 전신 갑주를 하나도 빼지 말고 입는 법을 배워서 담대히 설 수 있기를 예수님의 이름으로 기도드린다.

이어지는 장에서 우리는 믿음과 신뢰, 은혜와 진리가 이 영적 전쟁에서 어떤 위치에 서게 되는지를 공부할 것이다. 우리는 세계적으로나 국가적으로, 학교와 교회에서 혼란스러운 시대를 살고 있다. 매일같이 우리를 둘러싼 이 영적 전쟁의 한가운데에서 하나님은 우리를 진리를 위해 설 수 있는 믿음의 여성으로 부르신다. 또한 이 싸움에서 상처를 입은 자들에게 은혜와 자비를 줄 수 있는, 그리스도를 닮은 마음을 가진 자로 우리를 부르신다.

이것이 바로 우리가 임하는 거룩한 전쟁이다.

하나님 아버지,
영적 전쟁에 임할 수 있도록 전신 갑주를 주심에 감사드립니다. 항상 준비된 군사의 훈련을 제게 허락하옵소서. 예수님의 이름으로 기도드립니다. 아멘.

- 하나님의 전신 갑주를 입어야 함을 기억하기 위해 할 수 있는 일에는 어떤 것이 있겠는가?

- 하나님은 우리 주위에서 일어나고 있는 영적 전쟁에 대비해서 무엇을 입어야 하는지 우리에게 말씀하신다. 에베소서 6장 중에 기억하고 있거나 암송한 것을 요약해보라.

- 진리만이 적에게 대항하는 최고의 방패가 된다. 만일 우리가 거짓말을 하기로 하면 아무리 사소한 거짓이라 할지라도 우리의 영적 방패인 진리의 허리띠를 포기하는 것이다. 당신에게 있어서 아주 사소한 거짓말을 포함해서 진리를 말하지 못하는 것이 심각한 문제가 되는가? 진리의 사람, 거짓말이 판치는 문화를 거슬러 사는 사람이 되려면 어떻게 해야 하는가?

- 우리는 늘 "예수님과 함께 왔어요!"라고 말할 때 하나님께로 나아갈 수 있게 된다. 먼저 당신의 죄를 인정하고 자백하고 회개하며 겸손히 그리스도를 당신의 구세주와 주로 영접함으로써 그리스도의 의를 받아들였는가? 아니라면 지금 그렇게 고백하고 당신의 결단을 다른 그리스도인과 나누라.

- 믿음의 한 단면은 우리가 무엇을 믿는지를 보여준다. 사단이 당신에게 자주 하는 거짓말에 대적하는 데 하나님의 어떤 진리의 말씀이 도움이 되는가? 당신의 방어력을 강화시키기 위해서 현재, 그리고 장차 어떻게 할 수 있는가? 구체적인 예를 나누어보라.

- 당신의 느낌과는 상관없이 그리스도 안에서 구원받았다는 확신을 가지고 있는가?(데살로니가후서 2장 13절에서 15절을 보라.) 그러한 확신이 당신의 구원의 투구가 된다.

- 최근에 예수님의 본을 따라 "기록하기를……"이라고 큰 소리로 선포하고 있는 상황이 있다면 나누어보라.

믿음으로 걷기

믿음이 없이는 기쁘시게 못하나니 하나님께 나아가는 자는
반드시 그가 계신 것과 또한 그가 자기를 찾는 자들에게
상 주시는 이심을 믿어야 할지니라.

• 히브리서 11: 6 •

너희는 마음에 근심하지 말라 하나님을 믿으니 또 나를 믿으라

• 요한복음 14: 1 •

매년 우리 집회에서는 드라마 연출가인 니콜 존슨이 드라마 소품들을 준비해 주말집회에서 발표를 한다. 2003년에 그녀가 만든 드라마 중 하나의 타이틀은 〈돛을 올리며Raising the Sail〉라는 작품이었다. 그 작품은 한 엄마가 홀로 키운 에이미라는 딸과의 관계에서 겪는 갈등에 관한 것이었다. 그 갈등의 결과는 하나님을 의뢰하고 믿음의 배에 오르느냐 아니면 두려움에 묶여서 부두에 그대로 남느냐의 차이를 보여주는 것이었다.

줄거리는 대충 이랬다. 에이미가 학교에서 도대체 어떻게 생활하는지 알아보려고 엄마는 딸의 가방을 뒤져보기로 했다. 그 가방에서 이상한 약들을 발견한 엄마는 놀라서 딸에게 추궁을 하지만 에이미는 엄마가 자신의 사생활을 침범했다는 사실에 놀라며 그 약들은 자신의 것이 아니라고 오히려 큰소리를 쳤다. 엄마는 딸의 말을 믿지 못하고 딸아이의 삶을 감시하는 데에 집착했고 급기야 에이미는 가출을 하고야 만다.

이 드라마의 핵심은 우리가 믿음이 아닌 두려움을 선택할 때 사랑은 조정과 통제로 변하게 된다는 것이다. 자포자기한 엄마는 마침내 하나님의 자비 앞에 자신을 드리고 하나님이 에이미를 돌보아주실 것을 믿기로 작정한다. 마침내 그녀는 돛을 올릴 준비가 된 것이다.

집회장의 모든 엄마들은 그 드라마 속에서 자신을 발견했다. 니콜은 이렇게 말한다. "부모가 갖는 두려움에는 어떠한 것이 있나요?" 부모가 된다는 것은 자신의 아이에게 세상을 주는 것이자 그 아이의 무한한 가능성을 자신의 가슴에 심는 것이다.

지금까지 우리는 과거로부터 가져왔던 상처가 무엇인지를 들여다보았고 우리를 대신해서 상처를 짊어지신 예수님을 보았다. 또한 사단의 본성과 하나님이 어떻게 우리를 무장시키는지에 대해 공부했다. 이제 다음 두 장에 걸쳐 우리는 상처받은 마음을 넘어서 믿음과 신뢰를 향하는 항로를 계획하는 것에 관해 이야기를 나눌 것이다.

그런 후에 우리는 놀라운 은혜의 이야기를 가슴에 안은 채 잠시 앉아 있기로 하겠다. 다른 사람들이 망망대해로 나가는 것을 지켜보며 부두에 안전하게 남아 있는 것이 훨씬 더 쉬울 것이다. 하지만 우리는 그보다는 더 큰 일을 위해 창조된 자들이 아닌가.

어쩌면 잘못될 수 있는 모든 가능성들을 보면서 당신의 마음이 걱정과 두려움으로 가득할지도 모른다. 어쩌면 당신은 늘 그렇게 두려워해왔는지도 모른다. 하지만 아직도 다른 방식으로 사는 것을 배우기에는 늦지 않았다. 마지막 호흡이 남아 있기까지는 두려움 대신 믿음을 택할 수 있기 때문이다.

나는 우리 시아버지에게서 그것을 경험했다. 아버님이 우리와 함께 살기 시작했을 때, 아버님의 연세는 여든이었다. 아버님은 친절하고 재미있는 분이었지만 소극적인 삶을 산 분이었다. 모든 일에서 위험의 가능성을 보며 사셨던 것이다. 전화벨이 울릴 때마다 사고 소식을 알리는 전화가 아닐까 생각했고 병원에 갈 때마다 가지 않는다면 듣지 않아도 될 소식을 듣게 되는 것은 아닐까 염려했다. 그것은 아버님이 그 부모님에게서 물려받은 습관이었다. 아버님의 아버지가 그렇게 사시는 것을 보며 자랐던 것이다. 어릴 적에 주위 사람들에게서 얼마나 많은 것들을 배우는지를 알면 놀랄 것이다. 아무도 말로 우리를 가르치지 않지만 우리는 무언의 메시지를 받는다.

길다 래드너Gilda Radner의 책 『모든 것이 소중하다It's Always Something』에 보면 교통사고를 당한 개에 관한 이야기가 나온다. 얼마 안 있어 새끼를 낳을 예정인 개가 자동차에 치여 뒷다리를 모두 심하게 다쳤다. 수의사와 개 주인은 뱃속의 새끼들이 무사한 것을 알고 그 불쌍한 어미 개를 할 수 있는 한 최선을 다해 치료한 후에 지켜보기로 했다. 위대한 모성본능으로 어미 개는 두 다리로 걷는 법을 터득했다. 앞다리로 한 발자국을 나가고 몸을 앞으로 당기는 식의 방법으로 말이다. 몇 주가 지나자 강아지들이 태어났고 곧 이어서 어미 개를 따라다니기 시작했다. 놀라운 것은 네 다리가 모두 성한 강아지들이 전부 두 다리밖에 못쓰는 어미 개처럼 걷기 시작했다는 것이다.

어머님이 저세상으로 떠나신 후에 우리 집으로 오신 아버님이 내게 이렇게 물으셨다. "너희 집안의 규칙들은 뭐냐?"

무슨 뜻인지 몰라서 나는 이렇게 말씀드렸다. "아버님, 저희 집은 규칙이 별로 없어요. 그저 서로 사랑하고 사랑 가운데 진리를 말하려고 노력하는 것이 전부예요. 실수를 하거나, 집안을 엉망으로 만들거나, 값비싼 크리스틸 화병을 깨거나, 길 잃은 고양이를 데려오거나 해도 상관 없어요. 우리가 서로를 용서하는 한 괜찮다고 생각해요."

나는 아버님이 두려움을 모르는 손자 녀석을 유심히 관찰하시는 것을 보았다. 크리스가 공원에서 제일 높은 미끄럼대로 향하는 것을 보시고 아버님은 움찔하셨다. 하지만 곧 신나게 미끄럼을 타고 내려오는 손자가 활짝 웃으며 기뻐하는 것을 보고는 미소를 지으셨다. 크리스가 자전거를 타다 넘어지자 나를 쳐다보시며 마치 "아직 너무 어리잖아"라고 말씀하시는 듯했지만, 곧바로 일어나서 다시 자전거에 오르는 아이를 보고는 머리를 저으며 웃으셨다. 어른만 어린아이를 가르치란 법은 없다. 어린아이가 어른에게 두려워하지 않아도 됨을 가르치는 것을 지켜보는 것은 즐거웠다.

2000년 11월 돌아가시기 몇 주 전에 아버님과 나는 저녁식사를 마치고 벽난로 옆에 앉아 있었는데 아버님이 이런 말씀을 하셨다.

"말년에 하나님이 내 생애 최고의 날들을 허락하실 줄 그 누가 알았겠니?"

나는 당신에게 묻고 싶다. 하나님이 당신의 앞날에 최고의 나날들을 준비해두셨다고 믿는가?

나는 전심으로 그렇게 믿는다. 인생에서 변화와 상실을 경험하는 것은 현실이다. 어떤 이들은 질병의 치유를 선물로 받지만 어떤 이들은 그렇지 못하다. 하지만 하나님의 은혜로 말미암아 우리의 마음과 생각의 모든 골짜기 깊숙한 곳마다 믿음과 신뢰와 평안이 심어진다면 우리는 참으로 풍성하고 축복된 삶을 누릴 것이다. 그것이야말로 의사가 줄 수 있는 어떠한 치유보다 더 큰 치유인 것이다. 두려움을 넘기 위해서 필요한 것은 믿음이다. 앞서 말한 연극에서 그 엄마는 배에 오르거나 아니면 아무 데도 갈 수 없는 시점에 봉착했다. 인생에서 이러한 결단의 순간이야말로 가장 어려운 부분이다.

자유해!

어느 날 밤 냉장고에 우유를 도로 넣고 있을 때 내 발 위에 무언가 감촉이 느껴졌다. 내려다보니 작은 회색 쥐 한 마리가 내 발을 넘어서 부엌을 가로질러가고 있었다. 나는 쥐를 무서워하지는 않지만 집 안에 있다는 사실을 알고 그냥 내버려둘 수는 없는 일이었다. 남편은 쥐 잡는 일을 질색으로 여기기에 주로 말벌이나 거미 잡는 일을 전문으로 하고, 네 발 달리고 빨리 움직이는 것은 늘 내게 양보했다. 그때 남편은 서재에서 일하고 있는 중이었다.

"우리 부엌에 쥐가 있어요." 내가 가서 말했다. "내가 쫓아서 거실 쪽 소파로 몰아두었어요. 당신이 쥐를 싫어하는 줄 알지만 잡으려면 당신 도움이 필요해요. 미끼 역할을 해줘요."

"미끼라고!" 남편이 말했다. "어림도 없어."

"좋아요. 그러면 손전등을 비춰줘요."

"그건 괜찮지. 손전등이야 들어줄 수 있어." 남편이 대답했다.

우리는 쥐를 따라서 온 집 안을 헤매고 다녔다. 마침내 쥐가 거실의 긴 커튼 뒤로 숨었다.

"우리 이렇게 해요." 내가 남편에게 제안했다. "땅 하는 신호와 동시에 당신이 커튼을 들어올리면 이 통으로 쥐를 잡을게요."

"그거 말고 하나 둘 셋이 어때?" 남편이 말했다.

"하나 둘 셋이라고요? 좋아요." 내가 동의했다.

"그런데 셋 할 때 들어올려, 아니면 셋 하고 난 후에 들어올려?"

"하나 둘 셋, 땅! 땅 하면 들어요." 내가 대답했다.

우리는 별로 중요하지도 않은 작전을 세우느라 10분은 족히 보냈을 것이다. 그렇게 신중에 신중을 기한 이유는 실제 순간을 위해 마음의 준비를 하기 위함이었다. 만일 제때에 통을 갖다대지 못하면 어쩌지? 만일 쥐를 놓치면 어쩌지? 어쩌면 그 쥐가 기다리다가 지친 나머지 통을 갖다대면 스스로 통 속으로 뛰어들지도 모를 일이었다. 마침내 남편이 커튼을 들었고 나는 통 안에 쥐를 가두었다. 그리고 남편과 크리스가 호숫가로 가서 쥐를 풀어주었다.

"쥐는 어떻게 됐어?"

돌아오는 크리스에게 내가 물었다.

"괜찮았어요, 엄마. 처음에는 통 속에서 안 나오려고 했어요. 통을 내려놓았지만 통 속에서 가만히 있는 거예요. 나갈 수 있는 것을 알면서도 그냥 있었어요."

"아마 무서웠을 거야. 아니면 지쳤던지. 아빠와 내가 온 집을 따라다녔거든. 그런데 어떻게 나오게 했어?"

"글쎄요. 내가 통을 두드리면서 '자유해'라는 노래를 불렀어요. 아마 그래서 나온 것 같아요."

때때로 나는 그 작은 쥐와 같다. 내가 있는 통에 익숙해지고 통 밖의 세상은 무섭고 끝이 없는 것이다. 하나님께서 나갈 길을 허락하셨지만 오히려 자유가 두려워 통 안에 머무르는 것이다.

당신도 그같이 느끼는가? 두려움 대신 믿음을 선택하면 다르게 살 수 있는 길이 보이지만 첫 발을 내딛는 생각만 해도 두려움이 몰려온다. 하지만 우리는 쥐처럼 혼자가 아님을 기억하라. 예수님이 함께 계신다. 통을 사랑스럽게 두드리시며 '자유해'라고 노래하시는 예수님이 보이는가?

나는 이사야에서 이 구절을 특히 좋아한다. 때로는 우리 자신을 위해서라면 결코 택하지 않았을 어려운 곳을 걸어가지만 우리는 결코 혼자가 아님을 상기시켜주는 구절이기 때문이다.

네가 물 가운데로 지날 때에 내가 함께할 것이라

강을 건널 때에 물이 너를 침몰치 못할 것이며

네가 불 가운데로 행할 때에 타지도 아니할 것이요

불꽃이 너를 사르지도 못하리니. 이사야 43: 2

이 얼마나 엄청난 약속인가. 성경은 우리가 물 가운데로 지나지 않을 것이라고 하신 것이 아니라 그때에 그리스도가 우리와 함께하시리라고 말씀하신다. 성경은 우리가 강을 건너지 않을 것이라고 하지 않고 그때에 물이 우리를 삼키지 못할 것이라고 말씀하신다. 불 가운데로 우리가 가겠지만 하나님의 크신 사랑으로 우리가 타지 않을 것이라고 말씀하신다.

당신의 발밑이 잠겨오고 당신의 머리카락이 타는 냄새가 진동할 때에 바로 이 말씀을 붙들라. 그리스도를 붙들라. 왜냐하면 그리스도가 당신을 붙들고 있기 때문이다.

우리를 덮으시는 하나님의 사랑

나는 스코틀랜드 서부 지방의 작은 마을인 에어에서 자라났는데, 그곳은 뒤로는 푸른 산, 앞으로는 바다로 둘러싸여 있었다. 서부 지방은 비옥한 목축지로 양떼와 아름다운 젖소들이 뛰노는 곳이었다.

우리 어머니는 인근의 목장주들의 회계를 담당하는 회사에서 일했다. 목축은 힘들고 고된 삶을 요구한다. 추운 겨울날에도 해가 뜨기 전에 일어나서 하루 종일 허리가 휘도록 일하다가 잠자리에 들 때면, 때로는 하나님이 비를 내려주셔서 또 때로는 비를 막아주셔서 풀들이 제대로 자랄 수 있도록 기도해야 하는 것이다. 만일 그해 목축에서 실패를 하게 되면 그것은 그 목장주의 삶에 지대한 영향을 미쳤다. 내가 어릴 적에 들은 한 이야기가 특별히 기억에 남는데 그것은 불이 나서 자신의 모든 가축이 다 타 죽은 목장주들에 관한 이야기였다.

그해 여름은 특별히 비가 많이 오지 않아 건조한 날씨가 계속되었다. 어느 날 목부들은 화염으로 뒤덮인 하늘을 발견했다. 건초더미는 순식간에 재로 변했다. 한 목장주는 건질 수 있는 것이 있을지 소리쳐서 아내의 도움을 구했으나 축사가 화염에 휩싸인 것을 보고는 너무 늦은 것을 알았다. 이미 모든 것이 다 타버린 뒤였던 것이다.

다음 날 아침 그가 슬픈 마음으로 마당을 가로질러가면서 한때 자신의 전 재산이었던 다 타버린 나무와 가축들을 살펴보고 있었다. 타버린 암탉의 시체를 밟으려는 순간에 멈추어 서서 자세히 보니 어미 닭이 몸으로 감싸서 병아리를 살리고 자신은 불에 타 죽었다. 날개 밑으로 병아리들을 다 모아 자신의 몸으로 덮어 불길을 막았던 것이다.

"네가 불 가운데로 행할 때에 타지도 아니할 것이요 불꽃이 너를 사르지도 못하리니." 이 진리의 말씀을 내 것으로 만들기 위해서 우리는 두려움에서 벗어나서 믿음으로 살아야 한다. 그런데 믿음이란 과연 무엇인가?

오늘날 기독교 문화에는 믿음에 대한 오해가 많다. 때로는 다음과 같이 잔인한 무기 대신으로 쓰이기도 한다. "당신 믿음이 더 컸더라면 당신 딸이 죽지 않았을 거예요." 때로는 판단을 잘못한 것에 대한 변명으로 쓰이기도 한다. "방사성 치료를 받아야 한다는 것을 알지만 믿음으로 받지 않기로 했어요." 믿음의 은사를 받은 이가 오직 영적 세계에서만이 경험할 수 있는 약속에 대해 "나는 확신해요"라는 경지에 이를 수 있음을 인정한다. 하지만 또한 나는 종종 믿음이라고 여기는 것들이 우리 마음의 소원인 경우도 본다.

믿음faith과 믿다believe에 해당하는 히브리어는 구약성경을 통틀어 단 서른 번밖에 나오지 않는다. 그에 해당하는 희랍어 단어는 신약성경에서 약 오백 번 등장한다. 하지만 놀라운 사실은 신약성경에서 나오는 믿음의 대부분은 구약성경에 나온 믿음에 관한 구절의 재인용이라는 점이다.

위대한 사도인 바울이 "의인은 믿음으로 말미암아 살리라"(로마서 1: 17)라고 가르쳤지만 사실 그는 구약의 선지자 하박국의 다음 말을 재인용한 것이었다.

보라 그의 마음은 교만하며

그의 속에서 정직하지 못하니라

그러나 의인은 믿음으로 말미암아 살리라. 하박국 2: 4

위대한 믿음의 장인 히브리서 11장에는 믿음의 선조들의 행진이 이어진다. 그들은 메시아의 탄생을 보지 못하고도 믿었던 사람들이었다. 보지 못하는 것들을 믿으며 일평생을 살았던 것이다.

그래서 본 사람들은 믿는 것이 쉬웠을까? 예수님은 그들이 기대하던 메시아의 모습이 아니었기에 보았다고 해서 더 쉽게 믿었을 것 같지는 않다. 하나님에 대한 믿음에는 언제나 출발점이 요구된다. 그래서 쉽지가 않다. 역사상 유리한 위치에 서 있는 우리로서는 만일 우리가 예수님이 계시던 당시에 살았더라면 더 쉽게 믿을 수 있었으리라고 추측할지도 모른다. 하지만 다시 한번 곰곰이 생각해보자.

그는 당신 아들의 친구였고 자기 어머니 마리아의 우유 심부름을 다닌 꼬마였다. 요셉의 아들이었고 착하고 예의 바른 아이였지만 글쎄, 그 아이가 하나님의 아들이라고 믿기까지는 상당한 비약이 필요하지 않은가?

믿음의 의미가 가장 명쾌하게 설명된 곳은 바울의 서신이다. 믿음은 예수님과 그의 가르침, 십자가에서 완성된 사역에 대한 절대적인 신뢰인 것이다. 믿음은 그리스도만이 우리의 소망이라는 근본적이며 절대적인 헌신을 요구한다. 믿음은 합리적인 증거를 바라는 마음을 한쪽으로 제쳐놓는 것이라고 말하는 사람들에게 나는 우리가 매일 그런 유의 믿음을 표현하며 산다는 말을 하고 싶다. 의자에 앉을 때 의자가 내 몸무게를 지탱할 수 있을 것인지 확인하지 않은 채 앉는다. 식당에 가서는 부엌에 들어가서 위생상태를 점검하지 않은 채 음식을 주문한다. 사실 그것이 가능한 이유는 내가 지금껏 의자에 앉으면서 아무런 사고도 없었다는 역사가 있기 때문이다. 그런 사실을 수천 번 확대해본다면 하나님을 신뢰할 만한 역사가 하나님과 나 사이에 충분히 존재한다. 하나님은 내 삶에서 신뢰할 수 있는 분임을 거듭 증명해 보이셨다.

하나님이 아브라함에게 아들 이삭을 제물로 바칠 것을 요구하는 장면을 기억하는가?

"여호와께서 가라사대 네 아들 네 사랑하는 독자 이삭을 데리고 모리아 땅으로 가서 내가 네게 지시하는 한 산 거기서 그를 번제로 드리라. 아브라함이 아침에 일찍이 일어나 나귀에 안장을 지우고 두 사환과 그 아들 이삭을 데리고 번제에 쓸 나무를 쪼개어 가지고 떠나 하나님이 자기에게 지시하시는 곳으로 가더니."(창세기 22: 2-3)

이 구절을 읽을 때 내가 가장 놀라는 부분은 '아브라함이 아침에 일찍이 일어나' 라는 구절이다. 아브라함은 백 살이 되어서야 아들 이삭을 얻었다. 하나님은 아브라함에게 이삭을 통해 영원한 언약을 세우겠다고 약속하셨다. 그런데 이제 와서는 아브라함에게 그 아들을 죽여서 자신에게 바치라고 명령하신 것이 아닌가. 만일 내가 아브라함의 입장에 처했더라면 아무도 몰래 그날 밤으로 집을 떠났던지 아니면 다음 날 아침에 이불을 머리끝까지 뒤집어쓰고 누웠을 것이다.

하지만 아브라함은 달랐다. 그는 일어났던 것이다. 왜 그랬을까? 자기 아들을 죽여야 하는 공포에 무감각한 냉정한 아버지였기에 그랬을까? 결코 그렇지 않다.

하나님과 아브라함 사이에는 신뢰의 역사가 있었던 것이다. 하나님은 아브라함의 삶에서 언제나 절대절명의 순간에 나타나셨다. 아브라함의 믿음은 하나님의 성품과 방법에 대한 지식에 기초한 것이었다. 그래서 그들은 떠났고 모리아 산기슭에 이르러서는 종들에게 기다리라고 하면서 아브라함은 이렇게 말했다. "너희는 나귀와 함께 여

기서 기다리라. 내가 아이와 함께 저기 가서 경배하고 너희에게로 돌아오리라."(창세기 22: 5)

그가 무슨 말을 했는지 알겠는가? 우리가 가서 예배를 드리고 우리가 돌아올 것이라고 말한 것이다. 하나님은 그에게 이삭을 통해서 영원한 언약을 세우겠다고 말씀하셨다. 그리고 이삭을 데리고 산꼭대기로 올라가서 이삭을 번제로 드리라고 말씀하셨다. 아브라함은 하나님이 말씀하신 그대로 행할 작정이었지만 종들에게 우리가 돌아오겠다고 말하지 않았는가. 아브라함은 설령 자신이 칼을 들어 이삭의 심장을 꿰뚫는다고 할지라도 하나님께서는 이삭을 다시 살리실 것을 알았던 것이다.

아브라함은 하나님은 거짓말을 하시지 않는 분임을 알고 있었다. "아브라함이 바랄 수 없는 중에 바라고 믿었으니."(로마서 4: 18) 하나님은 거짓말쟁이가 아니다. 하나님은 자신이 말씀으로 약속하신 모든 것을 행하시는 분이다. 누군가가 말했다. 용기는 기도를 동반한 의로운 두려움이라고.

그럼에도 믿음을 갖기에는 엄청난 용기가 필요한가? 여기에 복된 소식이 있다. 하나님은 우리를 위해 행하신 모든 것 위에 그 첫 발자국을 내디딜 수 있는 은혜를 주시는 분이다. 이것이 은혜가 진정 놀라운 이유이다!

하나님 아버지,

언제나 제게 신실하셨음에 감사를 드립니다. 오늘부터 전적으로 주님을 의뢰하기로 결단합니다. 당신께서 제 하나님이 되시고 제가 하나님을 사랑하기에 두려움 대신 믿음을 택하기로 결단합니다. 예수님의 이름으로 기도합니다. 아멘.

- 상황이 크든 작든 간에 지속적으로 하나님을 향한 믿음을 방해하는 두려움에는 어떤 것들이 있는가? 구체적으로 나누어보라.

- 하나님과 당신 사이에 존재하는 역사를 뒤돌아보라. 당신의 두려움에도 불구하고 하나님께서는 신실하셨던 적이 언제였는가?

- 그 작은 회색 쥐에 관해 생각해보라. 호숫가에서 자유로운 길이 눈앞에 있었음에도 그 쥐는 통을 떠나기를 원치 않았다. 당신의 통은 얼마나 편안한 곳인가? 두려움이 아닌 믿음을 선택할 수 있는 다른 길이 보이는가? 그 첫걸음을 내딛기가 두려운 까닭은 무엇인가? 그 두려움을 극복하기 위해서 당신이 할 수 있는 일은 무엇인가? (힌트: 마태복음 28장 20절을 보라.)

- 믿음은 그리스도만이 우리의 소망이라는 근본적이며 절대적인 헌신을 요구한다. 믿음은 합리적인 증거를 바라는 마음을 한쪽으로 제쳐놓는 것이라고 말하는 사람들에게 나는 우리가 매일 그런 유의 믿음을 표현하며 산다는 말을 하고 싶다. 철저한 조사와 확실한 증거 확보 없이 오늘 당신이 믿음으로 행한 일에는 어떠한 것들이 있는가? 내가 들었던 의자나 음식의 예를 생각해보고 당신이 들 수 있는 구체적인 예를 나누어보라.

- 하나님께서 당신 앞날에 최고의 나날들을 준비해두셨다고 진심으로 믿는가?

은혜와 진리

예수께서 그 자라나신 곳 나사렛에 이르사 안식일에 자기 규례대로
회당에 들어가사 성경을 읽으려고 서시매 선지자 이사야의 글을
드리거늘 책을 펴서 이렇게 기록한 데를 찾으시니

*"곧 주의 성령이 내게 임하셨으니 이는 가난한 자에게 복음을 전하게
하시려고 내게 기름을 부으시고 나를 보내사 포로된 자에게 자유를,
눈먼 자에게 다시 보게 함을 전파하며 눌린 자를 자유케 하고 주의
은혜의 해를 전파하게 하려 하심이라 하였더라."*

• 누가복음 4: 16-19 •

위의 구절은 성전에서 메시아이자 왕을 고대하며 기다리던 사람들에
게는 너무나도 익숙한 말씀이었다. 또한 물질적으로 가난한 자들은
물론이고 하나님을 갈망하며 영적으로 가난한 자들, 마음의 상처를
안고 살아가던 이들에게 있어서 복음이 되는 말씀이었다.

그들 모두가 자신들의 상처를 싸매줄 분을 기다리고 있었다. 자
녀의 장례식을 치르면서, 과다한 세금을 착취당하면서, 엄한 로마법
의 압제 아래, 하나님의 백성들은 서로를 쳐다보며 이렇게 위로하곤
했다.

"메시아가 오십니다. 조금만 참읍시다. 곧 메시아가 오십니다."

그들은 메시아가 오시면 포로된 자와 눌린 자를 자유케 하시리라 믿었다. 조국의 자유를 갈망하면서 메시아만 오시면 주의 은혜의 해와 하나님의 신원의 날을 선포하시리라 생각했다. 눌리고 학대를 받았던 이들, 로마 군병들이 지나갈 때에 눈을 치켜뜨지도 못했던 이들에게 이 약속은 위로와 기쁨을 주었다.

"우리의 날이 오리라"라고 그들은 말하곤 했다. "잠시만 기다리라. 우리의 날이 곧 오리니 하나님께서 갚아주시리라. 바로를 기억하는가? 역병과 기근을 기억하는가? 주의 진노가 임하는 날에는 애굽에 내렸던 저주와 비기지 못하리라!"

그렇게 그들은 기다렸던 것이다.

그들에게는 하나님의 약속이 있었다. 어느 누가 핍박을 할지라도 그들은 자신들의 날이 곧 오리라는 것을 알았다. 선지자 예레미야의 말이 있지 않았던가.

나 여호와가 말하노라 보라 때가 이르리니

내가 다윗에게 한 의로운 가지를 일으킬 것이라

그가 왕이 되어 지혜롭게 행사하며

세상에서 공평과 정의를 행할 것이며

그의 날에 유다는 구원을 얻겠고

이스라엘은 평안히 거할 것이며

그 이름은 여호와 우리의 의라 일컬음을 받으리라 예레미야 23:5-6

그렇게 그들은 기다렸다.

메시아가 오셨다

그렇게 오랫동안 기다렸던 기적을 그처럼 어이없이 놓칠 수가 있는 걸까? 첫 번째 크리스마스에 관한 앞장의 이야기를 기억하는가? 몇 명의 목동과 몇 마리의 가축을 제외하고는 모두 메시아 탄생의 기적을 보지 못했다.

그리고 30년이란 세월이 흘렀다. 예수님은 40일간 광야에서 금식하신 후에 하나님의 말씀으로 사단을 대적하셨다. 광야에서 나오신 예수님은 갈릴리로 돌아가셨다. 사람들은 자신들이 이전에 한 번도 들어본 적이 없는 이야기를 하는 이상한 사람에 관해 들었다. 예수님은 회당에서 가르치셨고 사람들은 그의 가르침에 놀랐다.

예수님에 대한 사람들의 반응을 기록한 누가의 표현은 참으로 적절한 것이었다.

"저희가 그 가르치심에 놀라니 이는 그 말씀이 권세가 있음이러라."(누가복음 4: 32)

여기저기로 돌아다니시던 예수님은 다시 나사렛의 집으로 돌아오셨다. 그 후 첫 안식일에 예수님은 그날의 성경말씀을 낭독하기 위해 일어나셨다. 그리고 그야말로 사람들이 기절초풍을 할 만한 말씀을 하셨다.

[예수께서] 그 자라나신 곳 나사렛에 이르사 안식일에 자기 규례대로 회당에 들어가사 성경을 읽으려고 서시매 선지자 이사야의 글을 드리거늘 책을 펴서 이렇게 기록한 데를 찾으시니 곧

주의 성령이 내게 임하셨으니

이는 가난한 자에게 복음을 전하게 하시려고

내게 기름을 부으시고

나를 보내사 포로된 자에게 자유를,

눈먼 자에게 다시 보게 함을 전파하며

눌린 자를 자유케 하고

주의 은혜의 해를 전파하게 하려 하심이라 하였더라

책을 덮어 그 맡은 자에게 주시고 앉으시니 회당에 있는 자들이 다 주목

하여 보더라. 누가복음 4: 16-20

한번 생각해보라! 예수님께서 회당에서 그날의 말씀을 봉독하려고 일어나셨는데 주어진 말씀이 바로 자신에 관한 말씀이었던 것이다.

이 상황을 현대판으로 한번 재현해보기로 하자. '믿음의 여성' 집회가 있는 금요일 밤이다. 집회장소는 사람들로 꽉 들어찼다. 내가 손에 마이크를 들고 무대에 서서 '믿음의 여성'의 역사에 관한 책을 들고는 한 구절을 읽기 시작한다.

얼마 후에 하나님께서 또 한 사람의 연사를 우리 주 연사들의 동역자로 보내시리니 그녀가 누군지 잘 살펴보라. 그녀는 마흔일곱 살의 스코틀랜드 출신의 여성이다. 그녀에게는 크리스라는 이름의 아들과 배리라는 이름의 남편이 있다. 굽 높은 신발을 신었고 아이스크림을 엄청 좋아해서 엄청 먹고는 즉시 후회하곤 한다. 그녀는 내시빌에 살며 토마스 넬슨 출판사를 통해 책을 출판한다. 그녀는 뉴킹제임스 성경을 좋아한다!

여기까지 읽은 다음에 내가 책을 덮고 자리에 앉는다. 청중들은 아마 내가 농담을 했거나 아니면 우울증 약을 끊으려고 시도하는 중이라고 생각할 것이다. 이처럼 그날 성전에 모였던 사람들도 전혀 상황 판단을 하지 못했다. 그저 예수님을 빤히 쳐다보고 있을 따름이었다.

그래서 예수님은 계속해서 그들에게 "이 글이 오늘날 너희 귀에 응하였느니라"라고 부연설명을 하셨던 것이다. 사람들의 웅성거림을 상상할 수 있겠는가?

"쟤가 도대체 뭐라고 하는 거야?"

"오늘날 이들이 우리 귀에 응하였다잖아."

"아이고, 하나님 맙소사! 진짜 그렇다면 얼마나 좋을까. 그런데 저 아이는 요셉의 아들이잖아."

스코틀랜드 말에는 자신을 너무 과장하는, 사람의 거품을 확 빼는 적절한 표현이 하나 있다. "그 여자가 유명할 리가 없어. 내가 그 아버지를 아는데!" 바로 그날 성전에서 그와 비슷한 말이 오갔을 것이다.

읽기를 마친 후에 예수님은 예배 순서를 맡은 자, 즉 성경의 두루마리를 취급하는 자에게 책을 돌려주었다. 그러면 두루마리는 장이나 궤 속에 놓여지고 성경 봉독자는 정해진 자리에서 읽은 구절에 대해 가르치거나 언급을 하는 것이 순서였다. 누가가 기록한 회중의 반응을 보면 우선은 집중을 하다가 결국에 가서는 적개심으로 변해가는 것을 볼 수 있다. "도대체 자기가 누구기에?"라는 정서가 있었던 것이다.

그러나 예수님은 계속 말씀을 이었다. "너희가 반드시 의원아 너를 고치라 하는 속담을 인증하여 내게 말하기를 우리의 들은 바 가버나움에서 행한 일을 네 고향 여기서도 행하라."(누가복음 4: 23)

그들은 예수님을 쳐다봤다. 그리스도의 반응으로 미루어 짐작하건대 그들은 아마 이런 반응을 보였을 것이다. "그렇다면 뭔가 해보지 그래? 여기서도 요술을 한번 부려보시지. 만일 네가 사람들을 고칠 수 있다면 우리를 한번 고쳐보시지? 남들도 고친다면서 고향 사람들을 고치지 못한다면 의리도 없지."

예수님은 사람들의 마음과 생각 속에 번지고 있던 질문과 비난들을 알고 계셨다. 예수님은 우리를 너무도 잘 알고 계셔서 우리의 작은 속삭임도 다 알고 계신다. 그래서 그들에게 엘리야 시절 삼 년 반이라는 긴 가뭄이 들어서 이스라엘에 굶주린 과부들이 많았다는 말씀을 하셨다. 엘리야는 모든 과부들에게 가서 가루와 기름이 떨어지지 않는 기적을 행한 것이 아니라 오직 사렙다라는 곳의 과부에게만 그런 축복을 했다. 또한 당시에 많은 문둥병자들이 있었으나 하나님은 엘리사를 통해서 오직 나아만이라는 수리아 사람만을 고쳤다.

그 말을 마칠 즈음까지 조용하게 쳐다만 보던 사람들이 분노하기 시작했다. 감히 하나님이 자기 백성보다 이방인들을 더 사랑하셨다는 주장을 하고 있단 말인가? 성전을 가득 채웠던 사람들이 극렬한 폭도로 변해서 예수님을 성전 밖으로, 이어 동네 밖으로, 급기야는 나사렛이 세워진 산꼭대기로 데려가서 밀쳐버리려고 했다.

예수님은 사람들이 자신을 동네 밖으로 쫓아내는 것을 내버려두셨다. 그러나 절벽에서 밀치려는 순간에 대해 성경은 이렇게 말한다. "예수께서 저희 가운데로 지나서 가시니라."(누가복음 4: 30) 그때 무슨 일이 일어났는지 성경은 상세히 설명하고 있지 않다. 어쩌면 천사가 그를 구했을지도 모르고, 또 어쩌면 사람들을 당황케 할 정도의 정직함과 강렬한 사랑이 담긴 예수님의 표정 때문에 사람들이 물러섰는지도 모른다. 어쨌든 사람들은 물러섰다. 아마 사단은 사람들 속에 끼어서 "밀어버려!"라고 외쳤을 것이다. 그러나 갑자기 예수님께서는 사람들 사이를 뚫고 떠나가셨다.

은혜의 선물

사람들에 의해 쫓겨갈 때가 곧 오겠지만 아직은 예수님이 돌아가실 때는 아니었다.

그날 회당에 있었던 사람들 중에 예수님께서 이사야서의 한 줄을 생략하고 읽으셨다는 사실을 눈치챈 사람이 있었을지 궁금하다. 예수님께서 한 줄을 빠뜨리고 읽으셨다는 사실은 무척 중요한 의미를 지닌다. 그것은 당신과 나에 관한 것이었으며, 바로 은혜에 관한 것이었다.

이사야서 61장의 원문을 보자.

나를 보내사 마음이 상한 자를 고치며

포로된 자에게 자유를,

갇힌 자에게 놓임을 전파하며

여호와의 은혜의 해와

우리 하나님의 신원의 날을 전파하여. 1-2

그런데 예수님은 이렇게 읽으셨다.

가난한 자에게 복음을 전하게 하시려고 내게 기름을 부으시고

나를 보내사 포로된 자에게 자유를,

눈먼 자에게 다시 보게 함을 전파하며

눌린 자를 자유케 하고

주의 은혜의 해를 전파하게 하려 하심이라. 누가복음 4: 18-19

예수님은 '우리 하나님의 신원의 날' 이라는 구절을 빼셨다.

왜일까? 그것은 은혜, 은혜, 오직 은혜일 따름이다.

유대인들은 자신들의 원수를 갚아주며 적들을 완전히 전멸시킬 메시아가 오시기만을 기다리고 있었다. 그들은 구약의 율법을 원했지만 그리스도는 신약의 은혜를 주시기 위해서 오셨다. 유대인이건, 이방인이건, 남자건, 여자건, 창녀건, 제사장이건, 누구든지 자신에게 나아오는 자는 구원을 받을 것이라고 예수님은 말씀하셨다. 은혜라는 개념은 그리스도를 제외한 어떠한 사람도 빛이 나지 않게 하기 때문에 유대인들에게는 모욕적이었다.

간음하다 현장에서 붙잡혀서 마치 길거리 서커스 쇼처럼 그리스도 앞에 끌려온 여인을 생각해보자. 그리스도와 그 여인, 공회원인 서기관과 제사장들과 모인 군중들의 잘 짜인 각본 같은 그 만남 속에 이 책이 말하고자 하는 핵심 메시지가 들어 있다.

공회란 그리스 로마 시대에 있었던 유대인들의 최고 법정인데 이 날 아침에 예수님이 성전에서 가르치고 계실 때에 모인 사람들 사이로 갑자기 나타나신 것이다.

공회의 배경에 대해 좀 알아두면 예수님이 그들에게 하신 말씀이 얼마나 충격적이었는지를 더 잘 이해할 수 있게 될 것이다. 공회원들은 대제사장, 서기관, 장로, 이렇게 세 계층에서 나오게 되는데 그들은 유대인들 중에서 가장 부유한 계층이었고 가장 존경받는 사람들이었다.

대제사장에는 과거에 대제사장을 지냈던 사람들이 포함되어 있는데 그들은 귀족 출신이었다. 서기관들은 바리새인들이었으며 장로는 대부분 예루살렘의 귀족들로서 장로들의 리더에게는 심지어 '왕자'라는 그럴듯한 호칭까지 붙을 정도였다.

그 장면을 한번 그려보라. 이른 아침에 사람들이 예수님의 주변에 모여 있었다. 예수님은 가르치기 시작했다. 그때 갑자기 위풍당당한 사람들이 군중을 뚫고 몰려와서 예수님 앞에 한 여인을 내동댕이친 것이다. "소동을 부려 미안합니다" 따위의 인사도 없이 그들은 곧장 이렇게 말했다. "선생이여 이 여자가 간음하다가 현장에서 잡혔나이다. 모세는 율법에 이러한 여자를 돌로 치라 명하였거니와 선생은 어떻게 말하겠나이까?"(요한복음 8: 4-5)

그들은 자신들이 예수님을 함정에 빠뜨렸다고 생각했다. 만일 그 여인을 정죄하지 않는다면 하나님의 율법을 거스르는 것이 되며, 그 반대로 율법대로 정죄하면 사람들을 향한 연민이 넘친다는 그의 명성은 땅에 떨어지게 되는 것이 아닌가?

그런데 예수님은 몸을 구부리시더니 손가락으로 땅에 뭔가를 쓰기 시작하셨다. 성경을 통틀어 예수님이 뭔가를 쓰셨다는 기록은 이것이 유일하지만 과연 뭐라고 쓰셨는지 우리는 알 수가 없다. 어쩌면 그들이 질문을 다 마칠 때까지 쓰고 계셨는지도 모른다. 그러더니 몸을 펴시고 이렇게 말씀하셨다. "너희 중에 죄 없는 자가 먼저 돌로 치라."(요한복음 8: 7) 그리고 다시 몸을 구부려 계속 쓰셨다. 천천히 한 사람씩, 장로가 먼저 사라지기 시작했고 공회원들뿐만 아니라 모든 사람들이 사라졌다. 예수님의 말씀은 해도 너무한 것이었다. 이토록 공회원들을 욕보이고도 살아남기를 바라겠는가?

마침내 그 여인과 예수님만이 남았다.

"여자여, 너를 고소하던 그들이 어디 있느냐? 너를 정죄한 자가 없느냐?"

"주여, 없나이다." 여인이 대답했다.

"나도 너를 정죄하지 아니하노니" 예수님께서 말씀하셨다. "가서 다시는 죄를 범치 말라."(요한복음 8: 10-11)

그녀는 사람들에게 끌려오면서 발가벗기고 수치를 당하고 부끄러워 낮을 들지 못한 채 하루를 시작했다가, 예수님의 얼굴에서 자신을 향한 미소를 발견하고서 하루를 마쳤을 것이다.

모두에게 절실한 은혜

예수님은 그날 그곳에 모인 사람 모두를 그 여인과 동격으로 취급하셨다. 대제사장, 장로, 바리새인, 그리고 간음한 여인은 그리스도의 발 앞에서 은혜가 필요하다는 점에서 모두 동격이었다. 우리의 죄를 별일 아닌 양하는 것이 은혜가 아니다. 모든 사람이 죄를 지으나 하나님의 용서를 받을 수 있다는 것이 바로 은혜이다.

나는 책에도 그 책만의 생명이 있다고 생각한다. 친구에서 친구로, 자매에서 자매로 전해지기 때문이다. 이 책만 해도 읽어볼 것을 권유한 사람으로 인해서 여기까지 읽게 되었을지도 모를 일이다. 어쩌면 당신은 페이지를 빨리 넘기다가 은혜라는 소제목을 보고 멈추었을 수도 있다. 나는 모르지만 하나님은 당신에 관한 모든 것을 다 아시며 표현할 수 있는 이상으로 당신을 사랑하고 계신다.

우리는 죄를 분류하는 경향이 있다. 분노, 쓴 뿌리, 탐욕, 정죄같이 은밀하고 내적인 죄를 짓는 사람들은 간음, 낙태, 동성애, 알코올

이나 마약 중독같이 드러나는 죄를 지은 사람들을 향해 던질 돌을 찾는다. 지금 당신을 괴롭히는 죄가 무엇인지는 모르지만 간음했던 여인의 입장에 자신을 놓고 그리스도께서 당신을 고소하는 사람들을 쫓아보낸 뒤 당신에게 새 생명을 주시는 것을 경험해보라.

그리스도는 그 여인에게 은혜를 주셨다. 그러나 남은 인생을 어떻게 살 것인지는 그녀의 몫이었다. 길거리를 걸어갈 때 손가락질을 하거나 성전에서 말씀을 들으려고 할 때 멀찌감치 떨어지려고 하는 자들은 여전히 존재할 것이기 때문이다.

예수님은 그녀에게 삶의 새로운 장을 허락하셨지만 그녀의 삶을 대신 살아주실 수는 없었다. 예수님이 주시는 은혜의 선물을 받아들이는 순간에 예전의 그녀는 갈보리에서 예수님과 함께 못 박혔지만, 예수님을 떠나 걸어나오는 그녀의 앞에는 "이제 내가 어떻게 살아야 할 것인가?"라는 질문에 답해야 하는 삶이 놓여 있었던 것이다.

만일 당신이 그 여인이라면 당신의 죄가 무엇이건 간에 하나님의 선물인 은혜와 예수님이 주시는 용서에 자신을 맡기라. 예수님은 가서 더 이상은 죄를 짓지 말고 지금까지와는 다르게 살라고 말씀하셨다. 당신은 더 이상 올가미에 걸린 신세가 아니다. 스스로 선택할 수 있게 된 것이다. 그러므로 이제부터는 수치심의 겉옷을 던져버리라. 누군가 그 옷을 집어들고 와서 당신에게 돌려주거든 이렇게 말하라. "고맙지만 저는 그 옷을 이미 예수님께 드렸답니다."

은혜의 부르심

그리스도의 공생애를 살펴보면 예수님이 말씀하신 것과 행하신 일보다 말씀하시지 않은 것과 행하시지 않은 일이 더 의미심장할 때가 종종 있다. 성전 뜰에서도 그랬던 것을 볼 수 있다. 그날 예수님이 이렇게 말씀하셨다. "너희 중에 죄 없는 자가 먼저 돌로 치라."

만일 당신이 현장에 있었던 공회원이나 군중들 중의 한 사람으로 멀찌감치 떨어져서 진행과정을 보고 있었다고 하자. 예수님의 말씀을 듣고 자리를 뜨는 대신에 모여 선 무리를 헤치고 들어가 그 여인의 곁에 선다. 당신을 본 여인은 가까이 와서 돌로 치려는 줄 알고 몸을 움츠린다. 그런데 이게 웬일인가? 당신은 미소 띤 얼굴로 그녀의 손을 잡는다. 그리고 똑같이 은혜를 갈망하는 자가 되어 그녀 곁에 나란히 선다. 이를 본 사람들이 한 명씩 가세하기 시작한다. 어떤 일이 일어났겠는가? 아마도 오천 명을 먹이거나 장님을 눈뜨게 한 기적보다 더 위대한 기적이 일어났을 것이다. 그날 그곳에서 예수님은 혼자서 그 일을 하셨다. 우리 예수님은 바로 그런 분이시다.

기적은 우리가 은혜에 동참할 때에 일어난다. 하나님의 딸들이 마땅히 할 일들을 행할 때에 기적은 일어나는 것이다. 단순한 기적을 보고는 세상은 그리 놀라지도 않는다. 사단도 기적은 흉내낼 수 있으며 라스베가스에 가면 매일 밤 두 시간마다 볼 수 있는 것이 기적이기 때문이다. 하지만 우리가 팔을 뻗어서 서로에게 은혜와 사랑과 연민이라는 기적을 행한다면 세상은 놀랄 것이다.

우리는 다양한 경로로 상처를 받는다. 그리스도의 능력으로 상처를 치유받은 후에는 혼자서 열심히 살 수도 있지만 다른 사람을 도와 함께 치유가 강물처럼 흐르게 할 수도 있다. 그러한 사람들이 세상을 변화시킬 것이다.

예수님께서 말씀하셨다. "너희가 서로 사랑하면 이로써 모든 사

람이 너희가 내 제자인 줄 알리라.”(요한복음 13: 35) ‘이로써!’라는 말
에 주목하자. 황금으로 변한 치아나 대형교회로가 아니라 서로 사랑
하는 공동체로 말이다.

잘 알다시피 그리스도의 치유를 받은 후에도 사는 것이 어려운
이유 중의 하나는 우리가 사단과 영적인 전쟁을 하고 있기 때문이다.
하지만 또 다른 이유도 있다. 그것은 바로 우리끼리도 전쟁을 한다는
것이다. 그날 아침에 한 여인이 은혜를 받고 다시 잘 살아보려고 결심
하며 떠났다. 만일 공동체의 구성원 모두가 그날 아침에 같이 은혜를
받고 같이 결심을 했다면 어떤 일이 일어났겠는가? 이 문제는 공동체
를 다루는 장에 가서 더 깊이 이야기하도록 하겠다. 단지 지금 하려는
말은 우리는 공동체로 부름을 받았다는 것이다.

그날 그 자리에 모인 모든 이들 가운데 오직 한 여인만이 은혜를
받았다. 은혜는 대가 없이 받을 수 있으며 특정 클럽의 회원에게만 허
용된 것이 아니기에 오히려 자존심 상해할 사람들도 있다. 은혜는 우
리 아들의 레몬주스 광고 문안 같은 것이다. “딜럭스 레몬주스. 단돈
1달러. 돈 없으면 공짜.” 우리 모두는 돈 한푼 없이 십자가 밑에 서 있
는 셈이다. 예수님께서 말씀하신다. “와서 마시거라. 그러면 다시는
목마르지 않으리라.”

우리는 ‘알코올 중독자 자주치료협회(Alcoholics Anonymous, 약자
AA로 널리 알려짐)’로 알려진 공동체에서 배울 점이 많다. 몇 년 전인
가 한 밴드와 함께 순회공연을 하고 있을 때 마약과 알코올 치료 센터
에서 막 퇴원을 했던 한 음악가와 나눈 이야기가 기억난다.

“저는 교회에서 자라났어요.” 그가 말했다. “평생 교회를 다녔지
만 언제나 이방인처럼 느꼈답니다. 그런데 제가 맨 처음 참석했던 AA

모임에서 그 회원들이 늘 하듯이 일어나서 '안녕하세요, 제 이름은 빌이고 저는 알코올 중독자입니다'라고 소개를 했을 때 비로소 소속감이 느껴지는 것이었어요. 아무도 '아이구, 저 사람 큰일이야!' 라는 표정으로 저를 쳐다보지 않았어요. 제 인생의 밑바닥에서 마침내 저는 솔직해질 수 있었고 저를 받아주는 진짜 공동체를 만날 수 있었어요. 말하자면 은혜를 발견하게 된 것이지요."

AA의 창시자인 빌 윌슨에게는 흔들리지 않는 확신이 있었다. 오늘날 그의 확신은 열두 단계로 프로그램화되어서 전세계에 지부를 둔 단체로 확산되었다. 그의 확신이란 알코올 중독자는 갱생의 삶을 시작하기 전에 반드시 인생의 밑바닥을 쳐야 한다는 것이다. 그는 이렇게 말했다.

"강함은 약함으로부터 나오고 부활 이전에 굴욕감이 있으며 고통은 치러야 하는 대가일 뿐만 아니라 영적 소생의 시금석이 된다는 거룩한 역설을 잘 이해하고 있다는 것은 큰 특권입니다."

하나님을 사랑하는 모든 사람들은 그의 말이 사실임을 안다. 나도 삶에서 가장 약하고 가장 무너진 순간에야 빈손을 내밀어 하나님의 은혜를 받을 수 있었다. 하나님께서 이런 분에 넘치는 사랑을 당신에게 베푸심으로 당신과 같은 고통 가운데 처한 사람들을 대하는 당신의 태도를 영원히 바꾸어놓으실 것이다.

당신은 은혜로 옷 입고 있는가? 일어서서 "안녕하세요, 제 이름은 000입니다. 그리고 저는 죄인입니다"라고 말하고 싶은 갈망이 있는가?

말로는 도저히 설명할 수 없는 이 선물을 받아들이는 것이 어려운 일인가?

스스로를 구원하는 일에 당신도 일조했다고 느낄 수 있다면 좀 쉬워지겠는가?

당신이 자신의 삶과 상황을 올바로 인식하며 앉아 있는 바로 지금 이 순간이야말로 예수님께서 은혜로 당신을 옷 입히실 수 있는 때이다. 당신은 이 은혜를 받아들일 것인가?

영화 〈귀여운 여인Pretty Woman〉에서 주인공 리처드 기어가 저녁 초대에 파트너로 데리고 나가기 전에 줄리아 로버츠에게 아름다운 옷들을 사주는 장면이 있다. 내 친구들은 그 장면이 너무 좋았다고들 했지만 나는 과거의 열등감을 찔러대는 것만 같아 그 장면을 보면서 몸을 움츠렸다.

만일 그런 순간에 처하게 된다면 아마 나는 이렇게 반응할 것이 분명하다.

상자에서 드레스를 꺼낸다. 너무나 우아한 드레스이다. 옷감은 부드럽고 마치 촛불처럼 반짝거리기까지 한다. 하지만 그 드레스를 든 나는 그 옷이 내게 맞지 않으리라는 것을 안다. 가슴에 너무 꽉 끼거나 엉덩이를 통과하지도 못할 것이다. 화장실로 가서 입어보려는데 다리에 난 털을 면도하지 않은 것이 기억난다. 화장실 변기에 걸터앉은 채 울고 만다.

만일 그리스도가 아니었다면 나는 이처럼 수치심이라는 옷만 입었을 사람이었다.

하나님의 은혜는 우리에게 주어진 아름다운 선물이다. 받기만 한다면 당신 몸에 완벽하게 맞을 것임을 알게 될 것이다. 뿐만 아니라, 은혜의 옷을 입는다면 당신의 모든 죄들을 넉넉히 가리게 될 것이다.

펠리칸의 지혜

2003년 여름, 남편 배리가 마흔이 되기 며칠 전에 우리의 오랜 친구인 말린과 프랭크가 우리 집을 며칠간 방문했다. 우리 부부와 그들 부부는 가장 절친한 친구 사이이다. 서로 몇 달 동안 만나지 못했다가도 만나기만 하면 늘 함께했었던 것처럼 느껴진다. 내가 가장 솔직한 대화를 나눌 수 있는 이들 역시 그들이다. 떠나기 직전에 말린은 책 한 권을 내게 주며 읽어보라고 했다. 그 책은 도널드 맥컬로우가 쓴 『펠리칸들의 지혜 *The Wisdom of Pelicans*』였다. 나는 책을 집필하는 중이어서 시간에 매우 쫓기고 있던 터였다.

“말린, 나는 지금 새에 관한 책을 읽을 시간이 없어요.”

내가 말했다.

“이것은 새에 관한 책이 아니고 치유에 관한 책이에요.”

말린이 대답했다.

“치유하는 새라고?”

“그게 아니라 마음의 상처를 치유하는 것에 관한 책이라고요.”

그 책은 내 책상 위의 ‘나중에 처리할 것’ 더미로 밀쳐진 채 며칠 동안 구석에 있었다. 그러던 어느 날 나는 그 책을 집어들었다. 그 책은 무척 암울한 시간을 경험한 한 남자의 인생을 아주 정직하게 기록하고 있었다. 존경받는 장로교 목사이자 샌프란시스코 신학교의 전 총장인 도널드 맥컬로우는 자신의 간음 사실이 알려지게 되자 삶의 모든 것을 잃어버리게 되었다. 그는 자신의 죄를 몇 년 전에 아내에게 이미 고백했고 두 사람은 상담과 눈물과 기도를 통해서 무너진 관계를 재건하려고 노력했지만 소용이 없었다.

두 사람이 이혼한 지 6년이 지나서 그는 서서히 소망과 삶의 목적과 용서라는 불빛을 경험하기 시작하고 있었다. 그러던 차에 소문이 꼬리를 물고 커지면서 그의 삶 전체를 불처럼 삼키려 하고 있었다. 그 때까지는 믿을 수 있는 상담자 몇 명만이 그 사실을 알고 있었다. 그가 소속한 교단에서는 조사위원회를 구성했고 공식적으로 그와의 모든 관계를 단절키로 했다. 그는 아내와 직업을 모두 잃어버렸다.

그 후로 그는 해안가에 있는 마을에 칩거하며 펠리칸 새만을 유일한 친구로 삼고 지냈다. 그 책은 친구와 가족과 동료 그리스도인들이 등을 돌릴 때에 받는 상처에 관한 것이었다. 자신을 거부한 자들과 결혼의 신성함을 훼손하는 선택을 했던 자신을 향한 솔직한 분노의 독백과 함께, 자기 연민 · 상심 · 분노 · 비탄 · 외로움과 엄청난 슬픔이 페이지를 가득 메웠다. 그 책의 마지막에는 그의 우울증과 무력감에 대해 자신의 정신과 의사와 나눈 대화가 실려 있다.

의사가 그에게 물었다.

"그 감정 저변에 있는 것은 무엇인가요?"

"죄책감."

"그 밑에는요?"

"없어요! 아마 분노."

"그 밑에는요?"

"아무것도 없다니까요. 제 말을 듣고 있나요?"

"없다고요?"

의사가 조용히 되물었다.

눈물이 그의 뺨을 타고 흘러내렸다. 그의 지옥 같은 나날들이 그 순간에 변하는 것 같았다.

"있어요." 마침내 그가 한 마디를 내뱉었다.

"하나님……이 계세요."

그는 그 순간을 이렇게 적고 있다.

"이제야 알겠어요. 유명한 신학교 총장으로 은혜에 대해 설교하고 가르치고 글을 썼는데…… 이제야 은혜를 알겠어요."

평생 동안 은혜에 관해 말할 수 있지만 정작 놀라운 하나님의 은혜를 진정으로 깨닫는 유일한 때는, 당신이 칭찬할 만한 것이 아무것도 없는 상태로 하나님 앞에 설 때와 다른 사람 말고 바로 당신 자신이 은혜를 절실히 간구하는 곳에 설 때인 것이다.

무슨 수를 써서라도

크리스는 돌아가신 할아버지가 물려주신 응급용 약품통을 무척 좋아해서 늘 가득 채워놓는다. 어느 날인가 내가 뒷마당에서 바비큐 그릴을 청소하는 동안 크리스는 스케이트 보드를 타며 놀고 있었다.

갑자기 우는 소리가 나서 뒤돌아보니까 크리스가 얼굴을 땅에 박은 채 넘어져 있었다. 나는 황급히 달려갔다.

"괜찮니?"

"모르겠어요. 몇 군데가 부러진 것 같아요."

참고로 우리 아들은 허풍이 심한 편이다.

씻어주고 나니까 넘어졌다는 흔적이라고는 오른쪽 무릎에 난 작은 상처뿐이었다. 소독약으로 닦아내고 연고를 바른 다음에 일회용 반창고를 붙여주었다.

"더 붙여야 해요, 엄마." 크리스가 주장했다.

"뭘 더 붙여?" 내가 물었다.

크리스는 약품통에서 큰 붕대를 꺼냈다.

"이걸로 시작해보세요."

붕대를 다 감고 나자 크리스는 이집트의 미라처럼 되었다.

몇 시간 후에 퇴근한 남편은 붕대로 감싸인 아들을 보고는 깜짝 놀라서 물었다.

"어떻게 된 거야?"

"아주 힘든 날이었어요, 아빠." 크리스가 기운이 하나도 없는 소리로 대답했다. "하지만 이겨낼 수 있어요."

"무릎이 약간 까졌을 뿐이에요."

내가 남편에게 귓속말로 속삭였다.

"아들아, 조금 다쳤는데 왜 그렇게 붕대로 친친 감고 있어?"

"아빠, 만약 아빠가 다쳤다면 무슨 수를 써서라도 빨리 낫고 싶지 않겠어요?"

만약 당신이 다쳤다면 무슨 수를 써서라도 빨리 낫고 싶지 않겠는가?

하나님 아버지,

하나님의 은혜는 진정 놀랍기만 합니다. 제 마음속에 있는 모든 것을 아시면서도 여전히 저를 사랑하심에 감사를 드립니다. 제가 다른 사람들과 이 은혜를 나눌 수 있도록 가르쳐주옵소서. 예수님의 이름으로 기도드립니다. 아멘.

- 은혜는 '우리 죄인들을 향하신 분에 넘치는 하나님의 사랑'이라고 정의할 수 있다. 당신이 처음으로 하나님의 은혜에 접했던 때를 떠올려보라. 만약 모욕을 느꼈다면 그 이유는 무엇이었는가?

- 은혜란 우리의 죄를 아무것도 아닌 양하는 것이 아니다. 은혜란 모든 사람이 죄를 지으나 하나님의 은혜로 말미암아 용서를 받을 수 있다는 것을 말한다. 도저히 용서받지 못할 죄라는 생각으로 아식 고백하지 않은 죄가 있다면 무엇인가? 이를 위해 기도하라. 하나님께 자백하고 하나님의 용서라는 은혜를 받으라.(요한일서 1: 9) 이제부터 당신은 어떻게 살 것인가? 어떠한 태도와 행동으로 새 삶을 시작하고자 하는가? 누구도 수치의 겉옷을 도로 당신에게 입히지 못하도록 하라.

- 알코올 중독자 자주치료협회(AA)의 창시자인 빌 윌슨은 이렇게 말했다. "강함은 약함으로부터 나오고 부활 이전에 굴욕감이 있으며 고통은 치러야 하는 대가일 뿐만 아니라 영적 소생의 시금석이 된다는 거룩한 역설을 잘 이해하고 있다는 것은 큰 특권입니다." 강함은 약함에서 나온다는 하나님 나라의 진리를 언제 경험해보았는가? 부활 이전에 굴욕감을 경험한 적은 언제인가? 고통은 대가일 뿐만 아니라 영적 소생의 시금석이 되는 경험은? 이 소중한 교훈들로 인해 하나님께 감사를 드리라.

- 말로는 도저히 설명할 수 없는 이 선물을 받아들이는 것이 어려운 일인가? 스스로를 구원하는 일에 당신도 일조했다고 느낄 수 있다면 좀 쉬워지겠는가? 평생 동안 은혜에 관해 말할 수 있지만 정작 놀라운 하나님의 은혜를 진정으로 깨닫는 유일한 때는 당신이 칭찬할 만한 것이 아무것도 없는 상태로 하나님 앞에 설 때인 것이다. 놀라운 은혜를 진정으로 깨달았던 때는 언제였는가?

The Heartache No one sees

공동체

십자가와 용서: 떡과 포도주

그러므로 너희는 이렇게 기도하라. 하늘에 계신 우리 아버지여 이름이
거룩히 여김을 받으시오며 나라에 임하옵시며 뜻이 하늘에서 이룬 것
같이 땅에서도 이루어지이다. 오늘날 우리에게 일용할 양식을 주옵시고
우리가 우리에게 죄 지은 자를 사하여 준 것같이 우리 죄를 사하여
주옵시고 우리를 시험에 들게 하지 마옵시고 다만 악에서 구하옵소서
(나라와 권세와 영광이 아버지께 영원히 있사옵나이다. 아멘),
너희가 사람의 과실을 용서하면 너희 천부께서도 너희 과실을
용서하시려니와 너희가 사람의 과실을 용서하지 아니하면
너희 아버지께서도 너희 과실을 용서하지 아니하시리라.

• 마태복음 6: 9-15 •

2003년도 초에 '믿음의 여성' 집회의 강사들이 댈러스에 모여서 연
례 수련회를 가졌다. 강사들은 이 수련회를 통해서 자신들의 메시지
를 일반 청중들에게 전하기 전에 서로에게 미리 전하고 점검을 받는
기회로 삼았다. 7년 동안 한 팀으로 사역을 하는 가운데 우리들 사이
에는 강단에서 실수를 하거나 바보 같은 이야기를 하거나 정해진 주
제를 완전히 잘못 짚는다고 해도 괜찮을 정도의 충분한 신뢰가 구축
되어 있었다. 이때에 우리는 각자의 메시지의 골격을 들은 후에 전달
방법에 대한 제안을 하거나 그 메시지를 가장 잘 전달할 수 있는 좋은
예들을 나누기도 한다. 이런 기회는 늘 대단히 유익하며 완전히 정리

되지 못한 메시지를 청중에게 전달하는 것을 미연에 방지하는 역할을
하기도 한다.

나는 2003년도에 전할 메시지의 제목을 '세 골고다'라고 정했
다. 수련회에 함께 왔던 남편이 그 제목을 듣더니 넌지시 물었다.

"그런데 세 골고다가 무엇이지요?"

"당신도 아마 동의할 거예요." 내가 답변을 시작했다. "첫 번째
골고다는 예수님이 광야에서 받으신 시험을 의미하고, 두 번째 골고
다는 겟세마네 동산을 뜻하고, 세 번째는 십자가의 죽음을 말하는 거
예요."

대답을 마치고 나는 여유로운 마음으로 곧 쏟아질 찬사를 기다렸
다. 놀라움과 존경심에서 비롯된 감탄이 메시지의 깊이를 깨달으면서
점차 커지리라고 은근히 기대하면서 말이다. 하지만 방에는 침묵만이
흘렀다.

결국 나를 구원하기 위해 남편이 총대를 메고 말했다.

"금요일 밤에 전할 주제로는 좀…… 무겁지 않을까요?"

남편과 친구들의 표정을 바라보던 내가 웃음보를 터뜨리자 다들
한바탕 웃음을 터뜨리고야 말았다. 때때로 나는 좀 지나친 경향이 있
기에 늘 나의 균형을 잡아주는, 나를 사랑하고 존경하는 사람들이 있
다는 것을 큰 선물로 여기게 된다.

이처럼 우리를 사랑하며 우리의 마음을 세심하게 배려하려는
사람들이 하는 제안이라면, 심지어 비판을 할지라도 우리 내면의
신성한 곳을 구둣발로 짓밟고 지나가는 사람들이 던지는 비판과는
다르다.

『담대한 사랑 *Bold Love*』에서 저자 중 한 명인 댄 알렌더 박사가 이

에 대해 잘 설명해놓았다. 알렌더 박사가 한 세미나를 주관하고 있었는데 15분간의 휴식시간에 세 명의 청중이 다가오더니 마치 독수리가 시체를 사정없이 쪼듯이 마구 비판을 해대는 것이었다. 한 사람은 같은 임상치료를 하는 전문가로 알렌더 박사의 강연의 기본 이론이자 핵심 부분을 공격했다. 다음 사람은 나이 든 여성으로 알렌더 박사가 외모를 좀더 단정히 했더라면 사람들이 강연을 더 잘 들을 수 있었을 것이라고 말했다. 그 여성은 박사의 손등을 두드리며 "하나님의 축복이 있기를!"이라고 마무리를 함으로써 자신의 비판을 최고의 포장으로 덮기까지 했다. 마지막에는 한 청년이 오더니 알렌더 박사가 세미나 참가비를 받는 대신에 사랑의 헌금함을 돌린다면 덜 교만하게 보일 것이라고 말했다.

15분이라는 짧은 시간에 알렌더 박사는 기본적으로 이런 메시지를 들었던 것이다.

당신의 강연은 엉터리다.
당신의 외모는 볼썽사납다.
당신은 교만한 사람이다.

그는 잠시 화장실로 피했다. 그때의 심정을 그는 이렇게 기록하고 있다. "단 몇 분 만에 나는 낙심했고 상처받았고 화가 났으며 허탈감에 빠졌다."

알렌더 박사가 그 상처와 분노를 삭이면서 오로지 목표로 삼았던 것은 용서의 자리로 오는 것이었다. 그는 세 사람의 싸움꾼을 붙잡아서 앉힌 다음 그들의 말이 자신에게 얼마나 상처가 되었는지를 말하고 사과를 요구할 수도 있었을 것이다. 하지만 만일 그들이 받아들이지 않거나 사과를 하지 않는다면 고통은 더 깊어졌을 것이다. 종종 십자가형을 집행한 사람들 중에는 회개할 줄 모르는 사람들도 있기 때문이다.

온유함이 필요한 이유

내가 열여섯 살 무렵이었을 때 우리 교회의 중·고등부는 여름방학이 끝날 무렵에 뮤지컬 공연을 하기로 했다. 우리는 뮤지컬 공연을 준비하는 것이 길고 긴 여름방학을 재미있게 보낼 수 있는 최고의 방법이라고 생각했던 것이다.

임원이었던 쉬나와 프레드가 지미와 캐롤 오웬스의 〈함께 모여 Come together〉라는 뮤지컬을 선택했다. 주제는 용서와 하나됨으로 부르심이었다. 그 뮤지컬에는 솔로가 나오는 장면이 두 곳 있었는데, 그 중 하나는 내가 맡았고 다른 하나는 내 친구 제니가 맡게 되었다. 공연을 준비하는 동안은 재미가 넘쳤고 우리 모두는 공연 첫날을 고대하며 기다렸다.

마침내 공연 첫날밤이 되자 교회는 사람들로 가득 찼고 나는 비록 떨렸지만 하나님께서 사람들을 만지시는 데 그 멋진 뮤지컬을 활용하시리라 믿었다. 단지 그 '만지심'이 나를 향할 줄은 모르고서 말이다! 뮤지컬의 막바지에 가서 우리는 서로에게 분노와 쓴 뿌리를 고백할 수 있는 시간을 가졌다. 잠시 정적이 흐른 후에 청중들에게 용서를 구할 대상이 참석했다면 가서 용서를 구할 것을 권면했다. 아무리 생각해도 그럴 대상이 생각이 나질 않아서 나는 그저 하나님께서 용서를 구할 필요가 있는 사람과 하나님의 은혜로 상대방을 용서해야 하는 사람들과 함께해주실 것만 간절히 기도하고 있었다. 머리를 숙이고 눈을 감고 있었는데 누군가 내 앞에서 목청을 가다듬고 있는 인기척에 고개를 들었다.

"어머, 미안해!" 내가 말했다. "온 줄 몰랐어."

"그냥 용서를 구하고 싶어서." 그녀가 말했다.

"응, 말해." 내가 대답했다.

"이유부터 설명하면 우선 나는 네가 항상 솔로 자리를 차지하는데 화가 났어. 너는 성경 퀴즈팀에 선발되었는데, 나는 그러지 못해서도 화가 났어. 머리모양은 바보처럼 하고서는 늘 잘난 체한다고 생각했어. 휴우! 고백하고 나니까 한결 기분이 좋아."

그렇게 말한 그녀는 모든 짐을 내게 던져놓고는 발걸음도 가볍게 자기 자리로 돌아갔다.

그 다음 주에는 다른 교회에서 뮤지컬 공연을 했는데 기도시간이 되자 내 앞에는 사람들로 장사진을 이루었다! 나는 그 뮤지컬을 끔찍하게 싫어하게 되었고 엄마한테 이렇게 말했다.

"만일 나를 미워했으니까 용서해달라는 사람이 한 사람만 더 나온다면 나는 수녀가 되어버릴 테야."

지금에 와서 뒤돌아보면 재미있는 이야깃거리지만 당시에 나는 엄청난 상처를 받았다. 용서와 하나됨을 위해서 한 행사가 오히려 나를 더 외롭게 하고 슬프게 했던 것이다.

만일 용서를 구한다는 미명 하에 온유함을 빼먹어버린다면 우리는 화해의 진정한 의미를 놓치게 되며 사랑을 포기해버리는 것이 된다. 엄마는 그들을 용서하라고 했다.

"그들은 용서를 구한 게 아니에요, 엄마!"

나는 그들을 용서하라는 말에 화가 발끈 나서 대꾸했다.

엄마가 되물었다.

"용서를 구하지 않았다고 한들 어떠니? 설마 평생 그 상처를 부여안고 살아갈 작정은 아니겠지?"

배신의 쓴 뿌리

어떤 이들은 내가 받은 상처를 그리 심각하게 보지 않으며 그저 좋은 의도를 가진 사람의 지나친 표현에 불과한 것이라고 말할 수도 있다. 그러나 그리스도 안에 있는 형제자매가 당신에게 거짓을 말하거나 당신의 평판에 손상이 가는 말을 했다는 것을 알았을 때 받는 배신감보다 더 크고 깊은 상처는 아마 없을 것이다.

앞서 자기 자신이 바보 같다고 했던 내 친구의 이야기로 되돌아가보자. 몇 달이 지난 후에 모든 것이 분명해지면서 그녀는 자신이 믿었던 약속과 제안들이 실행에 옮겨지지 않을 것임을 알았다. 그녀가 내게 보낸 전자우편은 그녀의 상처를 고스란히 보여준다. "나는 마치 사탕발림이 된 당근과 같이 내 눈앞에서 대롱거리는 약속에 현혹된 것이 아니었던가 하는 생각이 들어요. 내가 그토록 바보 같을 수 있다는 사실을 믿고 싶지 않지만 내 마음은 매우 무겁답니다."

그녀는 내 오랜 친구이고 나는 그녀를 사랑하고 존경한다. 과거에도 그녀가 실망한 것을 본 적이 있지만 언제나 하나님을 섬기는 일에 있어서는 오뚝이처럼 벌떡 일어설 수 있는 친구였다. 하지만 편지에서 나는 그녀가 처음으로 상심한 것을 느낄 수 있었다. 며칠 동안 그녀를 생각하면서 기도를 했다. 돕고 싶었지만 어떻게 해야 할지 알 수가 없었다. 그러던 중에 그녀의 상황을 다른 각도에서 볼 수 있는 두 가지 계기가 있었다.

첫 번째 계기는 진 에드워즈가 쓴 『그리스도인들에게 못 박히다 *Crucified by Christians*』라는 책을 통해서였고, 두 번째 계기는 오스왈드 챔버스의 묵상집 『주님은 나의 최고봉 *My Utmost for His Highest*』(두란노 역간)을 통해서였다. 마침 그날 묵상할 구절은 골로새서 1장 24절이었다. "내가 이제 너희를 위하여 받는 괴로움을 기뻐하고 그리스도의 남은 고난을 그의 몸 된 교회를 위하여 내 육체에 채우노라."

이 구절은 많은 논란의 대상이 되기도 하는 구절이다. 사도 바울이 말한 "그리스도의 남은 고난을 내 육체에 채운다"라는 의미가 과연 무엇인가? 어떤 신학자들은 그 구절이 의미하는 바는 그리스도의 구속이 미완성으로 끝났으므로 성자들이 우리를 대신해서 고통을 짐으로써 그리스도의 사역을 완성한다고 주장한다.

나는 두 가지 이유에서 그 주장에 동의하지 않는다. 한 가지 이유는 바울의 모든 서신을 통틀어 보았을 때 바울은 그리스도가 완성하신 사역에 우리가 더할 수 있는 것이 하나도 없음을 믿고 있었다는 점이다. 바울의 말을 직접 들어보자.

너희가 그 은혜를 인하여 믿음으로 말미암아 구원을 얻었나니 이것이 너희에게서 난 것이 아니요 하나님의 선물이라. 에베소서 2:8

또 그 안에서 너희가 손으로 하지 아니한 할례를 받았으니 곧 육적 몸을 벗는 것이요 그리스도의 할례니라. 골로새서 2:11

두 번째 이유는 '고난'이라는 말에 쓰인 희랍어 트립시스thlipsis
에 있다. 이 말은 '곤경, 곤란, 박해, 시련' 등을 뜻한다. 그런데 여기
서 고난이란 그리스도가 이 땅에서 이루신 사역으로 인해 겪은 어려
움을 지칭하는 것이지, 십자가에서 완성을 이루기 위해 받았던 고통
을 가리키고 있지는 않다는 사실이다. 다시 말해 사역을 위한 고난과
구속을 위한 고통은 별개라는 말이다. 우리는 그리스도의 몸이라는 관
점에서 고난과 고통을 이해해야 한다. 때때로 사역에서 오는 고난이
적지는 않지만 그렇다고 해서 우리의 고난이 그리스도가 감당하시는
구속의 고통을 조금이라도 덜 수 있는 것은 아니다. 우리는 자신의 공
적을 자랑하지 말고 오직 그리스도께서 시작하신 일을 계속하라는 부
르심을 받았다. 다시 말하면 그리스도의 일을 완성하는 것이다.

그러한 구절은 내게 실제로 사역에서 일어나는 힘겨운 일들을 바
라볼 수 있는 관점과 은혜를 제공해준다. 그리스도도 그리하셨으니
우리도 그 길을 지나가는 것이다. 그리스도가 갈보리에서 행하신 역
사에 우리가 무엇을 가감할 수는 없지만 이 땅에서 그 일의 일부를 지
고 가게 되는 것이다. 그리스도가 성문까지 십자가를 지고 가실 수 없
자 시몬이 끼어들었던 것처럼 우리들은 이 타락한 땅에서 신자가 된
다는 어려운 일에 예수님과 함께 동참하는 특권을 받은 것이다.

오스왈드 챔버스는 자신의 묵상집에서 이렇게 적고 있다. "우리
들은 뗀 떡이며 부어진 포도주이다." 우리가 씨름하는 딜레마가 여기
에 있다. 과연 하나님은 누구의 손가락을 이용해 떡을 떼고 포도의 즙
을 짜서 포도주로 만드실 것인가? 하나님이 손수 포도를 으깨는 과정
에 참여하시는 것이 당연하겠지만 만일 하나님이 누군가 우리가 싫어
하는 사람이나 원하지 않은 상황을 이용하신다면 어떠하겠는가?

챔버스는 이렇게 말한다. "순교할 장소를 스스로 선택해서는 안 된다." 하지만 이것이 말처럼 그리 쉽지만은 않다! 우리는 이렇게 기도한다. "주님, 좀더 인내하기를 원합니다." 그리고 하나님은 우리의 삶 속에 참기가 힘든 사람을 보내신다. 우리는 또 이렇게 기도한다. "주님, 주님께서 사랑하신 것과 같이 사랑하게 도와주세요." 그러면 바쁜 삶 가운데 아픈 친척이 내게 자신을 돌봐줄 것을 부탁한다. 우리는 이렇게 외치고 싶어진다. "주님, 이게 아니잖아요. 제가 한 말은 이게 아니에요!"

만일 이런 생각을 친구들과 나누면 아마 이렇게 반응할지도 모른다. "그 일이 하나님으로부터 온 일인지 어떻게 알아? 하나님이 나를 쥐어짜기를 원하시는 것과 그 사람들이 잘못된 요구를 하는 것과는 별개의 문제일지도 모르잖아? 내가 사람들의 잘못된 판단이나 다른 이들의 동네북이라도 되어야 한다는 말이야?"

좋은 질문이다. 이에 대답하기 위해 앞서 말한 진 에드워즈의 『그리스도인들에게 못 박히다』로 되돌아가고자 한다. 진 에드워즈는 표현의 귀재라고 할 수 있다. 그가 쓴 또 다른 책, 『제3감옥의 죄수*The Prisoner in the Third Cell*』는 내 삶과 사역에 커다란 영향력을 미친 책이다. 그 책의 주요 핵심 질문은 이것이다. 당신은 이해하지 못하는 하나님, 당신의 기대에 늘 부응하지 못하는 하나님이라면 사랑할 수 있을 것인가?

나는 한동안 『그리스도인들에게 못 박히다』를 읽기를 주저했다. 제목이 꼭 자기 연민에 관한 책 같아서였다. 그런데 최근에 와서 그 책을 읽고는 내 예상이 완전히 빗나갔음을 알게 되었다.

그는 이런 말로 책을 시작한다. 두 사람이 함께 연극에 초대를 받았다고 상상해보라. 청중은 단 두 사람, 당신과 진 에드워즈뿐이고 그 초대에는 특별한 목적이 있음이 분명했다. 무대에도 단 두 사람의 배우뿐이다. 한 사람은 조명에 등을 돌리고 있어서 누구인지 볼 수가 없다. 다른 한 사람이 자신의 인생에 관해 이야기하기 시작한다. 그는 다른 그리스도인이 당신에게 깊은 상처를 주었기에 오늘밤 당신이 온 것을 안다. 그 상처가 주는 고통은 너무도 커서 마치 십자가에 못 박히는 것과 같다.

버림받은 느낌

내 친구처럼 당신도 속고 버림받은 느낌이 드는가? 먼지 구덩이에서 피를 흘리며 누워 있는 당신을 버려둔 채 자신들의 삶과 사역을 계속 해나가는 저들을 하나님이 다루어주시기를 원하고 있는가? 그렇다면 다음의 질문에 답해보라.

> 당신은 옴짝달싹할 수 없는 처지에 있는가?
> 누군가를 용서하지 못하는가?
> 삶의 다음 단계로 넘어가지 못하는가?
> 되돌아갈 수도 없는가?
> "주님, 어쩌면 좋을까요?" 이렇게 묻고 있는가?

진 에드워즈가 제시하는 답이 비현실적으로 들릴지도 모른다. 너무 과격하고 극단적이라고 느낄 수 있지만 그의 답이 당신의 인생을 바꾸어줄 수도 있다. 그는 우리에게 십자가에서 죽임을 당하시고 살아나셔서 그 고통을 들려줄 수 있는 유일한 분인 그리스도께 나아갈 것을 권면한다. 그는 예수님에게 이런 질문을 할 것을 권하고 있다. "누가 당신께 이렇게 했나요?"

십자가는 사단의 작품이라고 생각할지 모르지만 에드워즈는 그 질문에 대한 예수님의 답을 이렇게 적고 있다. "누가 나를 십자가에 못 박았느냐고? 그것은 다름 아닌 내 아버지시란다."

고통을 주는 상대가 우리의 적이라는 것은 당연히 예상할 수 있는 것이기에 오히려 우리를 편안하게 만든다. 하지만 친구, 그것도 주 안에서의 형제나 자매가 주는 고통은 마치 누군가가 내 등 뒤에서 칼을 꽂는 느낌이며, 심장이 꿰뚫리는 기분이 들게 한다. 하물며 하나님, 우리를 사랑하시는 아버지, 이 세상에서 우리의 처음이자 마지막 보루가 되시는 하나님께서 그런 고통을 허용하시고 그 고통으로써 우리를 원하는 모양으로 만들어가신다면 어떻겠는가? 우리로서는 받아들이기 어려울 것이다. 하지만 내가 믿는 하나님은 우리를 너무도 사랑하셔서 이 세상에서 우리가 희생양처럼 느끼기를 원치 않으시며 우리 인생의 모든 기쁨과 고통을 당신에게 넘기기를 원하고 계시는 분이다.

자신을 버리고

십자가의 의미는 무엇인가? 그 핵심은 사망, 곧 멸망이었다. 우리 안에 있는 어둠과 쓴 뿌리와 분노를 죽이기 위해 못질을 하실 정도로 우리를 향한 하나님의 사랑은 강렬하고 순전할 수 있음을 믿는가? 진 에드워즈는 "십자가형을 받아들일 때, 당신의 인생은 영원히 변화할 것이다"라고 말한다.

겟세마네 동산에서 예수님은 진노의 잔을 피할 수 있는지 하나님 아버지께 물으셨다. 자신이 져야 할 십자가에 대해서 유일하게 물어본 대상은 대제사장 가야바나 빌라도가 아니라 바로 자신의 아버지였다. 예수님은 자신의 목숨이 하나님의 손에 달려 있음과 자신의 아버지가 자신을 십자가에 못 박았음을 온전히 인정했다. 충격적으로 들릴지는 모르지만 히브리 기자도 같은 말을 하고 있는 것을 볼 수 있다.

> 그는 육체에 계실 때에 자기를 죽음에서 능히 구원하실 이에게 심한 통곡과 눈물로 간구와 소원을 올렸고 그의 경외하심을 인하여 들으심을 얻었느니라. 그가 아들이시라도 받으신 고난으로 순종함을 배워서 온전하게 되었은즉 자기를 순종하는 모든 자에게 영원한 구원의 근원이 되시고. 히브리서 5: 7-9

예수님은 자신을 구원하실 수 있는 유일한 분인 하나님 아버지께 간구했다. 그러나 아버지는 아들의 기도를 듣고도 십자가형을 예정대로 진행시켰다. 과연 그 기도를 '들으셨을까?' 당신은 아마 "예수님은 돌아가셨잖아요. 그러니까 기도가 응답된 것은 아니었잖아요?"라고 항변할지도 모른다.

여기서 쓰인 '듣는다' 라는 희랍어는 에이사쿠오 eisakouoœ로 '귀기울여 듣다' 라는 의미가 있다. 예수님은 그 잔이 지나가기를 원했지만 하나님의 뜻이 이루어질 것을 위해 기도하셨다. 하나님은 사랑하는 아들의 고통과 고뇌의 기도를 들으시고는 다가올 골고다의 고통을 이길 수 있는 담대함을 응답으로 주셨다.

나는 종종 히브리서 기자가 쓴 고난으로 순종함을 '배웠다'라는
말이 과연 무엇을 의미하는지를 생각해본다. 한 주석에 따르면 히브
리서 기자의 말은 예수님이 온전하지 않으셨음을 뜻하는 것이 아니라
고 했다. "고난을 받은 결과로 얻는 온전함은 고난받을 준비가 된 상
태의 온전함과는 다르다. '온전하게 되었다'가 의미하는 것은 온전
함을 얻은 이후에 따르는 관계의 변화를 일컫는 것이다. 온전함에 이
르게 하는 고통은 예수님으로 하여금 '영원한 구원의 근원'이 되도
록 하였다."

그날 예수님과 함께 처형된 두 사람을 생각해보라. 두 사람 모두
유죄판결을 받았으며 자신들이 지은 죄로 인해 벌을 받았다. 십자가
의 형벌을 벗어날 수 있는 기회가 주어진다면 '얼씨구나 좋다' 하고
그 기회를 잡았을 사람들이었다. 그런데 날이 깊어짐에 따라 두 사람
중 한 사람에게 무언가 변화가 일어났다. 죽어가던 중에 한 사람이 예
수님을 알아보기 시작했고 그를 주인으로 받아들인 것이다. 그 남자
의 일생에서 최고의 사건은 그리스도와 함께 십자가에 못 박힌 것이
되었다.

당신의 고통이나 당신이 경험한 배신을 가벼이 여기고 싶은 생각
은 없다. 하지만 당신에게 고통을 준 사람에게서 잠시 눈을 돌려 그 고
통이야말로 당신 마음의 가장 깊숙한 곳에서 하나님이 역사하시는 기
회라고 생각한다면, 당신은 고통과 배신감에서 자유로워질 것이다. 한
강도는 계속해서 저주를 퍼부었으나 그리스도를 만난 강도는 그에게
잠잠히 있으라고 말했다. 그는 더 큰 그림을 보는 눈을 갖게 된 것이다.

십자가를 경험한 진정한 증거는 십자가의 고통을 결코 다시 언급
하지 않는 데 있다. 진 에드워즈는 부활하신 그리스도께서 십자가나

십자가 위의 고통에 대해 다시는 언급하지 않았음을 지적한다. 복수라는 말도, 후회라는 말도, 어떠한 단죄의 말도 없으셨다. 단지 생명과 용서와 사랑이라는 말밖에는.

십자가는 부활을 향한 하나님의 초대이며 옛 생명이 죽고 묻히고 난 후의 새 생명을 향한 초대인 것이다.

부활하신 예수님이 베드로에게 이렇게 힐문하신 적이 있었던가? "너는 나를 절대로 부인하지 않겠다고 하지 않았더냐?"

예수님이 제자들에게 이렇게 말씀하신 적이 있었던가? "그래, 내가 죽어가고 있을 때 너희는 어디에 있었더냐?"

예수님은 자신의 옆구리에 창을 찔렀던 병사나 빌라도를 비롯해서 자신을 죽이는 데에 동참했던 어느 누구도 찾아내려 하지 않으셨다.

하나님의 뜻이 이루어지이다!

당신의 마음은 산산조각이 났고 손에는 못이 박혔을 수도 있지만 머리를 숙이고 경배를 드리며 이렇게 말하지 않겠는가? "하나님 아버지, 이 십자가를 통해 당신의 부활에 참예하겠나이다."

믿음의 주요 또 온전케 하시는 이인 예수를 바라보자 저는 그 앞에 있는 즐거움을 위하여 십자가를 참으사 부끄러움을 개의치 아니하시더니 하나님 보좌 우편에 앉으셨느니라. 너희가 피곤하여 낙심치 않기 위하여 죄인들의 이같이 자기에게 거역한 일을 참으신 자를 생각하라.

히브리서 12: 2–3

아버지 하나님,

제가 상처를 준 사람들을 기억나게 해주셔서 저로 하여금 그들에게 용서를 구할 수 있도록 해주세요. 그리고 하나님의 은혜로 제게 상처를 준 사람들을 용서할 수 있게 해주세요. 가장 고통스러운 자리에서도 하나님의 손길을 볼 수 있도록 도와주세요. 예수님의 이름으로 기도합니다. 아멘.

내 삶을 위한 적용

- 우리를 사랑하며 우리의 마음을 세심하게 배려하려는 사람들이 하는 제안이라면, 심지어 비판을 할지라도 우리 내면의 신성한 곳을 구둣빌로 짓밟고 지나가는 사람들이 넌시는 비판과는 다르다. 당신은 누구에게 사랑이 담긴 제안을 받아보았는가? 당신은 구둣발로 당신의 마음이 짓밟히는 듯한 경험을 한 적이 있는가? 두 상황이 당신에게 미친 영향에 대해 나누어보라.

- '그리스도인에게 못 박히다'라는 구절을 읽을 때에 드는 생각은 무엇인가? 다른 그리스도인을 못 박는 데 동참한 적이 있는가? 만약 있었다면 언제였는가? 그 사람에게 가서 용서를 구할 생각이 있는가?

- 만일 당신이 속고 버림받은 느낌이 든다면, 마치 그리스도인들에 의해 십자가에 못 박힌 것 같다면 이렇게 물을 것이다. "주님, 어쩌

면 좋을까요?"

그런 당신에게 진 에드워즈는 먼저 십자가에 달리신 예수님께 이렇게 물을 것을 권한다. "누가 당신께 이렇게 했나요?"

에드워즈는 그 질문에 대한 예수님의 답을 이렇게 적는다. "누가 나를 십자가에 못 박았느냐고? 그것은 다름 아닌 내 아버지시란다."

친구가 마치 등 뒤에서 칼을 꽂거나 심장이 꿰뚫리는 느낌을 받은 적이 있다면 그때가 언제였는가? 만일 당신이 하나님께서 당신 삶의 모든 것을 주관하심을 믿는다면 당신의 마음이 찢어지게 하는 것까지 주관하고 계심을 믿어야 할 것이다.

이제 그 다음 단계로 들어가보자.

하나님, 우리를 사랑하시는 아버지, 이 세상에서 우리의 처음이자 마지막 보루가 되시는 하나님께서 그런 고통을 허용하시고 그 고통으로써 우리를 원하는 모양으로 만들어가신다.

이 점을 놓고 기도하며 하나님과 대화를 나누어보라.

● 겟세마네에서 예수님이 한 기도에 나타나 있듯이 십자가의 핵심은 사망, 곧 멸망이었다. 그것은 자신을 버리는 기회, 생명을 얻기 위한 죽음이었다. 당신의 삶의 어떠한 영역에서 자신을 버릴 필요가 있다고 생각하는가?

● 앞서 말했듯이 당신의 고통이나 당신이 경험한 배신을 가벼이 여기고 싶은 생각은 없다. 그러나 당신에게 고통을 주었다고 믿어지는 사람에게서 잠시 눈을 돌려 그 고통이야말로 당신 마음의 가장 깊숙한 곳에서 하나님이 역사하시는 기회라고 생각한다면 고통과 배신감에서 자유로워질 것이다. 십자가는 부활을 향한 하나님의 초대이며 옛 생명이 죽고 묻히고 난 후의 새 생명을 향한 초대이다.

당신이 십자가에서 묻어야 할 것은 무엇인가? 당신의 용서를 통해 하나님이 그 사람을 다루시도록 할 뜻이 있는가?

부활

만일 그녀가 미안해한다면 나는 용서하리.
포도주와 떡으로, 그리고 또한 사랑으로. 만일 그가 다정하다면
나는 잊어버리리. 그 말들, 그 상처들을 내놓지 않으리.
하지만 아버지 하나님께서 보고 계시듯 이 상처들이 내 마음을 따라
흐르고 있으니 쓴 눈물이 날마다 내 양식이 되어
그들이 한 행동들과 내뱉은 말들로 인해 나는 짐을 내려놓지 못하고
가는 곳마다 메고 가네.

예수께서 가라사대 아버지여 저희를 사하여 주옵소서. 자기의 하는 것을
알지 못함이니이다 하시더라. 저희가 그의 옷을 나눠 제비 뽑을새.

• 누가복음 23: 34 •

용서를 위한 몸부림

나는 용서를 위한 내 몸부림을 결코 잊지 못할 것이다. 당시에 나는 그 사람을 용서하지 못해 망가질 지경이었다. 〈700 클럽〉의 공동 사회자로 일하는 동안, 나는 기독교 방송국을 설립한 팻 로벗슨 목사님과 함께 일하는 것을 무척이나 좋아했다. 목사님은 탁월하신 분으로 하나님의 사역에 열정과 헌신을 다 바치는 사람이다. 그러나 나는 방송국의 한 스태프와 성격 차이로 갈등을 겪었다. 그녀가 다른 스태프

들과 일하는 것을 지켜보면서 나는 그녀의 능력에 감탄했고 그녀 역
시 나에 대해 그러한 평가를 할 수 있기를 바란다. 하지만 무슨 연유
에선지 우리는 서로 잘 맞지 않았다.

결국 내가 우울증 치료를 받으러 방송국을 한 달간 떠나게 되자
내가 사라지는 것을 그녀는 기뻐하는 것처럼 보였다. 여기서 강조하
고 싶은 것은 내게 그렇게 보였다라는 말이다. 그것이 사실이든 아니
든 관계없이 나는 두려웠고 외로웠다.

퇴원을 하고 나는 기독교 방송국이 있는 버지니아 비치로 되돌아
갔다. 로벗슨 목사님은 매우 친절하게 나를 위로해주며 필요한 만큼
의 휴가를 더 가지라고 했다. 바로 그 다음에 일어난 일이 지금 이 장
의 주제와 관련되어 있다. 스태프들 가운데 친한 몇 명이 내게 전화를
하거나 쪽지를 써서 그 여성이 '내게 앙심을 품고 있다'고 힌트를 주
는 것이었다.

나는 두려움과 염려에 사로잡혀 어찌할 바를 몰랐다. 그 문제를
가지고 늘어져서 누가 누구에게 무슨 말을 했는지를 꼬치꼬치 캐고
다닐 만큼의 기운이 내게는 없었다. 그러던 어느 날 아침, 하나님과
깊은 대화가 필요할 적마다 내가 늘 찾곤 하는 해변을 따라 거닐면
서 나는 하나님의 자비하심에 내 자신을 맡기고 어떻게 해야 할지
물었다.

그날은 바로 내 삶의 전환점이 된 날이기도 했다. 내 영혼 가운데
가장 기본이 되는 질문을 던지시는 하나님의 음성을 들었던 것이다.

너는 내가 온 세상을 주관하고 있음을 믿느냐?

예, 주님.

너는 내가 기독교 방송국에서 일어나는 모든 일을 주관하고 있음을 믿느냐?

예, 주님.

너는 내가 네 삶에 일어나는 모든 일을 주관하고 있음을 믿느냐?

예, 주님.

이 일까지도?

나는 멈추고 모래에 주저앉아 발가락을 모래 속 깊이 묻으며 그 질문을 곰곰이 생각해보기 시작했다.

이 일까지도?

예, 주님.

다른 사람이 너를 어떻게 생각하며 너에 대해 무슨 말을 하는지 네가 바꿀 수 없다고 해도?

예, 주님.

그늘을 용서할 수 있겠느냐?

아니오, 아직은…….

그럼, 너는 아직 십자가 위에서 씨름하고 있다는 말이냐? 네 생각을 죽이고 나를 의뢰하지 않겠다는 것이냐?

네. 그렇습니다.

공의에 관한 한 모든 것이 공평해야 하며 사람들은 물론 하나님도 공정해야 한다는 스코틀랜드 정신이 나를 강하게 감싸고 있었다.

하지만 우리의 호흡이 붙어 있는 한, 에덴 동산을 떠난 순간부터 인류는 '반칙!'을 외치기에 급급해왔다.

크리스가 1학년이 되기 직전, 방학 동안 야구 캠프에 보내달라고 졸랐다. 그전에도 농구와 축구 캠프에 참가한 적이 있었는데 무척이나 잘 따라했었다. 그래서 야구 캠프에 가서도 당연히 잘 할 수 있으리라고 믿었던 것이다. 크리스는 캠프에 간 첫날에는 기뻐했으나 그 이튿날 내가 데리러 갔을 때는 기분이 몹시 우울해 보였다.

"힘들었어?"

내가 물었다.

"얘기도 하기 싫어요." 그러고는 곧장 이렇게 말했다.

"내가 공을 쳤거든요. 진짜 잘 쳤단 말이에요. 그런데 한 아이 바로 옆의 땅에 떨어졌는데 그 아이가 자기가 잡았다고 우겼고 나는 아웃이 되었어요. 그런데 걔가 공을 잡은 게 아니라니까요!"

크리스는 화가 나서 어쩔 줄 몰라했다.

"그 거짓말쟁이!"

"코치 선생님은 뭐라고 하셨어?" 내가 물었다.

"바로 그게 더 큰 문제라니까요. 코치는 보고 있지도 않았어요. 게임을 보지도 않으면 어떻게 코치라고 할 수 있어요? 이건 불법이에요!" 크리스의 말이었다.

당신도 하나님에 대해 그같이 느낀 적이 있는가?

"보고 계시지 않는다면 어떻게 하나님이라고 할 수 있나요?"

"만일 보고 계셨다면 왜 그녀를 말리지 않으셨나요?"

"저 사람을 어떻게 좀 해보세요."

"하나님, 도대체 어디에 계신 건가요?"

나는 크리스에게 게임을 즐겁게 하려면 그 일은 잊어버리는 게 좋을 것이라고 말했다. 아이들의 야구 경기에서도 잊어버리기가 쉽지 않은데 하물며 어른들 사이의 관계에서랴. 이는 마치 당신의 옷자락을 물고 늘어진 고집센 염소를 떼어버리는 것같이 어려운 일이다.

떨어지지 않는 염소

내가 어렸을 적에 언니와 나는 우리 이웃에 있는 공원에 가서 염소를 만지곤 했다. 염소 중의 한 마리는 너무 배가 고팠는지 내가 어딘가에 먹을 것을 숨기고 있다고 여기고는 머리를 내 외투의 호주머니에 박고 음식 냄새가 나는 것은 다 먹으려고 했다. 그런데 염소 머리가 내 외투 호주머니에서 빠지지가 않는 것이었다. 언니가 외투를 벗어버리라고 말했지만 그럴 수가 없었다. 그 외투는 새 것이었기 때문이다. 결국 그날 나는 내 외투에 매달린 염소를 끌고는 공원을 가로질러 집까지 가야 했다.

당신이 용서하지 않거나 쓴 뿌리를 제거하려 하지 않는다면 그로 인해 당신은 원치 않는 곳을 가야만 할 것이다. 이미 오래 전에 끝난 일에 여전히 목을 매고 있거나 죽은 시체를 끌어안고 있는 셈이다.

내 경우에는 놓아 보내지 못하거나 용서하지 않으려 할 때는 마치 내 손목에 못이 하나 박혀 있어서 그 일에 대해 하소연을 할 때마다 못이 조금씩 깊이 박히는 것 같은 경험을 한다.

나는 십자가에서 모든 종류의 단계를 거치며 싸움을 했다. 내가 계속해서 움직이는 한은 죽지 않아도 되리라고 생각했다. 하나님과 협상을 한 적도 있었다. 그 사람이 나에 대해 험담했다는 것이 내 귀에 들리면 친구에게 전화를 해서는 내가 맞고 그 사람이 틀렸다는 말을 들을 때까지 하소연을 했던 것이다. 내게는 누군가가 옳다고 말해주기를 원하는 강박관념이 있었다. 또 벽에 구멍이라도 낼 정도의 분노의 단계를 지나기도 했지만 아파트에 세를 사는 처지라 그럴 수가 없자 이번에는 자기 연민의 단계에 빠지기도 했다. 그러면서 이렇게 물었다.

"어떻게 주님께서 이런 일을 허락하실 수가 있나요? 제 삶을 주님께 송두리째 드렸고 주님을 섬겨오지 않았나요? 안 그랬다면 오페라 가수가 될 수도 있었는데 말이지요!" 생각해보면 우스울 따름이다. 그러다 마침내 이렇게 기도하는 단계에 이르렀다.

"주님, 이제 제가 완전히 옴짝달싹할 수 없게 되었습니다. 그 사람을 생각할 때마다 주님께서 대신 원수를 갚아주시기를 원하게 됩니다. 하지만 이런 모습을 주님이 원하시지 않음을 알아요. 저는 주님을 기쁘게 해드리고 싶답니다. 주님을 높이기를 원합니다. 이 모든 것을 놓아버리고 제 자신을 변호하는 일을 멈추기를 원합니다. 그러므로 이제 다시 새롭게 시작함으로써 제 뜻을 주님의 뜻에 맞추겠습니다. 용서라는 생각만 해도 제 눈이 파르르 떨리지만 이제 용서하기로 작정합니다."

나는 매일 그 기도를 했다. 매일 아침과 매일 밤 무릎을 꿇고서, 그 사람을 은혜의 보좌 앞에 올려드렸다. 또 하나님의 축복과 은혜가 그녀에게 임하기를 기도했다. 그렇게 몇 주가 지나자 이를 갈지 않고서도 기도할 수 있게 되었다. 만일 내 감정과 기도가 일치하도록 기다렸다면 아마 지금까지도 기다리고 있었을 것이다. 하지만 진정으로 하나님의 주권을 믿는다면 내 삶에서 하나님의 사랑의 손길이 닿지 않는 곳은 없을 것이다.

하나님, 어디 계세요?

사람의 눈과 이해력으로 우리의 상황을 바라보다 보면 종종 하나님이 우리가 어디에 사는지 잊어버리고 계신 것이 틀림없다는 생각이 들 것이다.

창세기 37장에 나오는 요셉의 이야기는 너무나도 익숙한 이야기다. 우리가 처음 만나는 요셉은 열일곱 살이다. 요셉이 태어났을 때 아버지인 야곱의 나이는 90세였다. 야곱은 요셉을 너무나도 애지중지했기에 열 명이나 되는 그의 형들도 아버지가 요셉을 총애하고 있음을 분명히 눈치채고 있었을 것이다. 아버지의 총애는 요셉이 입은 옷의 색깔이 형들의 옷 색깔과 다른 데서도 금방 알 수 있었다. 야곱이 아들 중에서 요셉을 자신의 후계자인 족장으로 삼을 것은 이미 예견할 수 있는 일이었다.

쉽게 상상할 수 있듯이 요셉의 형들은 분노했다. 결국 형들은 요셉을 애굽을 향해 가던 이스마엘 사람들에게 노예로 팔아넘겼다. 그러고는 짐승을 잡아서 요셉의 겉옷에 피를 묻히고는 아버지에게는 짐승이 요셉을 해쳤다고 말했다. 야곱의 상심은 이루 말할 수 없었다.

하지만 요셉은 애굽에서 살아남았다. 그는 보디발이라는 바로의 신하의 집에서 책임을 맡은 자리에 앉았고 건실함과 슬기로움을 인정받아 곧 보디발의 전 재산을 책임지게 되었다. 그런데 보디발의 아내가 그에게 반하고 말았다. 그래서 동침하자고 유혹했으나 요셉이 계속 거절하자 화가 난 보디발의 아내는 남편에게 요셉이 자기를 범하려고 했다는 거짓말을 했다. 결국 요셉은 옥에 갇히는 신세가 되어서 몇 년 동안 어둡고 축축한 감방에서 자신을 변호할 기회조차 없이 고통의 나날을 보내게 되었다.

처음에는 자신의 친형들로부터 버림을 받았는데 이제는 명예로운 선택을 함으로써 감옥에 갇히게 되었다는 생각을 하면 그의 마음은 억울함으로 찢어졌을 것이다. 요셉은 보디발의 아내에게 자신은 하나님과 보디발의 이름을 더럽힐 수 없다고 말하지 않았던가. 그럼에도 보디발은 자신을 감옥에 처넣었고 하나님은 이를 허용한 것이었다. 이런 상황이 요셉에게 쓴 뿌리를 주고 말았는가? 감옥에 갇힌 요셉의 마음속에 어떠한 생각이 오갔는지 우리는 알 수 없다. 아마 이런 기도를 하지 않았을까 하고 추측해볼 따름이다.

"주님, 저는 주님의 이름을 영화롭게 하려는 선택을 했을 뿐입니다. 그런데 어째서 저를 보호해주시지 않았나요?"

요셉은 아무것도 알지 못했다. 자신이 몇 년 후에 감옥에서 부름을 받아 바로의 꿈을 해석하게 되리라는 것을 몰랐다. 바로가 그에게서 깊은 인상을 받아 애굽을 다스리는 총리로 임명할 줄은 더더구나 알지 못했다. 그때는 감옥에 있는 오랜 세월 동안에 배웠던 애굽의 말이 그의 평생을 위한 외국어 학습이 될 줄은 꿈도 꾸지 못했을 것이다. 하지만 하나님은 다 알고 계셨다.

요셉의 삶을 따라가다 보면 반복해서 만나게 되는 구절이 있다. 누가는 사도행전에서 이를 다시 인용한다. "여러 조상이 요셉을 시기하여 애굽에 팔았더니 하나님이 저와 함께 계셔."(7: 9)

창세기에 나오는 구절을 보자.

여호와께서 요셉과 함께하시므로. 39: 2

전옥은 그의 손에 맡긴 것을 무엇이든지 돌아보지 아니하였으니 이는
여호와께서 요셉과 함께하심이라 여호와께서 그의 범사에 형통케 하셨
더라. 39: 23

잠시 멈추고 생각해보자. 요셉은 질투의 화신이 된 형들에게 배
신당해 노예로 팔렸다. 그런데 하나님이 요셉과 함께 계셨다니?

요셉은 남의 아내를 범하려 했다는 누명을 뒤집어쓰고 감옥에 갇
혔다. 그런데 하나님이 요셉과 함께 계셨다니?

하나님이 우리와 함께 계시면 만사가 원하는 대로 잘 풀릴 것이
라고 생각하기가 쉽다. 하지만 현실은 그렇지가 못하다. 중요한 것은
우리가 어떻게 우리의 상황을 바라보는지에 달려 있다. 어떠한 상황
에 처해도, 심지어는 감옥 속에서도 요셉은 자신의 신실한 삶으로 인
해 신뢰를 받았다고 성경은 말하고 있다. 그는 자신의 꿈은 사라졌음
을 받아들이고 오직 하나님의 계획이 성취되기를 기다렸다.

그렇다면 신나는 복수혈전은 어떻게 될까? 그의 형들에게는 어떠
한 죄의 대가가 기다리고 있을까? 그 땅에 기근이 닥치자 모든 상황
이 달라졌다. 애굽 땅만이 곡식을 얻을 수 있는 곳이 되었고 요셉은
곡식을 나누어주는 일을 총괄하는 자리에 올라 있다. 어느 날 그가 곡
식을 구하러 줄을 선 사람들 중에서 자기 형들을 발견한다. 이미 13년
이란 세월이 흘렀기에 형들은 요셉을 알아보지 못했지만 요셉은 형들
을 한눈에 알아보았다.

자신을 버린 형들이 그간 어떻게 변했는지를 알기 위한 몇 번의
시험을 거친 후에 요셉은 마침내 자신이 누구인지를 그들에게 알린
다. 요셉의 형들은 그야말로 경악했다. 자신들의 생사여탈권을 쥐고

있는 유일한 사람인 요셉이 자신들을 도울 까닭이 있었겠는가? 자신들이야말로 요셉을 죽이고자 했던 이들이 아니었는가 말이다.

다시 창세기의 구절을 살펴보자.

그 형들이 또 친히 와서 요셉의 앞에 엎드려 가로되 우리는 당신의 종이니이다. 요셉이 그들에게 이르되 두려워 마소서 내가 하나님을 대신하리이까? 당신들은 나를 해하려 하였으나 '하나님은 그것을 선으로 바꾸사' 오늘과 같이 만민의 생명을 구원하게 하시려 하셨나니. 50:18

요셉은 남의 탓을 하는 대신에 다음과 같은 중요한 질문을 던지고 있다. "내가 하나님을 대신하리이까?"

그는 이어 말한다. "당신들은 나를 해하려 하였으나." 하나님은 상대방의 마음속에 스며든 가장 악한 것까지도 이용하셔서 오히려 당신의 몸과 생각과 마음과 영혼을 풍성하게 하실 수 있는 분이시다.

이것이 우리 믿음의 마지노선인 것이다. 지금 당신이 처해 있는 상황을 보라. 설사 누군가의 악의로 인해서 당신이 비참한 상황에 있다고 할지라도 이렇게 말할 수 있겠는가? "하나님은 이것을 선으로 바꾸신다"라고 말이다.

하나님께서 모든 것을 주관하심을 믿는가? 하나님은 당신의 원수보다 크신 분임을 믿는가?

내가 하나님을 대신하리이까? 이 질문은 나의 질문이 되었다. 만일 선하신 하나님이 모든 것을 주관하는 분이라면 나는 내가 서 있는 자리에서 안식하며 하나님을 예배하기만 하면 되는 것이다.

이것이 우리가 할 몫의 전부이다. 일의 진행과정에 선 나로서는 하나님께서 내 안에서, 그리고 나를 통해서 무슨 일을 행하실 것인지, 혹은 나를 어디로 데려가실 것인지 결코 알지 못하는 것이다.

나비의 교훈

크리스가 네 살이었을 때 한 친구로부터 쿠폰을 하나 받았다. 거기에는 쿠폰을 보내면 나비 집과 애벌레들이 들어 있는 상자를 보내주는데, 만일 하나님께서 선하시고 냇물이 범람하지 않는다면 애벌레들이 나비가 될 것이라고 적혀 있었다. 어쩐지 미덥지가 못한 쿠폰이었다. 이전에 개미집을 가진 적이 있었는데 상자 안의 개미들이 꼼짝도 하지 않아서 정신병동에 있다가 온 개미들이라서 살고 싶은 의지가 없다는 결론을 내리고 말았던 기억이 떠올랐다.

쿠폰을 보내고 나비 집이 도착하기 전에 나는 약간의 조사를 해보기로 했다. 조사를 통해서 나는 멍청해 보이는 애벌레가 우아하고 화려한 나비로 변화하는 것은 자연의 엄청난 기적 중의 하나임을 발견했다. 애벌레가 나비가 되기까지는 완전한 변형의 과정이 필요했다. 유충에서 네 단계의 과정을 통과한 후에 어른이 되는 나비는 고작 한두 주밖에 살지 못한다. 나는 크리스에게 그 사실을 미리 알려주어 아이가 이 날개 달린 곤충과의 평생 우정의 관계를 기대하지 않도록 했다.

마침내 나비 집이 도착했는데 애벌레를 본 크리스는 시큰둥했다.

"애벌레 좀 보세요! 하는 거라고는 계속해서 걷다가 먹는 것뿐이잖아요. 걷다가 먹다가, 또 걷다가 먹다가……."

크리스가 말했다.

"너, 어떤 나비들은 입이 없이 태어나서 애벌레일 때 모아놓았던 에너지로 죽을 때까지 견딘다는 것을 아니?"

내 말에 크리스가 상자 속으로 배춧잎 하나를 더 밀어넣으며 말했다.

"그럴 수가! 애들아, 많이 먹어."

어느 날 아침을 먹으러 내려온 크리스는 나비 집을 쳐다보고는 애벌레가 하나도 없자 깜짝 놀랐다.

"엄마, 애벌레들이 전부 죽었나봐요!"

애벌레들이 갈색 주머니로 변한 것을 가리키며 크리스가 외쳤다.

"죽었지만 죽은 게 아니란다. 애벌레들은 죽었지만 저 매달려 있는 주머니 속에서 무언가가 일어나고 있단다."

"무언지 정말 조용한 일인가봐요."

크리스가 대답했다.

마침내 나비들이 자신들의 조용한 시련을 털고 나오자 볼 만한 광경이 우리 눈앞에 펼쳐졌다. 우리는 나비들이 날개를 펴고 날아갈 준비를 하는 것을 지켜보았다.

"행복해야 해! 너희들은 딱 2주일밖에는 못 사니까."

크리스가 정답게 말했다.

내가 무슨 말을 하려는지 아마 벌써 짐작했겠지만 조금 부연설명을 하도록 하겠다.

애벌레의 모든 관심은 자신뿐이다. 작은 다리로 돌아다니며 자신의 필요를 채운다. 먹고, 먹고, 또 먹는다. 때가 되자 애벌레는 죽은 것처럼 되었다. 잠들기 전에는 세 마리의 애벌레였는데 아침에 깨어보니 세 개의 누에고치가 되어 있었다. 그들이 조용한 무덤 안에 있는

것을 크리스는 슬퍼했지만 죽지 않고서는 애벌레는 결코 나비가 될
수 없는 법이다. 그들은 나비로 부활한 후에 재생산을 할 준비를 한
다. 애벌레는 자기중심적인 인생을 살지만 나비는 남을 위한 삶을 살
며 가는 곳마다 아름다움을 준다.

어쩌면 당신도 이처럼 깊고 어두운 무덤 속 같은 곳에 거하며
'이곳은 참 고요한걸' 이라고 생각할지도 모른다.

당신을 그런 곳에 처하게 만든 이들에 대해 분노하고 있을지도
모른다. 설사 그렇더라도 마음을 열고 요셉과 같이 '하나님께서 나와
함께하신다' 라고 말할 준비가 되어 있는가?

하나님 아버지,

삶에는 이해할 수 없는 일들이 많이 있지만 제 삶의 모든 순간에 하나님
께서 함께하셨으며 앞으로도 계속 함께하실 것을 믿습니다. 저를 해하
려 하는 것들조차도 선으로 바꾸실 것을 믿습니다. 예수님의 이름으로
기도합니다. 아멘.

- 이 장의 맨 처음에 나오는 시를 읽을 때 떠오르는 상처는 무엇이었는가? 가장 용서하기 어려웠던 사람은 누구였는가? 용서하기로 결단했을 때 당신은 무엇을 경험했는가? 아니면 여전히 용서하지 못하고 있는가? 하나님의 물음을 기억하라. "너는 아직 십자가 위에서 씨름하고 있느냐? 네 생각을 죽이고 나를 의뢰하지 않겠느냐?"

- 당신이 아직까지 용서하지 못하는 대상과 없애지 못한 쓴 뿌리에는 어떤 것들이 있는가? 당신이 용서하지 않거나 쓴 뿌리를 제거하려 하지 않는다면 그로 인해 원치 않는 곳을 가야 한다는 점을 명심하라.

- 당신의 마음속에 아직 용서하지 못한 대상이 있다면 매일 기도 제목으로 삼고 하나님이 어떻게 역사하시는지 지켜보라. 진정으로 하나님의 주권을 믿는다면 우리의 삶에서 하나님의 사랑의 손길이 닿지 않는 곳은 없음을 알게 될 것이다.

- 하나님이 우리와 함께 계시면 만사가 원하는 대로 잘 풀릴 것이라고 생각하기가 쉽다. 하지만 현실은 그렇지 못하다. 중요한 핵심은 우리가 어떻게 우리의 십자가를 바라보는지에 달려 있다. 당신은 자신의 십자가를 어떻게 바라보는가? 요셉과 비슷한 상황에 처한 당신의 계획은 무산되었음을 인정하고 하나님의 계획이 성취되기를 기다려야 하는가?

  설사 누군가의 악의로 인해서 비참한 상황에 있다고 할지라도 이렇게 말할 수 있겠는가? "하나님께서는 악을 선으로 바꾸신다." 하나님께서 만사를 주관하심을 믿는가? 하나님은 당신의 원수보다 크신 분이신가? 당신의 대답을 성경에 나타난 하나님의 약속으로 증명해 보라.

- 지금 당신의 영적 삶은 애벌레의 단계인가, 나비의 단계인가?

치유와 갈라진 교회

즐거워하는 자들로 함께 즐거워하고 우는 자들로 함께 울라.
서로 마음을 같이 하며 높은 데 마음을 두지 말고 도리어 낮은 데 처하며 스스로
지혜 있는 체 말라. 아무에게도 악으로 악을 갚지 말고 모든 사람 앞에서 선한 일을
도모하라. 할 수 있거든 너희로서는 모든 사람으로 더불어 평화하라. 내 사랑하는
자들아, 너희가 친히 원수를 갚지 말고 진노하심에 맡기라. 기록되었으되 원수 갚는
것이 내게 있으니 내가 갚으리라고 주께서 말씀하시니라. 네 원수가 주리거든 먹이고
목마르거든 마시우라. 그리함으로 네가 숯불을 그 머리에 쌓아놓으리라.
악에게 지지 말고 선으로 악을 이기라.

• 로마서 12: 15-21 •

새로운 시작

1992년에 퇴원을 했을 때 내 삶은 어디로 가야 할지 방향을 모르는
상태였다. 그렇다고 방송으로 다시 돌아가고 싶지는 않았다. 내 삶과
하나님과의 관계, 그리고 하나님이 내게 가르쳐주신 것들을 점검해볼
공간과 마음의 평화가 필요했기 때문이다.

병원을 나오는 것은 병원으로 들어갈 때만큼이나 힘이 들었다.
나는 한 달 동안 안전한 피신처에 정박하고 있었던 것과 마찬가지였
다. 그곳은 정직하게 자신을 열어 보일 수 있는 곳이었다. 솔직히 그

곳에 가게라도 하나 열고 계속해서 머무르고 싶을 정도였다. 나를 담당한 의사에게 내 심정을 솔직히 털어놓았다.

"너무나 자연스러운 반응이랍니다." 그녀가 말했다. "대부분의 환자들이 그렇게 느끼죠. 하지만 이곳은 당신의 배를 묶어둘 만한 곳이 못 돼요. 우리는 어느 쪽이 정북향인지를 알려주는 나침반을 이미 당신에게 주었어요. 이제 바른 방향으로 항해를 계속하시기만 하면 돼요. 그리고 만일 항로를 조금 벗어나더라도 자신을 너무 학대하지는 마세요."

그 뒤로 몇 주 동안 나는 그리스도인 의사의 치료를 받았는데 그는 매일 하나님의 말씀에 의지해서 좋은 결정을 내리는 방법과 내 삶에서 적절한 경계선을 두는 방법을 가르쳐주었다. 이제 내 사전에는 '경계선boundaries'이라는 새로운 단어가 생기게 되었다. 나는 헨리 클라우드 박사와 존 타운센드 박사가 공저한 같은 제목의 베스트셀러를 읽으며 엄청난 도움을 받았다. 경계선이라는 개념을 이해하기 시작하면서 내 삶은 변하기 시작했다.

어린 시절의 고통이나 학대는 아이로 하여금 다른 사람이 자신의 공간을 침범하고 선택을 강요하는 것을 정상으로 여기게끔 만든다. 나는 어른이 되었지만 내 속에는 여전히 어린아이가 존재했다. 다른 사람들을 즐겁게 해야 한다는 강박관념에 시달렸기에 싫든 좋든 간에 그들이 내게 요구하는 것들은 모두 하면서도 동시에 마음속으로는 분노를 품곤 했다. 그런 내가 다른 사람들에게 예스와 노를 하는 법과 그렇게 하는 것이 괜찮다는 사실을 배우기 시작한 것이다. 하나님의 은혜로 인해 나는 서서히 다른 사람들의 인정을 구하는 것으로부터 해방되고 있었다.

담당 의사는 예수님은 삶의 고통이나 두통에서 나를 구하려고 오신 것이 아니라 그 가운데서도 사랑하는 법을 가르치기 위해 오셨다는 것을 깨닫게 해주었다. "그리스도 안에서 당신이 무슨 직업을 가졌는지가 아니라 당신이 누구인지를 아는 것이 중요해요. 당신이 그리스도 안에서 어떠한 사람인지가 결국 전부이니까요."

친구들과 가족과 함께 기도하고 대화를 나누면서 나는 다른 어떤 이유보다도 내 영혼의 유익을 위해 신학교로 되돌아가 신학석사 공부를 하기로 결심했다. 그래서 캘리포니아 주 파사데나에 있는 풀러 신학대학원에 지원했던 것이다. 나는 미국 동부에서 서부까지 장장 5천 마일의 자동차 여행을 시작하기 위해 버지니아 비치를 떠나던 1993년의 어느 날을 지금도 기억하고 있다. 마지막으로 나는 해가 막 솟아오르고 있는 해변으로 내려가서 물가에 섰다. 이곳은 내가 절망에 빠진 채 몇 시간이고 보내던 곳이었다. 나는 하나님 아버지를 향해 두 손을 들고 경배를 드렸다. "주님, 오늘 당신을 찬양합니다. 주께서는 제 인생을 구덩이 속에서 건지셨어요. 이제 제 발을 반석 위에 세워주셨기에 주님의 뜻대로 쓰시도록 제 삶을 주께 되돌려드립니다."

내 삶의 부서진 조각을 가지고 하나님께서 계획하신 대로 하시라는 기도를 드렸을 때, 나는 내 앞날에 어떤 일이 일어날지 전혀 알지 못했다. 버지니아 비치를 떠나기 몇 주 전인가 나는 〈700 클럽〉 방송에 고별인사를 하기 위해 출연했다. 방송 전에 나는 시청자들과 내 이야기를 어디까지 나누어야 하는지를 놓고 제작자들과 함께 의논을 했다. 그들은 이렇게 충고했다. "아마 정신병원 이야기는 안 하는 편이 좋을 것 같습니다. 그저 너무 과로를 해서 휴가를 좀 가졌고 이제는 더 공부하라는 하나님의 부르심을 받았다고 말씀하세요."

그들의 염려를 충분히 이해했지만 나는 진실을 말해야 함을 느꼈다. 내 삶 가운데 진실을 감추느라 너무 많은 시간을 허비했기에 이제는 내 모습을 있는 그대로 수용하기를 원했다. 방송은 팻 로벗슨 목사님께서 나를 향하신 하나님의 은혜와 자비에 관해 인터뷰를 하는 형식으로 진행되었다.

프레드릭 뷰크너는 『고드릭Godric』에서 이렇게 적고 있다. "밤같이 어두운 내 영혼 위에 하나님은 낮같이 환한 자비를 비치신다."

방송을 마치자 이제 정말로 떠날 때가 되었다. 나는 운전하기를 좋아해서 그때 5일간 자동차 여행을 하며 순간순간을 만끽했다. 평원을 지나고 산맥을 넘고 사막을 건너 마침내 캘리포니아에 도착한 나는 신학교에 다니는 동안에 내 보금자리가 될 작은 아파트에 정착했고 신학기 준비에 여념이 없었다. 한편으로는 교실로 되돌아간다는 생각에 조금 긴장이 되기도 했다. 우울증세가 있으면 집중이 어렵기 때문에 나는 공부를 잘하고 배운 것을 잘 간직할 수 있기만을 소망했다. 그 다음 몇 달 간은 정말로 행복하고 평화로운 시간이었다. 나는 강의와 공부를 즐겼으며 캘리포니아의 라구나 비치의 새로운 해변을 거닐 수 있었다.

어느 날인가 내 친구 말린이 전화를 하더니 팜스프링스에서 열리는 여성들의 오찬 모임에서 강연을 해줄 수 있는지 물었다.

"말도 안 돼요, 말린. 공식석상에 서는 일은 못해요."

"할 수 있어요, 쉴라. 정말 잘할 거예요. 팜스프링스는 1년 중 이때가 최고예요." 말린이 말했다.

"말린, 차라리 내 손에 장을 지지겠어요."

"이것 봐요, 쉴라." 말린이 계속했다. "좀 도와주세요. 모임의 토요일 강사를 찾아야만 하는데 내가 아는 모든 사람은 다 안 된다고 하고 이제 당신이 마지막 희망이에요. 친구로서 제 부탁을 거절하지 말아주세요."

그렇게 말하자 갑자기 부담감이 사라졌다. 나는 1순위 연사가 아니라 후보 연사였던 것이다. 그래서 부담 없이 하겠노라고 했지만 당일 차를 몰고 그곳으로 가면서 내 발등을 찍고 싶은 유혹을 참느라 혼이 났다.

"어쩌자고 하겠다고 한 거야? 도대체 팜스프링스에 사는 완벽한 여성들에게 무슨 말을 한다는 거지? 성경에 나타난 성형수술에 관한 이야기라도 할 건가?"

완벽하게 차려입고 앉은 한 무리의 여성들 앞에 선다는 생각만으로도 나는 위축되었다. 모임장소인 컨트리 클럽에 도착한 후에 차를 주차하고 안으로 들어갔다. 말린은 입구에서 나를 맞았다.

"정말 고마워요. 한 시간 동안 강연을 해줄 수 있지요? 찬양도 좋아요."

"말린, 어떻게 할지 모르겠어요." 내가 대답했다. "정말 떨려요."

말린이 나를 위해 기도했고 우리는 앞 테이블에 자리를 잡고 앉았다. 멋진 의상을 걸친 아름다운 얼굴들을 내려다보면서 나는 예수님의 눈, 예수님의 심장, 그날 모인 여성들의 통곡을 들을 수 있는 예수님의 귀를 달라고 기도를 드렸다. 나는 그럴듯한 정장과 두터운 화장 뒤로 숨는다는 것이 어떤 느낌인지 잘 알고 있었다.

나는 그날을 결코 잊을 수 없다. 안전하고 개인적이지 않은 주제에 대해 강연을 하는 대신에 나는 내 이야기를 하기로 결심했다. 내 삶의 여정을 털어놓는 동안 방 안에는 정적만이 흘렀고 수저 소리도

의자가 삐걱거리는 소리도 나지 않았다. 나는 우울증에 대한 경험을 나누었는데 그 순간의 경험은 지금도 생생할 정도이다. 사람들이 울기 시작했다. 완벽한 화장 위로 눈물을 흘리는 사람들을 위해 여기저기서 휴지가 바쁘게 오갔다. 나는 마지막에 이렇게 말하고는 내 강연을 마쳤다. "다들 바쁘셔서 가셔야 하겠지만 혹시 저와 이야기를 나누고 싶으신 분을 위해 저는 여기에 잠시 있겠어요."

아무도 일어서지 않았다. 그래서 나는 강대상의 끝에 걸터앉았다. 오십 줄로 보이는 한 여성이 나오더니 내 옆에 와 앉았다. 내 귀에 대고 자신의 이야기를 속삭였다. "저는 오랫동안 우울증으로 고생해 왔지만 너무 수치스러워서 어느 누구에게도 그 이야기를 할 수가 없었어요."

다른 여성이 다가와서 이렇게 말했다. "우리 딸도 우울증으로 고생하고 있지만 그 애가 다니는 교회에서는 그리스도인이 약물을 복용하는 것은 옳지 못하다고 여겨서 딸은 약을 먹지도 않고 있어요."

나는 그날 그곳에 몇 시간을 더 머무르며 내가 아무런 공통점을 발견하지 못하리라고 생각했던 한 무리의 여성들과 함께 듣고 말하고 기도하며 웃고 울었다. 그날 하나님은 내 영혼 가운데 드리웠던 장막을 걷어주셨고 나는 완벽하게 치장한 삶의 표면 아래에 널브러져 있던 마음들을 보았던 것이다. 그때 나는 이렇게 생각했다. 여기에 모인 여성들은 부유하지만 '물질'이 사람을 행복하게 할 수 있다는 말이 거짓임을 알고 있는 사람들이 아닐까?

하지만 나는 곧 그렇지 않다는 사실을 깨달았다. 나는 내 급우 중 한 명에게서 로스앤젤레스의 빈민가에 있는 한 남미계통의 교회에서 간증을 해달라는 부탁을 받았다. 또한 〈700 클럽〉은 내가 우울증에 대해 솔직하게 이야기를 했던 날에 방송을 보았던 사람들에게서 자신들의 이야기를 내게 털어놓고 싶다는 사연이 담긴 5천 통이 넘는 메일을 받아서 내게 전달해주었다. 나는 그 폭발적인 반응에 깜짝 놀랐다. 그렇게도 많은 그리스도인들이 우울증에 시달리고 있었는데 왜 전혀 눈치채지 못했단 말인가? 왜 우리는 그런 이야기를 나누지 않았던가? 우울증에 걸린 그리스도인들을 도와줄 곳은 어디인가? 어째서 우리들은 마음의 상처인 우울증을 그토록 수치스럽게 생각하는 것일까?

이 책의 맨 앞에 소개되었던, 우울증으로 인해 자살한 딸을 둔 엄마의 이야기를 기억하고 있는가?

"우리 애가 살았으면 이번 주에 서른다섯이 된답니다. 딸아이는 큰 교회의 직원으로 일했는데 한동안 우울증으로 고생을 했어요. 그래서 담임 목사님께 치료를 받기 위해 얼마간 휴가를 달라고 요청했지요. 그 목사님은 딸에게 그리스도인이라면 정신과 의사의 도움을 구해서는 안 된다고 단언했어요. 딸은 자살을 했습니다. 하나님을 사랑했던 딸이 자살을 해버렸어요!"

치유에 대한 서로 다른 견해

고통에 대한 치유를 어떻게 구해야 하는지를 놓고 교회가 나뉜 것은 분명하다. 그리고 그 분열로 인해 고통받는 많은 사람들의 마음은 더 찢겨졌다. 만일 당신의 병이 뇌종양이라면 가능한 모든 의학적인 도움을 받는 것에 대해 의문을 제기하는 사람은 거의 없을 것이다. 하지만 우울증이라면 상황은 좀 달라진다. 그런데 문제는 우울증에 시달리는 여성의 수가 뇌종양으로 고생하는 여성의 수보다 훨씬 많다는 데에 있다. 그렇다면 우울증에 걸린 그리스도인들은 대체 어디에 도움을 청해야 하는가?

약사회의 헌금이라면 받기조차 꺼려하는 교인들이 갖는 다음과 같은 질문들을 이해할 수 있다. 치유하시는 하나님을 믿는 자가 약을 먹어야 하는가? 우리가 만일 그리스도의 상함으로 나음을 입었다면 어째서 약국의 도움을 받아야 하는가?

내가 병원에 입원하고 정신과 의사와의 첫 만남에서 그는 내게 왜 여기까지 오게 되었는지 그 이유를 아는지 물었다.

"모르겠어요. 그저 매일 조금씩 내가 사라져가고 있다는 느낌을 받은 것뿐이에요. 집중도 안 되고, 밥맛도 없고 불면증에 시달려요. 그리고 너무 슬퍼요. 말할 기운조차 없어요."

"제가 보기에는 뇌 속의 화학반응을 정상화할 필요가 있어 보입니다. 몇 가지 약 처방을 해드릴 테니……."

"잠깐만요!" 내가 말했다. "기분을 순간적으로 좋게 하는 약이라면 안 먹어요!"

"제가 처방하는 약이 그럴 거라고 생각하세요?"

"그렇겠죠. 자기 주변에서 무슨 일이 일어나는지도 모른 채 입을 헤 벌리고 돌아다니는 사람들 이야기를 읽은 적이 있어요. 저도 그렇게 되기는 싫어요."

의사는 그 같은 반응에 익숙해 있는 듯이 보였다. 나는 그날 의사로부터 인간 두뇌학 입문 강의를 들어야 했다.

간단하게 풀어서 설명을 하면 대강 이러했다. 하나님은 인간의 두뇌 속에 가장 복잡한 정보전달 시스템을 만들어주셨다. 신경전달물

질은 신경세포들 사이에 소통을 원활하게 해주는 화학적 메신저이다. 마치 빠른 속달편지처럼 우리가 하는 생각의 과정들을 전달하는 것이다. 그 안에는 기분을 관장하는 것으로 알려진 노르에피네프린, 도파민, 세로토닌이라 불리는 세 가지 주요 호르몬들이 있다. 세로토닌은 특별히 우울증세를 일으키는 주요 인자로 알려져 있는데 이 세로토닌의 수치가 낮게 되면 두뇌는 제대로 활동할 수 없게 된다. 세로토닌 분비가 낮은 데는 다음과 같은 원인이 있을 수 있다.

1. 단순히 두뇌에서 충분한 세로토닌이 생성되지 않는다.
2. 두뇌 속에 세로토닌을 받아들이는 수용기관들이 활발히 움직이지 않는다.
3. 세로토닌이 수용기관들에 도착해서 그 역할을 하기 이전에 너무 빨리 다시 흡수되어버린다. 뇌 속에 신경 A, 신경 B, 이렇게 두 신경조직이 있다고 하자. 두뇌가 잘 작동하기 위해서는 이 두 신경조직 사이에 원활한 소통이 일어나야 한다. 그런데 신경 A에서 세로토닌이 중요한 메시지를 가지고 나와서 신경 B로 가는 도중에 신경 A가 다시 흡수해버리는 경우이다.

그 의사는 내게 뇌의 화학작용은 부정확한 과학과 같다고 설명해주었다. 만일 뇌종양이 있다면 엑스레이를 찍어보면 나타날 것이고 수술이나 화학요법으로 치료를 한 후에 다시 엑스레이를 찍어서 치료법이 효과가 있는지를 보게 될 것이다. 하지만 뇌의 화학작용에는 그러한 의학적인 치료 단계가 적용되지 않는다. 몇 년 간에 걸쳐서 SSRI라고 불리는 세로토닌 재흡수를 억제하는 약물에 관해 연구를 해왔다. 다시 말하면 신경 A에서 메시지가 나간 다음에 SSRI가 문을 닫아 버려서 메시지가 다시 돌아올 수 없도록 하는 것이다. 그래서 메시지 가 B에 당도해서 정상적인 작동이 되도록 하는 것이다. 지금까지의 설명은 초보적인 것으로 과학저널에 실리지는 않겠지만 최소한 우울 증을 이해하는 데는 도움이 되었을 것이다.

신경전달물질이 가는 길목에 문제가 있거나 뇌에 충분한 양이 공 급되지 않을 경우에 우울증에 해당되는 증세들이 생기는 것이다. 그 러므로 우울증이란 연약함이나 성격적 결함의 증거가 아니라 의학적 인 질병인 것이다.

우리 모두는 기분 나쁜 날들을 경험한다. 하나님이나 다른 사람 들과의 교제가 잘못되어 우울해지기도 하고, 때로는 직업에 만족하지 못하거나 원하는 이성을 기다리다 지치기도 한다. 이러한 상황은 약 물에 의지하지 않고도 다른 방법으로 이겨낼 수 있는 것들이다. 하지 만 우울증은 특별한 도움을 필요로 하는 의학적 증상으로 역시 치료 가 가능한 것이다.

그 정신과 의사와의 면담을 통해 내가 이해하게 된 중요한 사실 중 하나는 약물은 단지 뇌가 다시 정상으로 작동되도록 도울 뿐이라 는 것이다. 나는 이전에는 약을 복용하면 내 두뇌가 이상현상을 일으 킬 것이라고 상상하고 있었다.

그래서 나는 약을 먹기 시작했다. 2주 안에 큰 차이를 느낄 수 있 었다. 이전처럼 늘 감정적으로 되지도 않았고 생각하고 읽고 기도할 수 있었다. 가장 놀라운 선물은 희망이 다시 생겼다는 것이다. 그 희 망이 처음에는 마치 천둥이 치는 하늘 사이로 비치는 한 줄기의 햇빛 처럼 희미하게 반짝였다. 내가 받고 있는 치료의 가치를 알기 시작할 즈음에 한 친구에게서 편지를 받았는데 그는 내게 제정신이냐고 힐문하고 있었다.

심한 우울증세를 앓고 있는 사람에게 빨리 털고 일어나라거나 기도에 더 힘쓰라고 말하는 것은 당뇨병 환자에게 인슐린을 끊고 성경 공부나 더 열심히 하라고 말하는 것과 같다.

어쩌면 오늘날의 사회에서 우리는 너무 약에 의존하게 되어버렸는지도 모른다. 전자우편을 확인하면 하루에도 수없이 비타민에서 비아그라에 이르기까지 약 광고가 넘치는 것을 알 수 있다. 하지만 내가 부탁하고 싶은 것은 도움이 필요한 사람이나 벌써 물에 빠져가고 있는 사람에게 더 이상의 수치감은 주지 말자는 것이다.

어쩌면 우리 교회들이 은혜의 부족으로 혹은 서로에게 "있는 모습 그대로 오세요. 우리가 당신과 함께 고통을 통과할 거예요"라고 말하지 않음으로써 오히려 교인들의 약물 과다복용에 기여하고 있는지도 모른다.

내가 아는 사람 중에는 교회에서 하나님의 백성들과 만나야 한다는 부담감에 약을 먹는 이들도 있다. 하지만 대부분의 사람들은 사랑하는 가족과 교회와 공동체 속에서 그리스도인으로 살아가기 위해서 약물의 도움을 필요로 한다.

교회와 의료계가 힘을 합해 도움이 필요한 사람들을 돌보는 것은 아름다운 일이다. 빠른 속도로 물 속에 빠져가고 있는 사람이 그리스도 안에서 형제요 자매인 자들의 눈총까지 견뎌내야 한다는 것은 가슴 아픈 일이며 그들에게 깊은 절망을 가져다주는 것이다.

진리를 마주하며

내 삶의 여정의 일부는 남들의 눈총과 치유에 대한 교회의 분열된 시각과 맞서 싸우는 것으로 채워졌다.

내 친한 친구 한 명은 내가 우울증으로 약을 먹고 있다는 사실을 알고 난 후에 절교를 선언해왔다. 나는 그 친구와 대화를 나누려고 여러 번 시도를 해봤으나 지난 12년간 그녀는 입을 굳게 다물고 있다. 나는 거부로 인한 좌절과도 싸워야 했지만 분노와도 싸워야 했다. 그 친구가 내 치료과정에 함께 해주기를 원했으나 거절당했고 어쩔 수 없는 상황에 서게 되었다.

그리고 나는 그 여정에서 얻었던 교훈들을 받아들여야만 했다. 인생이란 결국 하나님에 대해, 내 자신에 대해, 그리고 다른 사람들에 대해 끊임없이 실망하며 또 그 실망에서 벗어나는 것이라는 교훈을 말이다.

"하나님에 대해서라고요?" 이렇게 당신은 반문할지도 모른다. "거 좀 귀에 거슬리는 소린데요."

하나님에 대한 영광스러운 진리를 수용하는 과정은 또 한편으로는 우리의 환상을 버리는 것이기도 하다. 다시 말하면 내가 하나님을 위해 이 일을 하면 하나님은 나를 위해 저 일을 해주실 것이다라고 생각하는 보상심리를 버릴 필요가 있다는 말이다.

다른 사람에 관한 진리를 수용하는 것은 하나님에 대한 진리를 수용하는 데서 출발한다. 내 삶에서 싫어했던 것과 도저히 이해할 수 없었던 것들에 대해 하나님에게 편지를 쓰는 것이 내게는 도움이 되었다. 하나님이 우리 아버지를 그렇게 데려가신 것은 정말 잘못하셨다고 생각한다고 썼다. 왜냐하면 아버지가 더 오래 사셨더라면 어쩌면 내 인생은 180도 달라졌을지도 모르기 때문이다. 나는 해마다 어버이날이 돌아오지 않기를 바랐다. 왜냐하면 그날은 내 인생에 빠진 조각이 있음을 상기시켜주는 연례행사나 마찬가지였기 때문이다.

당신은 어떠한가? 당신은 편지에 무엇을 쓰고 싶은가? 하나님이 행하시지 않았거나 막아주셨으면 좋았을 거라고 생각되는 일들을 써보는 것은 좋은 연습이 된다.

나는 다 쓴 편지를 하나님께 큰 소리로 읽은 후 이렇게 말했다. "이게 제가 싫어하는 부분이에요. 하지만 저는 하나님을 사랑하고 신뢰합니다. 만일 이것이 하나님께서 저를 위해 선택하신 길이었다면 그 선택을 신뢰합니다. 언제나 가장 완벽한 것을 선택해주신 기록이 있으니까요."

우리 자신에 대한 실망을 수용하는 것은 은혜의 연습이 된다. 그리고 다른 사람들에 대한 실망을 직면하기 이전에 반드시 거쳐야 하는 중요한 과정이기도 하다. 만일 우리가 완벽주의자이거나 사람의 인정에 중독이 되어 있다면 스스로에게 은혜를 베풀기가 매우 어려울 것이다. 하지만 이 또한 예수님의 이름으로 십자가에 못 박아야 할 교만의 일종인 것이다.

당신이 자신의 삶 속에서 계속해서 스스로를 질책하는 이유는 무엇인가?

당신의 영혼을 추궁하며 계속해서 반복되는 내면의 테이프에는 무엇이 담겨 있는가?

이 약속에 담긴 진리를 기억하라. "만일 우리가 우리 죄를 자백하면 저는 미쁘시고 의로우사 우리 죄를 사하시며 모든 불의에서 우리를 깨끗게 하실 것이요.”(요한일서 1: 9) 자세히 보라. ‘모든’ 불의라고 분명히 씌어 있지 않은가? 성경에는 당신이 계속 스스로를 괴롭히는 데 쓰는 그 한 가지를 제외한 나머지 전부라고 씌어 있지는 않다.

자기 자신에 대한 실망을 인정하는 것은 다른 사람에 대한 실망감 또한 극복할 수 있는 은혜를 준다. 나는 누군가를 용서하려고 애쓸 때에 도움이 되는 몇 가지 요령을 발견했다.

우선 아무 일도 없었던 체하는 대신에 그 상처를 충분히 느낀다. 아닌 체하면 상처에 딱딱한 못이 생기게 되기 때문이다. 정직한 상처가 빨리 낫는 법이지 않은가.

그러고 나서 용서는 내가 이 불공평한 세상에서 살 수 있도록 나를 도와주시는 하나님의 선물임을 인정한다. 우리는 죽은 시체에 연연해서 살아서는 안 된다는 것을 기억할 필요가 있다.

바로 지금 당장 시작해보라. 따뜻한 감정이 생길 때까지 기다리지 말라. 당신의 뜻을 하나님의 뜻에 맞추고 지금 당장 행동에 옮기라. 그 사람을 향해 당신의 사랑이 폭포수처럼 밀려올 것을 기대하지 말라. 용서한다는 것은 그가 당신에게 저지른 일을 괜찮다고 인정하는 것과 그 사람을 당신의 삶 속에 다시 받아들여야 한다는 것을 의미하는 것은 아니다. 용서란 당신의 뜻을 하나님의 뜻에 맞추고 그저 순종하는 것을 의미한다.

이제 치유에 대해 나뉜 교회의 견해로 되돌아가보자.

울타리의 한편에는 교회 바깥에서 어떠한 도움도 받아서는 안 된다고 말하는 사람들이 있다. 우리의 모든 고통은 영적인 것에서 나오므로 치료도 영적으로만 해야 한다는 주장이다. 고백하지 않은 죄가 있거나 기도생활이 충분치 못하기 때문이라는 것이다. 이 주장의 맨 아래에는 '모든 게 네 잘못'이라는 함축이 깔려 있다. 이 주장이 맞을 때도 있지만 설사 그렇다고 하더라도 우리에게 필요한 것은 정죄가 아니라 자신의 잘못을 깨닫도록 하는 은혜와 사랑인 것이다.

울타리의 또 한편에는 사람들이 다치고 상처받았으므로 도움이 필요하다고 주장하는 사람들이 있다. 그들은 교회 안에는 도움이 없다고 보고 심리학의 원조에 의존하는 사람들이다.

여러 번 말했듯이 나는 상담자들의 무수한 도움을 받았으며 필요하면 약물의 도움도 받는 사람이다. 나는 하나님께서 그런 도움을 주신 것을 무척 감사해하고 있다. 하지만 살아오면서 내가 알게 된 것은 내 영혼 깊숙한 곳에서 진정으로 찾고 있었던 것이 있다는 사실이다. 그것은 바로 공동체였다. 나는 평생 동안 사람들에 둘러싸여 살아왔다. 하나님의 사람들이 늘 나를 둘러싸고 있었지만 나는 진정한 공동체를 믿음의 여성들의 일원이 된 다음에야 발견할 수 있었다.

과거에 나는 그리스도인들이 은사로서 나누어주어야 할 것을 구하기 위해 돈을 지불했었다. 어떤 때는 내 삶이 올바른 방향으로 가도록 하는 도움을 받기 위해 시간당 10만 원씩 지불한 적도 있었다. 물론 도움이 되었기에 그 돈이 아깝지는 않지만 그것은 교회가 했어야 하는 일이었다. 그리스도인들이 은혜와 사랑에 잠겨 서로를 족쇄에서 풀어줌으로써 걸어갈 수 있도록 치유해줄 수 있는 공동체가 되어야 하는 것이다.

나는 내 자신에 대한 실망을 해결하는 것을 배우면서 다른 사람에 대한 실망을 해결하는 것과 용서하는 것도 배우고 있다. 우울증에 걸린 사람들이 약물로 치료를 받아야 하는 합당한 이유를 설명하려고 했지만 내 친구에게는 소용이 없었다. 그녀에게도 자신만의 굳건한 확신이 있는 것이다. 바로 여기에 은혜라는 선물이 끼어들어야 한다. 모든 사람이 내 말에 동의하고 나를 이해하고 내가 믿는 바를 지지해야 할 필요는 없다. 만일 우리의 의견이 다르다고 해도 우리 모두는 예수님을 사랑하기에 함께 나아가며 치유하는 공동체를 이룰 수 있는 것이다.

하나님 아버지,

저를 향하신, 그리고 다른 사람들을 향하신 하나님의 은혜를 날마다 경험할 수 있음에 감사드립니다. 제 고통을 이해하는 사람들과, 또 이해하지 못하는 사람들과 함께 동행할 수 있도록 도와주세요. 예수님의 이름으로 기도합니다. 아멘.

내 삶을 위한 적용

- 병원에서 한 달 간 치료를 받고 퇴원할 때, 한 의사가 이렇게 말했다. "우리는 어느 쪽이 정북향인지를 알려주는 나침반을 당신에게 주었어요. 이제 바른 방향으로 항해를 계속하시기만 하면 돼요. 그리고 만일 항로를 조금 벗어나더라도 너무 자신을 학대하지 마세요." 당신의 나침반은 어디에서 받았는가? 어째서 당신은 항로를 조금만 벗어나면 스스로를 학대하게 되는가?

- 나의 '인간 두뇌학 입문' 강의가 당신에게 도움이 되었는가? 특별히 어떤 점에서 도움이 되었는가?

- 하나님에 대한 영광스러운 진리를 수용하는 과정은 또 한편으로는 우리의 환상을 버리는 것이기도 하다. 가만히 앉아서 하나님이 행하시지 않았거나 막아주셨으면 좋았을 거라고 생각되는 일들을 하나님께 드리는 편지에 써보라.

  하나님이 해주셨으면 하는 일들과 막아주셨으면 하는 것들은 무엇인가? 다 쓴 편지를 큰 소리로 하나님을 향해 읽으라. 내 말을 추신으로 이용해도 좋을 것이다 "이게 제가 싫어하는 부분이에요. 하지만 하나님께서 저를 위해 선택하신 길을 이해하지 못한다 해도 저는 하나님을 사랑하고 신뢰합니다."

- 우리는 하나님과 내 자신과 다른 사람들에 대한 실망감을 솔직하게 마주할 필요가 있다. 당신 자신의 어떤 점을 용서하기가 어려운가?

  당신 자신의 삶 속에서 계속 스스로를 질책하는 이유는 무엇인가?

  당신의 영혼을 추궁하며 계속해서 반복되는 내면의 테이프에는 무엇이 담겨 있는가? 하나님의 어떤 말씀을 그 테이프에 담긴 말과 바꿀 수 있겠는가?

  다른 사람에 대한 실망을 해결하는 방법을 복습해보라. 지금 하나님께서 당신이 하기를 원하시는 것은 무엇인가?

- 교회와 의료계가 힘을 합해 도움이 필요한 사람들을 돌보는 것은 아름다운 일이지만 현재 교회는 그리스도인들이 씨름하고 있는 고통에 대한 치유를 어떻게 추구해야 하는지를 놓고 나뉘어 있다.

  이런 분열로 인해 당신이 받은 고립감이나 더 큰 마음의 상처가 있다면 나누어보라. 당신이 정신과 의사나 상담가의 치료를 받고자 할 때 다른 그리스도인들의 정죄를 느낀 적이 있는가?

- 예수님을 사랑하는 점에서는 같지만 우울증에 대한 치료방법에서는 다른 의견을 갖는 그리스도인들과의 사이에서 은혜는 어떠한 역할을 할 수 있겠는가?

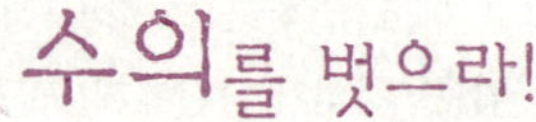

수의를 벗으라!

일곱 가지 이적

요한복음에는 그리스도의 거룩한 권위를 보여주는 다음의 일곱 가지
이적이 기록되어 있다.

1. 가나의 혼인잔치에서 물을 포도주로 변하게 하신 이적
2. 가버나움에서 신하의 아들을 고치신 이적
3. 베데스다 연못가에서 병자를 고치신 이적
4. 갈릴리에서 오천 명을 먹이신 이적
5. 갈릴리 호수에서 물 위를 걸으신 이적

　　6. 예루살렘에서 나면서부터 눈먼 자를 고치신 이적

　　7. 베다니에서 죽은 나사로를 살리신 이적

　　이 모든 이적들 중에 나사로를 일으키신 사건은 최고봉이었다. 예수님의 일곱 가지 이적은 각기 예수님의 거룩한 권위를 보여주는 것들로, 각각 인간사의 경험의 다른 영역을 대표한다고 할 수 있다. 그리스도의 삶은 인간의 타락함을 포용하는 하나님의 나라를 보여주고 있다. 계속해서 나를 놀라게 하는 것은 하나님은 죄인인 우리가 구세주를 절대적으로 필요로 한다는 사실을 아시며 또한 우리 삶의 하찮은 사건까지도 관심을 가지고 계신다는 사실이다. 요한이 기록한 이적들을 한번 생각해보라.

　　혼인잔치에서 한 가족이 포도주가 동이 나서 난처한 입장에 빠졌다. 어머니의 권유가 있자 예수님이 나서서 물로 포도주를 만들어주셨다. 이토록 어쩌면 사소하달 수 있는 우리 삶의 작은 사건조차도 하나님은 중요하게 다루신다. 이 이적이 우리에게 주는 또 하나의 메시지는 내가 가지고 있는 깃을 내게 가지고 오면 내가 그것을 네게 필요한 것으로 바꾸어주겠다는 것이다.

　　높은 지위에 있는 한 남자는 자기 아들의 목숨이 경각에 달린 것을 지켜보며 어쩔 줄 몰라했다. 예수님은 그 남자의 신실한 믿음을 보시고 그의 요구를 들어주셨다. 당시로서는 그리스도의 말 한 마디면 세상이 바뀌리라는 믿음을 지닌 자를 만나는 것은 흔한 일이 아니었다. 예수님은 그 믿음을 높이 사셨던 것이다.

　　치유를 받기 위해 빨리 움직일 수조차 없이 연못가에 누워 있던 한 사내가 있었다. 예수님은 그에게로 가셨다. 마치 그리스도의 손길을 받기 위해서는 특정한 날, 특정한 장소에 가야 하지만 갈 수 없는 우리에게로 예수님이 다가오시는 것처럼 말이다.

예수님은 광풍이 이는 갈릴리 호수 위를 걸어서 겁에 질린 사람들로 가득한 배로 가셨다. 도대체 그들은 왜 겁에 질렸을까? 배에 탄 사람들은 대부분 어부들이었는데 말이다. 내 생각에는 호수에 그 같은 광풍이 이는 일은 좀처럼 없기에 겁에 질리지 않았나 싶다. 이 사건이 주는 메시지는 분명하다. 우리가 생각할 수 없는 일이 일어나는 곳에서도 그리스도는 우리와 함께 계시리라는 것이다.

예수님은 날 때부터 소경으로 태어나 단절된 삶을 살아온 남자를 고치셨다. 여기서 우리에게 주는 메시지는 이것이다. 이제는 매일 삶에서 보지 못하고 지나치는 것들을 볼 수 있도록 해준다.

그리고 예수님은 죽은 나사로를 살리셨다. 그것은 십자가에 달리시기 전에 예수님이 행하신 마지막 이적으로 예수 그리스도는 우리의 가장 큰 적인 사망의 주인이심을 선포하는 것이었다. 마지막 이적은 양날을 가진 검이었다.

그 사건은 예수님의 죽음을 향한 마지막 단계였다. "이날부터는 저희가 예수를 죽이려고 모의하니라."(요한복음 11: 53)

당신이 그날 그 자리에 있었다고 상상해보라. 나사로가 무덤에 들어간 지 이미 나흘이 지났다. 나사로는 돌로 된 동굴 무덤 속에 있었는데 무덤 입구를 막은 돌이 치워졌다. 유대인들은 시신을 미라로 만드는 작업을 일절 하지 않으므로 이미 심각한 부패가 진행되었을 것이다. 예수님이 마을에 당도했을 때에 제일 먼저 마주친 사람은 마르다였다.

예수님이 그녀에게 말씀하셨다. "네 오라비가 다시 살리라."

마르다가 대답했다. "마지막 날 부활에는 다시 살 줄을 내가 아나이다."

예수님이 다시 말씀하셨다. "나는 부활이요 생명이니 나를 믿는 자는 죽어도 살겠고 무릇 살아서 나를 믿는 자는 영원히 죽지 아니하리니 이것을 네가 믿느냐?"

"주여 그러하외다. 주는 그리스도시요 세상에 오시는 하나님의 아들이신 줄 내가 믿나이다."(요한복음 11: 21-27을 보라.)

"마르다야, 네가 믿느냐?"

"예. 주님."

"돌을 옮겨놓으라."

"주여, 죽은 지가 나흘이 되었으매 벌써 냄새가 나나이다."

"내 말이 네가 믿으면 하나님의 영광을 보리라 하지 아니하였느냐?"

우리는 여기서 하늘과 땅만큼 서로 먼 믿음의 간격을 보게 된다. 예, 믿습니다, 하지만 과연 저 돌을 옮길 만한 믿음이 있는가?

그들은 돌을 옮겼다. 예수님은 하나님께서 이미 행하신 것들에 대해 감사를 드렸다. 그러고는 나사로를 부르셨다. 살아 있는 마르다에게 이야기하시는 것처럼 죽은 나사로에게 말씀하셨던 것이다.

요한복음의 다른 장에는 예수님이 우리에게 하시는 말씀이 기록되어 있다. "이를 괴이히 여기지 말라. 무덤 속에 있는 자가 다 그의 음성을 들을 때가 오나니."(5: 28)

우리가 할 일

우리에게 적용되는 부분은 이제부터 나온다. 공동체라는 맥락에서 이 이야기를 통해 우리에게 주는 메시지 말이다.

예수님이 그들에게 말씀하셨다. "풀어놓아 다니게 하라."

바로 이 점이 하늘과 땅이, 하나님과 그의 백성들이 합심해서 함께 참여해야 하는 일이 주어지는 순간이다. 예수님은 나사로를 무덤에서 불러내신 후에 구경하고 있던 사람들에게 그를 감쌌던 수의를 벗기라고 하셨다. 이 단순한 명령 속에 값진 의미가 숨어 있는 것이다. 아마 그곳에 모인 사람들 중에 예수님만이 두려움에 떨지 않은 유일한 사람이었을 것이다. 그날 일어난 일은 엄청난 사건이었다. 예수님께서는 그리스도만이 하실 수 있는 일을 하셨다. 우리를 죽음에서 생명으로 불러내신 것이다. 그리고는 우리에게 우리가 할 수 있는 일에 참여하라고 명령하셨다. 예수님의 말씀은 우리에게 서로를 돌보고 함께 어우러지며 서로를 묶은 것을 풀어주라는 것이었다.

예수님께서는 공생애를 통해 늘 우리에게 말씀을 하고 계셨다. 실제 말씀만이 아니라 행동으로도 말씀하셨다. 말씀하지 않음으로도, 행동하지 않음으로도 말씀하셨다. 우리더러 하라고 하신 것들을 통해서도 말씀하셨고 우리가 이해하고 순종하는지를 보며 기다리심을 통해서도 말씀하셨다.

앞서 나왔던 이른 아침의 그 장면으로 되돌아가보자. 예수님과 산헤드린, 그리고 간음하다 붙잡혀 온 여인과 군중들이 있는 그 장면 말이다. 만일 그곳에 모였던 사람들이 간음하다 붙잡힌 그 여인과 마찬가지로 자신에게도 하나님의 은혜와 자비가 필요함을 깨닫게 되었다면 아마 기적이 일어났을 것이다. 하지만 우리는 그날 모인 군중들 사이에 어떤 일이 일어났는지 모른다. 집으로 돌아간 여인은 자신의 삶을 되돌아보며 도대체 무슨 일이 일어났는지를 반추해보려고 애썼을 것이다. 사람들은 그 여자가 창녀였을 것이라고 추측한다. 그 추측이 맞을 수도 있지만 어쩌면 그녀는 자신이 사랑하지 않는 남편, 자기를 사랑하지 않는 남편과 결혼한 여인이었는지도 모른다. 그날 이후에 그녀의 삶 속에는 과연 어떤 일이 벌어졌을까? 과연 누구와 함께 자기 인생의 얽힌 실타래를 풀어가야 했을까?

군중들도 다 각기 집으로 돌아갔다. 그날 일어났던 일들에 대해 그들은 과연 어떻게 정리했을까? 그날 밤 무슨 생각들을 했을까? 자신들에게 지금까지 익숙했던 모든 규칙들이 변했다. 군중들은 어떤 충격을 받았을까? 모두 은혜를 체험한 후에 하나님의 은혜로 감동받고 변화한 죄인들의 공동체로 함께 노력했다면 어떤 일이 일어났을까? 바로 그것이 우리 모두가 갈망하는 공동체의 모습이 아닌가? 있는 모습 그대로의 우리를 받아들이며 결코 외톨이가 되지 않을 그런 공동체에 속하고 싶지 않은가?

새로운 법칙

사람들의 익숙함을 깨는 그리스도의 법칙은 모든 이들을 당황하게 한다. 만일 간음한 여인같이 엉망으로 살아온 자들이 하나님께 환영을 받는다면 언제나 모범생처럼 법대로만 살아온 자들은 하나님께 환영받지 못한단 말인가?

갑자기 누군가가 경기의 규칙을 바꾼다면 모든 것이 뒤죽박죽이 된다. 나는 우리 아들과 게임을 할 때 늘 그런 경험을 하곤 한다. 크리스가 요즘 한창 열을 올리고 있는 게임은 어린이용 모노폴리인데 어른용 모노폴리와는 다른 게임의 규칙을 가지고 있어서 나를 헷갈리게 한다.

"엄마, 그렇게 하는 게 아니에요." 크리스가 주장한다.

"이게 맞는데."

"미안하지만 싸모님, 규칙을 잘 모르시는군요."

크리스의 면박이 이어진다.

이렇게 바뀐 경기규칙은 나를 어지럽게 만든다.

그런데 하나님께서 그 규칙을 바꾸실 때는 그 어지러움이 더하다. 갑자기 옳았던 것이 전부 틀린 것이 되고 잘못을 저지른 사람도 옳게 될 수 있는 기회가 주어진다면 말이다. 브레난 매닝은 『사자와 어린양 Lion and Lamb』에서 어떤 것이 우리를 행복하게 하며, 어떤 것이 우리를 슬프게 하는 것인지를 보면 우리와 하나님과의 관계를 잘 알 수 있다고 말한다. 당신은 하나님의 예측 불가한 은혜를 한껏 누리는가, 아니면 나 아닌 누군가가 받는 크리스마스 선물에 떼쟁이 아이처럼 입을 뿌루퉁하게 내미는가?

불공평해요!

추수할 일꾼이 필요했던 포도원 주인의 비유를 살펴보자. 우리가 인정하기만 한다면 시사하는 바가 매우 큰 비유이다. 우리를 자유롭게 해주기 때문이다!

천국은 마치 품꾼을 얻어 포도원에 들여보내려고 이른 아침에 나간 집
주인과 같으니, 저가 하루 한 데나리온씩 품꾼들과 약속하여 포도원에
들여보내고 또 제삼시에 나가보니 장터에 놀고 섰는 사람들이 또 있는
지라 저희에게 이르되, 너희도 포도원에 들어가라 내가 너희에게 상당
하게 주리라 하니 저희가 가고. 마태복음 20: 1~4

성경을 보면 그 주인이 6시, 9시, 11시에 일꾼들을 포도원으로 들
인 것을 볼 수 있다. 그리고 이윽고 품삯을 줄 시간이 되었다.

저물매 포도원 주인이 청지기에게 이르되 품꾼들을 불러 나중 온 자로
부터 시작하여 먼저 온 자까지 삯을 주라 하니, 제십일시에 온 자들이
와서 한 데나리온씩을 받거늘 먼저 온 자들이 와서 더 받을 줄 알았더니
저희도 한 데나리온씩 받은지라 받은 후 집 주인을 원망하여 가로되, 나
중 온 이 사람들은 한 시간만 일하였거늘 저희를 종일 수고와 더위를 견
딘 우리와 같게 하였나이다. 주인이 그 중의 한 사람에게 대답하여 가로
되, 친구여, 내가 네게 잘못한 것이 없노라. 네가 나와 한 데나리온의 약
속을 하지 아니하였느냐? 네 것이나 가지고 가라. 나중 온 이 사람에게
너와 같이 주는 것이 내 뜻이니라. 마태복음 20: 8~14

이 비유는 당시 유대인들에게는 매우 익숙한 이야기였다. 이 이
야기는 원래 랍비들이 자주 드는 비유였는데 랍비들은 뒤에 온 품꾼
들이 같은 품삯을 받은 이유는 그들이 늦게 왔지만 먼저 온 자들보다
더 열심히 일을 했기 때문이라고 설명했다. 랍비들에 따르면 열심히
일을 한 자들이 더 큰 보상을 받는 기존의 법칙이 유지되고 있었다.

그런데 예수님은 같은 이야기로 시작해서 마지막에는 완전히 다른 결말을 내신 것이었다. 그리스도의 비유의 핵심은 포도원 주인, 즉 하나님의 선하심에 대한 것이었다. 하나님의 나라를 묘사한 포도원 비유는 사람들에게 충격을 주었다.

> 규칙을 바꾸어버렸잖아!
> 아무나 들인단 말이지!
> 말도 안 돼!
> 하나님의 후하신 정도가 좀 심하잖아.

브레난은 하나님의 법칙에 대한 우리의 반응은 우리가 하나님의 마음을 얼마나 잘 이해하고 있는지를 보여주고 있다고 말한다. 겨우 마지막 순간에 합류한 사람이 처음부터 고생해온 사람과 동일한 하나님의 은혜를 받게 된다는 점에 당신은 기쁜가? 아니면 하나님의 후하심에 기분이 나빠져서 입을 내밀고 섰는가?

"좋아요." 우리가 말한다. "저들에게 하루 품삯을 주세요. 하지만 우리에게는 보너스를 주셔야 하지 않겠어요?"

그러나 하나님의 사랑은 이렇게 말씀하신다. 너는 내 은혜를 누리고 저들을 감싼 수의를 벗겨주어라. 나사로의 수의를 벗기는 것이 그리 즐거운 일이 아니었음은 쉽게 짐작할 수 있다. 죽어서 나흘이나 무덤 속에 있지 않았던가. 하지만 하나님의 사랑의 힘은 우리로 하여금 진창에 빠진 서로에게 팔을 뻗으매 진창은 보이지 않고 해방되어 기뻐하는 얼굴만 볼 수 있도록 해주신다. 수의가 벗겨진 후에 그리스도의 사랑을 받아들인 자만이 그 일을 행할 수 있다. 죄는 아름답지 않으며 사망은 독이 든 적이다. 그러나 우리는 예수의 이름으로 그리스도의 향기를 서로에게 전하는 자들이다.

사랑으로 수의를 벗기며

우리가 문자 그대로 죽은 사람을 쌌던 수의를 벗기게 될 가능성은 거의 없다. 그렇다면 나사로의 귀환의 현장에 있었던 사람들을 향한 그리스도의 명령은 오늘날 우리에게 어떤 의미가 있을까?

몇 년 전에 나는 뉴욕에서 온 전위 발레단의 공연에 초대를 받은 적이 있다. 나는 전통 발레는 좋아했지만 현대 발레를 좋아할지는 확신이 없었다. 공연을 보니 내 마음에 드는 작품도 있었지만 어떤 작품은 이해가 안 되기도 했다. 하지만 그 중에서 유독 한 작품이 내게 진한 감동을 남겼다.

천으로 돌돌 말린 한 남자가 무대의 천장에서부터 바닥으로 내려졌다. 그는 잠시 동안 바닥에 누워 있다가 움직이기 시작했다. 그가 혼자 할 수 있는 것은 그저 구르는 것뿐이었다. 그는 구르고 또 구르다 마침내 지쳐서 움직임을 멈추고 다시 가만히 누워 있었다. 다른 무용수들이 무대에 나타나 그의 주위에서 돌고 점프를 하며 그에게 함께 하기를 종용했다. 두 명의 남자 무용수가 그를 일으켜 세웠다. 하지만 그는 여전히 꽁꽁 묶여 있었기에 움직이지 못하고 그대로 서 있을 뿐이었다. 그러자 한 무용수가 다가와 그를 감싼 천을 풀기 시작했다. 그러자 한 명씩 그 무용수의 뒤에 와서 인간사슬을 만들고 다 함께 천을 풀기 시작했다.

천에 감싸인 남자가 돌기 시작하며 천이 풀리자 다리, 몸, 팔, 그리고 머리가 다 드러났다. 무용수들은 마침내 자유의 몸이 된 그 남자와 함께 서로 얼싸안고 함께 뛰고 돌며 무대를 떠났다. 단순했지만 매우 강력한 작품이었다. 그 남자가 아무리 원한들 혼자의 힘으로는 천을 풀 수 없었다. 음악에 맞춰 춤을 추고 싶었지만 그럴 수 없었다. 누군가가 그를 풀어주기 시작해서 마침내 자유의 몸이 되자 그는 비로소 춤을 출 수 있었다. 이처럼 우리도 수의를 풀어주기만을 기다리는 사람들을 항상 만나게 된다.

갈라디아의 교회에 쓴 서신에서 바울은 이렇게 말했다. "형제들아 너희가 자유를 위하여 부르심을 입었으나 그러나 그 자유로 육체의 기회를 삼지 말고 오직 사랑으로 서로 종노릇하라."(5: 13) 우리가 가진 죄성罪性 중의 하나는 이기심이기에 정신 없이 사는 사람들의 삶에는 관여하고 싶지가 않은 법이다.

당신의 교회나 단체에 같은 실수를 계속해서 반복하는 사람이 있는가? 어쩌면 그 사람에게 다르게 사는 방법과 더 나은 선택을 하는 방법을 아무도 보여주지 않았을지도 모른다.

그의 수의를 벗겨주어라!

성경공부 모임에 새 신자가 있는데 외모의 치장과 언어와 몸놀림이 세속적으로 보이는가?

그녀를 있는 모습 그대로 사랑하라. 당신을 통해 흘러넘치는 하나님의 사랑이 그녀의 수의를 벗기게 하라.

우리 모두는 다른 사람의 삶에 동참하라는 부르심을 받았다. 우리가 나누어야 할 것은 그들의 필요를 채워주기 위한 몸부림이 아니라 사랑과 은혜와 자비인 것이다.

소망이라는 이름의 집

나는 어릴 때부터 사람들이 하나님의 사랑과 은혜에 대해 이야기하는 것을 들으며 자랐다. 때때로 하루 24시간 내내 사랑과 은혜의 삶을 사는 사람들을 만나는 기쁨을 누리기도 했다. 그 중 하나가 사라 트롤링거로 그녀는 상처받은 십대들의 수의를 벗겨내는 일을 몇 년간 해온 여성이다. 사라가 그 일을 처음 시작하게 된 동기는 성경 말씀 때문이었다.

> 주의 성령이 내게 임하셨으니 이는 가난한 자에게 복음을 전하게 하시려고 내게 기름을 부으시고 나를 보내사 포로된 자에게 자유를, 눈먼 자에게 다시 보게 함을 전파하며 눌린 자를 자유케 하고. 누가복음 4: 18

내가 사라를 처음 만난 것은 〈700 클럽〉의 사회자였을 때였다. 갈바를 알지 못하는 십대들과 그들을 어떻게 양육해야 할지 모르는 부모들에 대한 이야기를 하는 그녀의 마음에서 나는 하나님의 마음을 보았다. 하나님의 사랑을 아이들에게 나누려고 작정한 한 여인의 열정이 얼마나 큰 일을 할 수 있는지를 지켜보는 것은 놀라운 축복이었다.

1985년에 전직 교사인 사라 트롤링거는 상처받고 고통에 빠진 십대들이 와서 살며 하나님의 사랑을 직접 경험할 수 있는 '소망의 집 House of Hope'을 설립했다. 그 일을 시작했을 때 사라에게는 함께 기도하는 사람 다섯 명과 단돈 이백 달러뿐이었다. 오늘날까지 희망의 집은 수천 명의 젊은이들의 삶을 변화시켜놓았다. 이제 십대 소년들을 위한 집도 설립되었다. 그 사역에 동참하고 있는 우리 부부가 그곳

을 방문할 때마다 우리에게는 아이들의 이야기를 들을 기회가 생긴
다. 그 중에 그레이스(가명)의 이야기는 이러했다.

나이 열일곱에 그녀는 자살을 결심했다. 고등학교를 중퇴한 그녀의 고
통이 시작된 것은 일곱 살 때로 거슬러 올라간다. 어느 오후에 학교에서
집으로 걸어오는 그녀 옆에 차가 한 대 섰다. 운전하던 남자가 그녀에게
함께 자기 개를 찾아보자고 말했다. 자기 차에 그녀를 태운 그 남자는
인적이 드문 곳으로 차를 몰고 가서는 그녀를 강간했다.

사라가 중학교에 들어갈 무렵에는 사라의 아버지가 마약과 알코올 중독
이 되어 가족의 곁을 떠나고 말았다. 그레이스는 차라리 죽어버리는 것
이 낫겠다고 생각하고 수면제를 100알 가까이 삼켰다. 하지만 살아난 그
녀는 아동정신병원으로 후송되어서 다른 청소년들과 함께 그곳에 갇혀
지냈다.

마침내 한 판사의 도움으로 희망의 집으로 와서 살게 된 그레이스의 말
을 직접 들어보자.

"소망의 집에 온 이후로 하나님을 믿고서 내가 알게 된 것은 나는 어디
로 가고 있으며 나는 누구인가 하는 것이에요. 하나님은 저를 정말로 사
랑하세요. 예수님은 제게 자존감을 돌려주셨고 무자비하게 빼앗겼던 제
어린 시절을 회복시켜주시겠다고 약속하셨어요."

그레이스의 메시지는 이것이다. 당신이 잃어버린 자신을 되찾는
것은 언제라도 가능하다!

하나님의 법칙은 우리의 법칙과 다르며 하나님의 방법은 우리의
방법과 다르다. 하나님의 법칙과 방법은 우리의 것보다 훨씬 더 크고

더 높다는 사실에 감사를 드린다.

이렇게 사람의 마음에서 하나님의 마음을 보게 되면 마치 하나님의 나라에서 살고 있는 것과 같은 착각을 하게 된다. 사라와 그녀의 동역자들은 자신들에게 도움을 요청하러 온 아이들에게 붙어 있는 더러운 걸레조각들을 사랑스럽게 벗겨낸다.

나도 '믿음의 여성' 연사단에 참여하면서 그 같은 은혜를 받았다. 내가 옳아도 틀려도 행복해도 슬퍼도 상관없이 나를 사랑하고 받아주는 공동체를 마흔이 되어서야 발견한 것이다. 우리 모두는 서로를 필요로 한다. 우리는 공동체 속에서 하나님의 치유와 은혜를 발견하게 되는 것이다. 성부와 성자와 성령이 서로와 함께하는 것처럼 우리도 그런 아름다운 공동체로 부르심을 받았다.

은혜로우신 하늘과 땅의 하나님,
하나님의 사랑으로 우리를 생명으로 불러주심에 감사를 드립니다. 제게 다른 사람들의 고동을 볼 수 있는 하나님의 눈과 하나님의 귀와 하나님의 마음을 허락해주세요. 예수님의 이름으로 그들의 수의를 벗겨내기를 원합니다. 아멘.

- 요한복음에 나오는 일곱 가지 이적을 통해 예수님은 인간사의 모든 영역을 포용하셨다. 일곱 가지 이적이 우리에게 주는 메시지를 매일의 삶에서 일어나는 일들에 적용시켜서 나누어보라.

- 예수님은 나사로의 무덤 앞에서 우셨다. 나는 예수님이 우신 이유가 자신이 창조한 완벽한 세상에 대한 탄식에서였다고 생각한다. 당신의 삶에서 일어난 사건 가운데 예수님이 보시고 우실 만한 것이 있다면 무엇인지 나누어보라.

- 어떤 이의 수의를 벗기는 일에 동참한 적이 있는가? 그 상황을 나누고 그 과정에 하나님이 어떻게 개입하셨는지를 나누어보라.

- 브레난 매닝은 어떤 것이 우리를 행복하게 하며, 어떤 것이 우리를 슬프게 하는 것인지를 보면 우리와 하나님과의 관계를 잘 알 수 있다고 말한다.

  당신은 하나님의 예측 불가한 은혜를 한껏 누리는가, 아니면 나 아닌 누군가가 받는 크리스마스 선물에 떼쟁이 아이처럼 입을 뿌루퉁하게 내미는가? 아니면 하나님의 후하심에 기분이 나빠졌는가? 구체적인 예들을 통해서 대답을 나누어보라.

- 우리가 가진 죄성 중의 하나는 이기심이기에 정신 없이 사는 사람들의 삶에는 관여하고 싶지가 않은 법이다. 이 점을 하나님께 고백하고 용서를 구하라.

  그리하면 다른 사람을 섬기라는 하나님의 부르심의 음성을 더 쉽게 들을 수 있으며, 또한 하나님의 사랑과 능력에 충만하여 사람들에게서 수의를 벗겨내는 일에 동참할 수 있을 것이다.

기적을 일으키는 기쁨의 공동체

나는 종종 단백질 다이어트가 좋다는 말에 넘어가 가까운 곳에 있는 와플 전문식당에 가서 치즈 오믈렛과 커피를 시켜놓고는 사람들을 구경하곤 한다.

어느 날, 여느 때와는 달리 그곳에 한참 동안 앉아 있었는데 주변 테이블에서 나누는 대화들이 간간이 들려왔다. 한쪽 구석에는 말끔한 양복차림의 남자가 실크 블라우스와 미니 스커트로 멋을 낸 여자와 속삭이고 있었는데 그들의 말소리가 점점 커지면서 나의 불쾌지수도 같이 높아졌다. 나는 그들에게 다가가서 이렇게 말해주고 싶었다. "두 분 이야기를 제가 다 들었지만 상관하지 않겠어요. 댁의 부인이 누군지도 모를 뿐더러 일러줄 마음도 없어요. 하지만 자신이 얼마나 한심하게 보이는지 아세요?"

카운터에 앉은 트럭 운전사는 사진을 꺼내어 종업원에게 보여주고 있었다. 바쁜 가운데 종업원은 사진을 들여다봐주었다.

"손주 녀석이지요. 우리 부부가 이 녀석을 기르고 있어요."

"손주가 잘 생겼네요." 종업원이 대꾸를 했다.

"착하기도 하지요." 그가 말을 이었다.

"계속 그렇게 착하게 자라야 할 텐데……."

내 오른편 테이블에서는 두 여성이 줄담배를 피고 있었다.

"남자들은 전부 엉터리들이라니까!" 한 여자가 말했다.

"둘이 잘되고 있는 줄로 알았는데." 다른 여자가 말했다.

"예수에 미쳐서 집을 나가버렸어!" 먼저 여자가 분을 삭이지 못하며 이렇게 말하고 나자 둘이서 한바탕 웃음보를 터뜨렸다. "다른 남자 때문에 나를 차버릴 줄은 꿈에도 몰랐어!"

지금까지의 이야기는 짧은 시간 동안 내 삶을 스쳐 지나간 사람들에 대한 것이지만 나는 그들의 고통과 슬픔을 충분히 느낄 수 있었다. 이토록 세상은 외롭고 상처받은 사람들로 가득하다. 우리는 우리의 희망과 꿈을 눈앞에서 산산조각 내버리는 듯한 세상에 살고 있다. 이혼, 죽음, 실망, 그리고 절망은 와플 식당에서 그치지 않고 하나님의 집인 교회 안까지 밀고 들어온다.

불륜의 데이트를 즐기던 커플이나 조부모가 키운다던 그 아이는 장차 어떻게 될까? 그 아이가 커가면서 던지게 될 질문들과 고통을 덮을 만큼 할아버지 할머니의 사랑이 충분할까? 손자의 작은 가슴에 심은 사랑의 열매를 볼 수 있을 만큼 그들은 충분히 오래 살 수 있을까?

일상으로 돌아가고 싶은 갈망

최근에 나는 우리 집회에 참석했던 한 여성에게서 전자우편을 받았다. 그녀는 자신의 삶 속에서 은혜와 사랑이 완전히 사라진 것처럼 느낀다고 했다.

올해, 제 삶의 모든 것이 달라졌습니다. 할머니가 돌아가시고 이어서 아버지도 돌아가셨어요. 그래서 어머니에게 올해는 '믿음의 여성' 집회에 가지 말자고 말했어요. 교회에 참가비만 내고 그냥 집에 있자고 말했지만 어머니는 그럴 수는 없다고 하셨어요. 저는 그냥 아름다운 신앙인인 엄마 옆에 앉아서 당신의 말이 우리 엄마를 웃기고 울리는 것을 지켜보았다고 해도 과언이 아니에요. 그 주말 동안에 우리가 일상으로 돌아온 것처럼 느껴졌던 순간이 몇 번 있었습니다. 이제 그만 어째서 하나님이 그토록 멋지고 사랑이 넘치는 아버지를 데려가셔야 했는지 묻기를 그치고 일상으로 돌아오고 싶어요.

당신 주위를 돌아보면 그냥 주저앉지 않고 하루를 더 버티기 위해 노력하는 사람들이 보일 것이다. 가는 곳마다 가정을 공격하는 암과 질병들이 전례 없이 많음을 알 수 있다. 우리는 이러한 시대를 어떻게 살아가야 하는가?

끝까지 함께

크리스의 잠자리에서 읽어주는 책 가운데 내가 제일 좋아하는 책은 홀리 호비가 쓴 『내 사랑 투트와 퍼들*Toot and Puddle: You are My Sunshine*』이다. 투트와 퍼들은 제일 친한 친구 사이인 아기 돼지의 이름이다. 투트는 어려운 상황에 처해 있었다. 이전에는 기뻐하던 것들이 이제 하나도 즐겁지가 않은 것이다. 퍼들은 친구의 입가에 미소를 되돌려주려고 온갖 노력을 다 기울인다. 파티를 계획해서 친구들을 모두 초대해봐도 아무런 소용이 없었다.

결국 투트에게 웃음을 찾아준 것은 늘 곁에 함께하면서 모든 것을 함께 해낸 퍼들 자신이었다는 것이 그 이야기의 줄거리였다. 우리의 영혼 깊은 곳에서 진정으로 갈망하는 것은 바로 이것이 아닌가? 우리가 원하는 것은 단지 우리에게서 수의만 벗겨줄 사람이 아니라 우리 곁에 함께하면서 이 땅에서의 여정을 끝까지 같이 가는 이들인 것이다. 우리는 서로를 필요로 한다. 우리는 그리스도의 몸이지만 때로는 적보다 못할 때도 있다.

> 우리의 아름다운 지체는 요구할 것이 없으니 오직 하나님이 몸을 고르게 하여 부족한 지체에게 존귀를 더하사 몸 가운데서 분쟁이 없고 오직 여러 지체가 서로 같이하여 돌아보게 하셨으니 만일 한 지체가 고통을 받으면 모든 지체도 함께 고통을 받고 한 지체가 영광을 얻으면 모든 지체도 함께 즐거워하나니 너희는 그리스도의 몸이요 지체의 각 부분이라. 고린도전서 12: 24–27

우리는 이 구절을 잘 알고 있지만 오늘날 삶 속에서 이 말씀대로 살아내지 못하고 있다. 우리의 인간성은 다양한 방식으로 반역을 함으로써 사랑과 연합이 있어야 하는 곳에서 오히려 분열을 일으키고 있다. 질투, 두려움, 정죄함, 열등감, 상처 등이 서로를 사랑하라는 부르심을 왜곡시키고 있는 것이다. 한 사람이 다른 사람보다 높아지면 우리는 기분이 상한다. 그것이 마치 하나님의 편애를 보여주는 거라고 생각하는 것이다. 서로 사랑하기는 어려운 반면에 상처받는 것은 쉽다. 때로는 우리에게 상처를 준 사람을 직접 대하지는 않는다고 해도 그들로부터 멀어짐으로써 나름대로 그들을 벌하기도 한다.

하지만 하나님의 말씀은 너무나도 분명하다. "내 계명은 곧 내가 너희를 사랑한 것같이 너희도 서로 사랑하라 하는 이것이니라."(요한복음 15: 12)

이것은 지키기에 어려운 말씀이지만 그리스도께서 우리에게 직접 하신 명령인 것이다. 내가 앞서 말한 기독교 방송국에서 나를 싫어했던 사람에게 이 구절을 적용하는 것은 정말 힘들었다. 그녀를 사랑하고 싶은 마음이 조금도 없었기 때문이다. 나는 그녀가 내게 의도적으로 상처를 주려고 했다고 믿었다. 그런데 어째서 내가 그녀에게 다가가야 한다는 말인가? 나는 마음속으로는 상처를 조금 키운 채로 그냥 내 삶에 충실하고자 했다. 그러나 사랑하고픈 마음이 있건 없건 간에 서로 사랑하라는 그리스도의 명령에서 벗어날 수는 없었다. 그것은 제안이 아니라 명령이었던 것이다.

얼마 지나지 않아 하나님의 말씀은 굳어 있던 내 마음을 녹였다. 그 사람과 맞닥뜨렸을 때에 하나님의 은혜로 나는 내 고집을 꺾고 내 뜻을 하나님의 뜻에 맞추고 그녀와 이야기를 했다. 분노를 날려버리고 하나님께서 그녀를 축복해주실 것을 진심으로 기도하는 것은 정말 달콤한 기쁨이었다. 물론 한순간에 내 분노의 감정이 해결된 것은 아니었다. 그 이후로도 나는 계속해서 내 마음에 남아 있는 분노의 찌꺼기를 하나님 앞으로 가져오고 그녀를 위해 축복을 빌어야 했다. 그리고 내가 좋아하는 사람이나 금방 친해지는 사람뿐만이 아니라, 내가 만나는 모든 사람들에게 똑같은 사랑의 마음을 전할 수 있도록 해달라는 것이 날마다 행하는 내 기도의 제목이 되었다.

긍휼을 베푸는 사람들

그렇다면 오늘날 어떻게 하면 그리스도의 몸을 이루며 살아갈 수 있을까? 변화한 삶의 징표에는 어떤 것들이 있을까? 내 마음에 즉시 떠오르는 단어 하나는 바로 '긍휼compassion'이다. 시편에서 내가 가장 좋아하는 장은 103편이다. 이스라엘 백성들이 사막에서 그랬던 것처럼 진리의 말씀을 크게 소리 내어 읽으면 우리 귀가 들으며 우리의 영혼이 '아멘'으로 화답하게 된다.

내 영혼아 여호와를 송축하라.

내 속에 있는 것들아 다 그 성호를 송축하라.

내 영혼아 여호와를 송축하며

그 모든 은택을 잊지 말지어다.

저가 네 모든 죄악을 사하시며

네 모든 병을 고치시며

네 생명을 파멸에서 구속하시고

인자와 긍휼로 관을 씌우시며

좋은 것으로 네 소원을 만족케 하사

네 청춘으로 독수리같이 새롭게 하시는도다……

아비가 자식을 불쌍히 여김같이

여호와께서 자기를 경외하는 자를 불쌍히 여기시나니

이는 저가 우리의 체질을 아시며

우리가 진토임을 기억하심이로다.

인생은 그 날이 풀과 같으며

그 영화가 들의 꽃과 같도다.

그것은 바람이 지나면 없어지나니

그곳이 다시 알지 못하거니와

여호와의 인자하심은

자기를 경외하는 자에게 영원부터 영원까지 이르며

그의 의는 자손의 자손에게 미치리니. 시편 103: 1-5, 13-17

이 얼마나 생명과 소망으로 가득한, 황홀한 약속인가! 그런데 어째서 교회 안에는 여전히 그토록 슬픈 사람들로 가득하단 말인가.

기독교의 복음은 다음의 성경구절로 요약될 수 있다. "네 마음을 다하고 목숨을 다하고 뜻을 다하고 힘을 다하여 주 너의 하나님을 사랑하라 하신 것이요, 둘째는 이것이니 네 이웃을 네 몸과 같이 사랑하라 하신 것이라. 이에서 더 큰 계명이 없느니라."(마가복음 12: 30-31)

내가 지은 『진정으로 중요한 모든 것*All That Really Matters*』은 바로 이 구절을 주제로 한 책이다. 예수님은 하나님을 사랑하는 법과 이웃을 사랑하는 법을 우리에게 보여주기 위해 오셨다. 이 땅에서의 예수님의 모든 사역은 자기 자녀에 대한 사랑으로 가득한 아비의 마음을 표현한 것이라고 해도 과언이 아닐 것이다. 우리는 예수님처럼 살라는 부르심을 받았다. 그런데 예수님처럼 산다는 것은 무슨 뜻인가?

어떻게 하면 그렇게 사는 것이 되는가?

내가 진실로 진실로 너희에게 이르노니 나를 믿는 자는 나의 하는 일을
저도 할 것이요 또한 이보다 큰 것도 하리니 이는 내가 아버지께로 감이
니라. 너희가 내 이름으로 무엇을 구하든지 내가 시행하리니 이는 아버
지로 하여금 아들을 인하여 영광을 얻으시게 하려 함이라. 내 이름으로
무엇이든지 내게 구하면 내가 시행하리라. 요한복음 14: 12-14

그리스도가 하신 일보다 더 큰 일도 한다는 말을 어떻게 생각하
는가? 대부분의 사람들은 이 구절을 기적을 행하는 것과 연관시킨다
고 누군가 내게 말해주었다. 잠시 생각해보니 나도 그것 말고는 다른
해석을 들어본 적이 없다는 사실을 알게 되었다. 우리들은 요술과 같
은 기적에 늘 매료당한다. 그렇지만 예수님께서 우리에게 무언가 지
금까지와는 다른 삶의 방식, 한층 더 큰 특권을 이해할 기회를 주셨다
는 생각은 들지 않는가? 이 구절을 읽었을 때 무슨 생각이 들었는가?
당신도 역시 기적을 떠올렸는가?

예수님은 물로 포도주를 만드셨고 죽은 자를 일으키셨으며 도시
락 하나를 가져다가 수천 명을 위한 잔치를 베푸셨다. 소경의 눈을 뜨
게 하셨고 절름발이를 걷게 했으며 물고기 입에서 나오는 돈으로 세
금을 내게도 했다. 하지만 그것으로도 부족했던 양, 십자가에서 끔찍
하게 처형을 당한 다음에 다시 살아나시기까지 했다.

이기심이라고는 손톱만큼도 없었던 예수님의 삶을 기억하는가?
예수님은 증오를 사랑으로 갚았으며 자신을 배신하고 죽도록 내버려
두었던 자들에게 다른 뺨을 내어주며 그들을 용서하셨다.

기적을 보여주는 삶은 어쩌면 더 쉬울 수도 있다. 왜냐하면 기적은 전적으로 하나님께서 행하시는 것이기 때문이다. 하지만 그리스도인들을 지켜보고 있는 세상에 더 큰 도전과 증거를 주는 삶이란 과연 어떤 삶이겠는가?

더 위대한 기적

요한복음 14장의 구절을 다른 관점에서 설명해보도록 하겠다. 나는 이 구절을 통해 예수님이 하려고 하신 말씀이 과연 무엇인지 깨달을 수 있도록 도와주실 것을 하나님께 간구했다. 과연 '이보다 큰 것'이란 무슨 뜻이었을까?

복음서에 보면 그리스도께서 행하신 서른다섯 가지 이적이 기록되어 있다. 그 이적들은 치유의 이적, 자연에 대한 명령, 죽은 자를 살리는 것, 이렇게 세 부류로 나눌 수 있다. 이 기적 모두를 '기적 리스트 A'라고 치자.

그런데 나는 '기적 리스트 B'를 다음과 같이 제시하고자 한다. 이 '기적 리스트 B'야말로 이 책의 정수를 말해주고 있는 것이다.

예수님은 하나님 말씀의 능력으로 사단을 대적했다.

이에 예수께서 말씀하시되, 사단아, 물러가라! 기록되었으되, 주 너의 하나님께 경배하고 다만 그를 섬기라 하였느니라. 이에 마귀는 예수를 떠나고 천사들이 나아와서 수종 드니라. 마태복음 4: 10-11

예수님은 손을 내밀어 보기에도 끔찍한 자들을 만지셨다.

한 문둥병자가 나아와 절하고 가로되, 주여 원하시면 저를 깨끗게 하실
수 있나이다 하거늘, 예수께서 손을 내밀어 저에게 대시며 가라사대, 내
가 원하노니 깨끗함을 받으라. 하신대 즉시 그의 문둥병이 깨끗하여진
지라. 마태복음 8: 2-3

예수님은 마음의 상처가 있는 사람들을 사랑으로 대하셨다.

예수께서 그곳에 이르사 우러러보시고 이르시되, 삭개오야 속히 내려오
라 내가 오늘 네 집에 유하여야 하겠다 하시니, 급히 내려와 즐거워하며
영접하거늘 뭇사람이 보고 수군거려 가로되, 저가 죄인의 집에 유하러
들어갔도다 하더라. 누가복음 19: 5-7

예수님은 용서하기 어려운 자들을 용서하셨다.

해골이라 하는 곳에 이르러 거기서 예수를 십자가에 못 박고 두 행악자
도 그렇게 하니, 하나는 우편에 하나는 좌편에 있더라. 이에 예수께서 가
라사대, 아버지여 저희를 사하여 주옵소서. 자기의 하는 것을 알지 못함
이니이다 하시더라. 저희가 그의 옷을 나눠 제비 뽑을새. 누가복음 23: 33-34

예수님은 잘못된 선택을 한 사람들에게 다시금 기회를 주셨다.

세 번째 가라사대, 요한의 아들 시몬아, 네가 나를 사랑하느냐 하시니,

주께서 세 번째 네가 나를 사랑하느냐 하시므로 베드로가 근심하여 가로되, 주여 모든 것을 아시오매 내가 주를 사랑하는 줄을 주께서 아시나이다. 예수께서 가라사대, 내 양을 먹이라. 요한복음 21: 17

더 많은 예들을 제시할 수 있지만 내가 하고자 하는 말은 간단하다. 만일 우리가 예수님처럼 살고, 사랑한다면 그것은 암세포가 사라지는 기적보다도 더 위대한 기적을 가져온다는 것이다. 우리가 이보다 더 큰 일도 하겠다는 예수님의 말씀이 이러한 사랑의 기적을 의미했다면 어떻게 할 것인가? 즉각적인 기적은 오히려 쉽다. 하지만 이 타락한 세상에서 그리스도의 마음을 나누는 것은 은혜의 행위이자 더 위대한 기적인 것이다. 그러므로 우리는 예수님의 명령에 순종해서 기적을 행해야만 한다. 상처받은 마음을 싸매주고 외로운 자들에게 가족이 되어주는 것이야말로 세상을 변화시키는 '기적'인 것이다.

내가 너희를 사랑한 것같이

우리는 육체의 강함이나 지식의 능력에 의지하지 않고 하나님의 말씀에 의지해야만 예수님처럼 살 수 있다. 사단이 우리를 유혹할 때도 하나님의 말씀의 능력으로 대적하는 것이다.

손을 내밀어 보기에도 끔찍한 자들을 사랑한다. 이 세상에서 설 곳을 잃어버린 자들에게 손을 내미는 것이다. 2004년도에 믿음의 여성은 '월드비전World Vision'이라는 단체와 힘을 합해 여성과 어린이 에이즈 환자들을 돕기로 했다. 2003년도에는 내가 이 일의 책임을 맡

앉는데 제일 처음 맞닥뜨린 사람은 두 자녀를 둔 여성이었다. 그 세 사람은 모두 에이즈로 죽어가고 있었는데 그녀의 기도는 단순했다. "하나님이 저를 제일 늦게 데려가셔서 이 아이들을 제 손으로 하나님 께 보내도록 해주실 것을 기도합니다." 하나님은 그녀의 가슴 아픈 기도에 응답하셔서 두 자녀를 먼저 데려가신 후에야 그녀를 거두어가 셨다.

마음의 상처를 가진 자들을 사랑으로 대한다. 집회에서 한 여성 과 대화를 나누고 있었는데 갑자기 그녀가 얼굴을 돌리는 것이었다.
"왜 그러시죠?" 내가 물었다.
"방금 지나간 여자들이 나를 본다면 난리가 날 거예요. 그 사람 들은 제 과거를 알거든요. 제가 그들과 같은 교회를 다녔는데 한 남자 교인과 불륜의 관계를 맺는 바람에 교회를 떠나고 말았답니다. 이제 저를 반기는 곳은 아무 데도 없어요."

용서하기 어려운 자들을 용서한다. 용서하기란 어렵지만 우리가 서로 더불어 사는 한, 꼭 필요한 훈련이기도 하다. 우리가 스스로를 낮추고 용서를 구하고 용서를 한다면 더 이상의 분열은 멈추고 더욱 더 굳건한 연합을 이루게 될 것이다.

삶에서 잘못된 선택을 한 사람들에게 다시금 기회를 준다. 잘못 된 선택의 결과 고통 중에 있는 사람들에게 다가가기로 결단하는 것 이다. 모든 은혜의 문들이 자신들의 코앞에서 쾅 하고 닫혀버렸다고 생각하는 사람들에게 문을 열어주고 은혜의 보좌 앞에서 우리와 함께 무릎을 꿇자고 초청하는 것이다.

　　우리가 그들을 초대하는 까닭은 우리도 한때 그런 초대를 받은 적이 있기 때문이다. 우리 모두가 하나님의 은혜와 자비가 필요하다는 지식 위에 세워지는 것이야말로 진정한 공동체인 것이다.

사랑의 대가

손톤 와일더Thornton Wilder가 쓴 단막극 중에 〈연못물을 동한 천사The Angel That Troubled the Waters〉라는 작품이 있다. 이 작품의 배경은 베데스다 연못가이다. 죽어가는 병자들은 천사가 와서 연못물을 동하기만을 기다리고 있다. 모두들 제일 먼저 물에 들어가는 자만이 고침을 받는다는 사실을 잘 알고 있다. 위로부터 천사가 나타나더니 아래에서 기다리고 있는 군중들을 둘러본다. 어느 새로운 병자가 연못에 나타나더니 말 못할 내면의 고통에서 고침받기를 원한다고 외쳤다. 그러자 다른 병자는 악몽에서 깨어나서 천사가 다녀갔고 자신은 다시 고침받지 못했다고 생각하고는 연못에 자신을 던진다. 그의 친구들이 그를 보며 '얼빠진 놈!'이라고 놀린다.

　　새로운 병자가 연못에 가까이 다가오자 천사는 그에게 물러서라고 말한다. 그는 자비를 애걸한다. 보기에도 처참한 상태에 있는 거지 병자라면 누군가 불쌍히 여겨 물가로 데려다줄 수도 있지만 자신의 상처는 눈으로 볼 수 없기에 오히려 더 힘들다고 하소연을 한다. 그러면서 자신이 가진 마음의 상처가 낫기만 한다면 하나님을 섬기는 일을 더 많이 할 수 있으리라고 말한다. 하지만 천사는 이렇게 말하며 그에게 물러설 것을 말한다.

"상처가 네게 없다면 너는 그 상처에서 나오는 힘도 가지지 못할 것이 아니냐? 회한에 가득한 네 낮은 목소리가 떨며 사람들의 마음을 파고 드는 법. 비참하며 실수투성이인 땅의 자녀들을 설득하는 데는 천사보다도 이 세상에서 상처받은 영혼이 더 효과가 있으며 오직 상처받은 군사들만이 사랑의 수고를 할 수 있는 것이거늘. 물러서라!"

천사는 물을 동하고 악몽에서 깨어난 그 남자가 뛰어들어 치유를 받는다. 그가 연못에서 나오며 새 환자를 발견하고 자기 아들을 우울증에서 벗어나도록 도와준 이임을 알게 된다. 그는 그 남자를 자신의 집으로 초대하며 이렇게 말한다. "오직 당신만이 내 아들을 기쁘게 했다오."

그리스도께 바쳐진 우리의 상처는 다른 사람에게 희망의 불빛이 된다. 마음의 상처를 경험한 당신은 고통과 절망에 빠지는 것이 어떤 것인지를 안다. 절망에 빠진 사람의 눈을 알아볼 수 있게 되는 것이다.

지금이야말로 그리스도처럼 살아야 할 때이다. 지금이야말로 그리스도처럼 사랑해야 할 때이다. 당신이 온전한 사람일 필요는 없다. 단지 사랑만이 마음의 상처를 고칠 수 있는 유일한 약이라는 사실을 온전히 알고 있기만 하면 되는 것이다.

이 책을 통해서 우리는 많은 이야기들을 나누었다. 내가 이 책을 쓰면서 얻은 동일한 유익함이 이 책을 읽은 당신에게도 함께하기를 기도드린다. 우리의 상처 치유를 위해 하나님께 나아갈 때에 하나님의 자녀인 우리에게는 큰 기쁨이 주어진다. 그러할 때에야 우리는 패배한 적의 사악함에 대비하여 자신을 무장할 수 있게 된다. 만일 우리가 서로서로, 또한 주위에 있는 자들에게 사랑으로 손을 내밀어 은혜의 공동체를 이루고 살아간다면 이 어렵고 불확실한 시대를 살아가는 세상 사람들에게 번쩍거리는 네온사인과도 같은 희망의 불빛이 되지 않겠는가!

예수님에게는 고작 몇 시간밖에는 남아 있지 않았다. 군중들 앞에 끌려가서 처형을 당하기 전에 친구들과의 최후의 만찬을 막 끝낸 터였다. 그의 모래시계의 눈금은 재빨리 낮아지고 있었다. 그 마지막 순간에 예수님께서 가장 가까운 이들과 나누신 대화는 이것이었다. "새 계명을 너희에게 주노니, 서로 사랑하라. 내가 너희를 사랑한 것같이 너희도 서로 사랑하라. 너희가 서로 사랑하면 이로써 모든 사람이 너희가 내 제자인 줄 알리라."(요한복음 13: 34-35)

새로운 계명이라니? 서로 사랑하라는 명령은 언제나 그 자리에 있지 않았던가? 예수님은 제자들에게 계속해서 온 마음과 영혼과 뜻과 힘을 다해서 하나님을 사랑하라고 말씀하시지 않았던가 말이다. 하지만 예수님이 하신 말씀을 다시 한번 보라. "내가 너희를 사랑한 것같이 너희도 서로 사랑하라."

내가 너희를 사랑한 것같이.
내가 너희를 사랑한 것같이.
내가 너희를 사랑한 것같이.

하나님 아버지,
제게 하나님의 눈과 하나님의 마음과 하나님의 귀를 주셔서 이 세상에서 그리스도의 향기가 되게 해주세요. 예수님의 이름으로 기도합니다.
아멘.

- 주위를 둘러보면 당신의 눈에 보이는 사람들의 고통에는 어떤 것들이 있는가? 교회 안에서는 어떠한가? 우리의 영혼 깊은 곳에서 진정으로 갈망하는 것은 단지 우리에게서 수의만 벗겨줄 사람이 아니라 우리 곁에서 함께하면서 이 땅에서의 여정을 끝까지 같이 가는 이들인 것이다.

- 누군가가 어둠을 헤치고 나가는 동안에 그 사람의 곁에서 끝까지 함께하는 특권을 누린 적이 있는가? 그 경험으로부터 하나님, 고통, 치유, 공동체에 관해 배운 점이 있다면 나누어보라.

- 당신이 어둠을 헤치고 나가는 동안에 당신의 곁을 떠나지 않고 함께하는 사람이 주는 축복을 경험한 적이 있는가? 그 경험으로부터 하나님, 고통, 치유, 공동체에 관해 배운 점이 있다면 나누어보라.

- 만일 위와 같은 경험을 한 번도 한 적이 없다면 그 이유가 무엇인지 생각해보라. 또한 그런 풍성한 관계를 누리기 위해 무엇을 해야 할지를 생각해보라.

- 당신의 삶 속에서 가장 사랑하기 힘든 대상은 누구인가? 어쩌면 그 사람은 진정한 사랑을 필요로 하고 있는지도 모른다.

- 위의 사람을 사랑하도록 누가 도울 수 있는가? 예수님의 삶을 생각해보라.

- 마음속으로 예수님처럼 이기심이 없는 상태로 하루를 살아가는 당신을 그려보라. 이 책을 덮은 후에 그 실험을 계속해보라.

- 자신의 상처를 극복한 누군가가 당신의 삶에 희망의 불빛이 되었던 적이 있다면 나누어보라.

- 예수님이 당신에게 다른 사람의 삶에 희망의 불빛을 주시도록 하기 위해 당신이 할 수 있는 것은 무엇인가?

마지막 단상: 당신의 인생을 도로 찾으라

나는 1980년대에 태국 선교여행 중에 한 의사를 만나게 되었다. 그는
태국과 캄보디아 사이의 국경지대에 있는 나병 환자 마을에서 의료사
역을 하고 있었다. 그는 환자들의 육신의 고통을 치료할 뿐만 아니라
환자들의 영적인 필요까지도 돌보고 있었다.

나병은 태곳적부터 인류를 괴롭혀오고 있는 질병 가운데 하나다.
한때는 전세계에 걸쳐 발병이 되었고 역사와 사람들의 기억 속에 인
체의 절단, 거부감, 사회로부터의 격리 등과 같이 끔찍한 이미지로 남
아 있는 병이다. 오늘날에는 동남 아시아에서만 발병하고 있으며 약
50만 명의 환자들이 있다. 나병에는 두 종류가 있는데 나는 그 의사에
게 어떤 종류가 치료하기에 더 어려운지를 물어보았다.

"치료하기가 제일 어려운 것은 그 병 자체가 아니에요. 오늘날에
는 다양한 치료약이 개발되어서 나병 자체는 치료하기가 쉬워졌어요.
정말 치료가 어려운 것은 그 병으로 인해 상처받은 사람의 영혼이랍

니다. 내가 이 마을에 들어와서 처음 느낀 점은 아무도 나와 눈을 마주치지 않으려 한다는 사실이었어요. 이 병에는 엄청난 수치심이 동반되기 때문이지요." 그가 설명했다.

"그 수치심은 어떻게 치료할 수 있나요?" 내가 물었다.

"모든 수치심에는 그리스도의 사랑과 긍휼이라는 약 하나밖에는 없습니다."

그는 이어서 또 다른 의사 한 명이 그 마을에서 교회를 개척했다고 말해주었다.

"그 교회에서 하는 치료는 우리 병원에서 하는 치료보다 훨씬 크다는 것을 우리는 알게 되었습니다. 그리스도의 은혜와 자비가 상처 부위와 망가진 얼굴과 몸을 씻어내리는 것을 우리는 보았지요. 잃어버린 미소를 다시 입가에 머금는 모습을 볼 수 있었답니다."

나는 그에게 가장 잊을 수 없는 일이 무엇이었는지를 물었다.

"이전에 우리 병원에서 치료를 받은 적이 있는 한 남자가 다시 병원을 찾아왔던 날이지요. 그 사람은 언제나 저를 쳐다보기를 거부했는데 그날 그는 몸을 꼿꼿이 세운 채로 제게 오른손을 내밀면서 악수를 청했어요. 제 눈을 쳐다보며 미소를 지었지요. 그러고는 이렇게 한마디를 했어요. '예수님의 사랑으로 저는 제 삶을 도로 찾았습니다.'"

이 책의 목적은 바로 이것이다. 예수님께로 와서 당신의 인생을 도로 찾으라. 당신의 인생이 망가졌다고 느끼는가? 사는 것이 두려운가? 외롭지만 그것을 인정하기가 부끄러운가?

당신이 예수님께로 나아온다면 진정한 치유가 일어날 것이다. 하나님은 사랑이시기에 분명히 나를 사랑하신다고 믿는 것은 쉽다. 하지만 나는 브레난 매닝이 『지혜의 온유함 *The Wisdom of Tenderness*』에서 던진 질문을 더 좋아한다.

"나는 하나님께서 나를 좋아하신다는 사실을 전심으로 믿는가? 내가 똑바로 살며 내 모든 죄의 흔적을 다 지운 다음이 아니라…… 바로 이 순간, 지금 당장, 이 자리에서 나의 모든 잘못과 연약함에도 불구하고 나를 좋아하신다는 사실을 믿는가?"

만일 이 질문에 예로 대답할 수 있다면 당신은 상처받고 못 박혔다가 다시 부활하여 살아 계신 우리 구주 예수님의 은혜 안에서 살고 있는 것이다.

우리를 위해 자신의 모든 것을 주신 상처 입은 치유자의 이름으로 간청하니 예수님께로 나아오라. 그래서 살 만한 가치가 있는 삶을 살라.

내가 그랬던 것처럼 당신에게도 여전히 하나님의 치유의 손길이 필요한 연약한 부분이 남아 있을 것이다. 계속해서 상처 입은 치유자이신 예수님을 의지하라. 예수님이야말로 당신과 나를 위해 자신의 모든 것을 주신 분이다. 예수님만이 여성의 상처받은 마음에 진정한 치유를 주실 수 있는 분이다.

아버지 하나님,
지금 예수님의 이름으로 나아옵니다. 제 모든 것을 주님 앞에 드립니다. 제 상처, 제 실망, 제 기쁨과 두려움을 가지고 옵니다. 주님께 제 마음 전부를 드립니다. 주님 안에서 제 상처가 치유됨에 감사를 드립니다. 예수님의 이름으로 기도드립니다. 아멘.

이 책의 번역을 마치고 며칠 지나지 않아 '별star'로 한창 주목받던 한 젊은 배우가 우울증으로 목숨을 끊었다는 소식을 듣게 되었다. 겨울 내내 번역하느라 붙잡고 있었던 이 책의 중요한 주제 중 하나가 그리스도인 여성의 우울증이었기에 그 소식은 한동안 내 마음을 떠나지 않았다. 그 배우 또한 교회에 마음을 의지하던 사람으로 장례식도 목사님의 주도 아래 진행되었던 것을 보면, 그녀도 이 책에서 말하는 교회 안의 '불행한 영혼들unhappy ghosts' 가운데 한 사람이었다는 생각이 내 마음을 더욱 안타깝게 했다.

한국 여성들이 공통적으로 가지고 있는 문제는 낮은 자존감이라고 한다. 오랫동안 여성을 비하하는 유교의 영향으로 자연스레 생긴 후천적 기질이 아닌가 싶다. 수많은 여성들이 교회 안에서조차 자신의 고통과 마음의 상처를 편히 드러내놓지 못하기에 공동체 안에서도 위로를 받지 못하고 기쁨을 누리지 못한다. 그렇게 낮은 자존감으로 인해 많은 상처와 수치감을 안고 찾아온 여성에게 교회 공동체가 "만일 좋은 소식이 있다면 우리는 당신과 함께 기뻐할 것입니다. 그렇지 않다면 혼자 가서 우십시오!"라는 메시지를 은연중 주고 있는 것은 아닌지 각자 깊은 성찰이 필요한 때이다.

지은이 쉴라 월쉬는 미국의 기독교 방송 프로그램을 진행하면서 오랫동안 많은 기독교인들에게 밝고 미소 띤 모습만을 보여주었지만 실상 아무도 눈치채지 못하는 가운데 마음속 깊은 곳에 상처와 고통으로 인한 우울증을 앓고 있었다. 주위의 그리스도인들이 권하는 대로 "기도를 더 많이 하고 고백하지 않은 죄를 모조리 회개하고, 찬양을 더 자주 듣고, 더 힘든 처지에 놓인 사람들을 돕고, 차의 계기판 위에 성경구절을 써서 붙이는" 처방을 다 해본 후에 용기를 내어 정신병원에 입원했지만 그로 인해 믿음의 친구로부터 절교를 당하기도 했다. 그러나 이제는 자신의 우울증을 기도, 회개, 찬양과 더불어 전문가의 도움과 약물치료로 이겨나가고 있는 월쉬는 '상처 입은 치유자 wounded healer'가 되어 같은 고통을 받고 있는 그리스도인 여성들이 좀더 적극적으로 우울증과 마음의 상처를 치유할 수 있도록 돕는 것을 자신의 소명으로 여기고 있다.

이 책을 통해 많은 그리스도인 여성들이 더 이상 사단의 거짓말에 속지 말고 우울증을 포함한 자신의 마음의 상처를 그리스도께로 가지고 나오기를 바란다. 그리하여 이 책의 지은이처럼 상처받은 여성을 치유하기를 원하시는 그리스도 안에서 진정한 소망과 치유의 은혜를 발견할 수 있기를 간절히 바란다.

박혜경

견딜 수 없는
고통을 넘어서다

2014년 7월 31일 개정판 1쇄 인쇄
2014년 8월 7일 개정판 1쇄 발행

지은이 | 쉴라 월쉬
옮긴이 | 박혜경
펴낸이 | 윤정희
펴낸곳 | (주)황금부엉이

주소 | 서울 마포구 양화로 127 (서교동) 첨단빌딩 5층
전화 | 02-338-9151
팩스 | 02-338-9155
홈페이지 | www.goldenowl.co.kr
출판등록 | 2002년 10월 30일 제 10-2494호

기획편집부장 | 홍종훈
전략마케팅 | 구본철, 차정욱
제작 | 김유석

ISBN 978-89-6030-397-3   13230